国家社科基金
后期资助项目

电商减贫机理及效应研究

Research on Poverty Reduction Mechanism and Effect of E-commerce

唐红涛　张俊英　著

中国财经出版传媒集团
经济科学出版社
Economic Science Press

国家社科基金后期资助项目
出版说明

　　后期资助项目是国家社科基金设立的一类重要项目，旨在鼓励广大社科研究者潜心治学，支持基础研究多出优秀成果。它是经过严格评审，从接近完成的科研成果中遴选立项的。为扩大后期资助项目的影响，更好地推动学术发展，促进成果转化，全国哲学社会科学工作办公室按照"统一设计、统一标识、统一版式、形成系列"的总体要求，组织出版国家社科基金后期资助项目成果。

全国哲学社会科学工作办公室

序

2021年2月，习近平总书记在全国脱贫攻坚总结表彰大会上的讲话中庄严指出，我国农村贫困人口全部脱贫，为实现全面建成小康社会目标任务作出了关键性贡献。在互联网经济迅猛发展的背景下，农村电商的发展为农村减贫工作作出了巨大贡献。畅通了工业品下乡和农产品上行，提升了农村居民的消费规模、改善了消费结构、改变了消费方式，拓宽了农民增收渠道，提升了农产品流通效率，从供需两侧影响了农村经济社会的发展，全面推动了脱贫攻坚的顺利实现。宏观层面，农村电商的发展促进了经济的增长、创新了农产品流通体系和增加了农民的就业创业概率，表现为增收效应；微观层面，农村电商降低了农民的生产和生活成本，表现为节支效应；市场环境方面，农村电商提升了人力资本、改善了市场环境，推动了农村产业集群发展，表现为赋能效应。

唐红涛教授和张俊英博士共同撰写的专著《电商减贫机理及效应研究》是在2019年立项的国家社科基金后期项目书稿基础上经过修订、补充和完善而成的。作者及其研究团队自2010年开始深耕于商贸流通和电子商务领域，不断进行学术探讨并终于形成了较为成熟、系统的学术成果，本人作为作者的博士生导师感到特别欣慰。作为研究农村电商减贫的学术专著，全书研究以习近平新时代中国特色社会主义减贫理论为指导，分三大部分展开。

首先分析了电商减贫现状与成效。从整体上总结我国贫困现状、减贫成效，并在此基础上从不同角度对电商减贫的现状进行刻画。从减贫效应测度、电商减贫机理和电商减贫效应三个方面系统梳理国内外相关研究，为项目研究确立理论基础和分析框架。分析了电商减贫的理论机理。从增收、节支、赋能三个方面构建电商减贫作用机制，探究了电商减贫作用的空间路径、经济路径和政策路径，同时基于博弈论和契约理论，深入分析了电商贫困识别、贫困群体减贫意愿以及农产品上行三个电商减贫关键因素。

其次，在全书的核心部分，作者进行了电商减贫效应的评价和测度。在利用单维、多维指标测度贫困程度和减贫效率的基础上，从经济发展水平、信息发展水平和生活发展水平三个方面构建电商减贫质量评价体系，测度电商减贫质量。从空间、经济、政策三个视角，利用空间杜宾模型、中介和调节效应模型、PSM-DID 等方法实证分析电商减贫的空间效应、中介效应、调节效应和政策效应。

最后，全书在系统总结和梳理国内外电商减贫经验和发展模式的基础上，结合我国国情提出下一步开展电商减贫工作的政策建议。

综观全书有三个鲜明的特色：

1. 实地调研与理论分析相结合。作者到湖南湘西、浙江遂宁、重庆秀山等地开展了实地调查与走访，对兴盛优选、十荟团、赶街等互联网公司进行深入调研，总结出电商减贫的主要经验和模式，提出了进一步发挥电商减贫效应的政策措施。同时在回顾既有相关研究的基础上，构建了电商减贫机理的系统分析框架。

2. 计量分析和统计分析相结合。运用中介调节效应模型、PSM-DID 等方法对电商减贫效应进行了计量分析。通过多元统计建立了电商减贫质量的评价指标体系，并进行了时间动态分析和区域异质性分析。

3. 经济学和地理学相结合。在本书中，作者初步尝试将空间地理学的相关理论和方法引入商业经济学分析中，将 ESDA 方法和空间杜宾模型等研究方法引入到电商减贫空间效应测度。

科学泰斗爱因斯坦曾说："提出一个问题往往比解决一个问题更为重要，因为解决一个问题也许只是一个数学上或实验上的技巧问题。而提出新的问题、新的可能性，从新的角度看旧问题，却需要创造性的想象力，而且标志着科学的真正进步。"本书中提出的问题，正是唐红涛、张俊英两位青年经济学者对互联网技术驱动下电子商务新商业、新业态、新模式深入思考和探究的结果！也是他们不断追求学术进取的重要标志！

唐红涛教授作为我指导的硕士生、博士生，多年来在我指导下一直从事关于商贸流通和电子商务的研究，张俊英博士也是长期从事消费经济和互联网经济的学术研究，他们组成的科研团队近年在农村电商研究领域持续发力，取得了一系列学术成果，包括多篇高质量学术论文和多部学术专著，研究成果也获得了较大的社会反响，多篇学术论文被人大复印资料全文复印和《新华文摘》摘录。在本稿完成之后，两位博士又连续获得 2020 年和 2021 年国家社科基金项目立项，题目分别是"农村电商推进相对贫困治理机制及政策研究""数字经济助推产业扶贫成果与乡村产业振兴有效衔接研究"，祝两位年轻学者的学术道路越走越宽阔，为繁荣我国商贸流通科学不断奉献有新意、有特色的学术成果！

柳思维
2021 年 9 月

目 录

第1章 电商减贫历程与成效 ································· 1
   1.1 减贫历程与减贫成效 ······························ 1
   1.2 电商减贫历程 ···································· 22

第2章 电商减贫研究综述 ····································· 38
   2.1 减贫效应测度 ···································· 38
   2.2 电商减贫机理 ···································· 46
   2.3 电商减贫效应 ···································· 54
   2.4 研究述评 ·· 61

第3章 电商减贫理论机理 ····································· 64
   3.1 电商减贫作用机制 ································ 64
   3.2 电商减贫作用路径 ································ 75
   3.3 电商减贫关键因素 ································ 88

第4章 电商减贫综合评价 ····································· 113
   4.1 贫困程度衡量——单维指标 ························ 113
   4.2 减贫效率测度——DEA ····························· 115
   4.3 电商减贫质量测度——熵权TOPSIS ················· 123

第5章 电商减贫空间效应 ····································· 134
   5.1 电商减贫空间扩散效应 ···························· 134
   5.2 电商减贫空间菲德效应 ···························· 146

第6章 电商减贫中介效应和调节效应 ··························· 155
   6.1 电商减贫中介效应 ································ 155
   6.2 电商减贫调节效应 ································ 171

第7章 电商减贫政策效应 ····································· 194
   7.1 国家级电子商务示范城市政策效应 ·················· 194
   7.2 国家级电子商务综合示范县政策效应 ················ 204

第8章　国内外经验与政策启示 …………………………………… 220
　　8.1　国外经验 ………………………………………………… 220
　　8.2　国内经验 ………………………………………………… 222
　　8.3　政策启示 ………………………………………………… 226
　　8.4　研究展望 ………………………………………………… 232

参考文献 ……………………………………………………………… 235
后记 …………………………………………………………………… 269

第1章　电商减贫历程与成效

2021年2月25日，习近平总书记在全国脱贫攻坚总结表彰大会上庄严宣告，我国脱贫攻坚战取得了全面胜利，现行标准下9899万农村贫困人口全部脱贫，832个贫困县全部摘帽，12.8万个贫困村全部出列，完成了消除绝对贫困的艰巨任务。

在脱贫攻坚的过程中，电子商务发挥了非常重要的作用。随着互联网信息技术在农村地区的快速渗透，电子商务成了助力脱贫攻坚战取得全面胜利的重要抓手之一。2020年4月，习近平总书记在陕西考察脱贫攻坚情况时指出，电商作为新兴业态，既可以推销农副产品、帮助群众脱贫致富，又可以推动乡村振兴，是大有可为的。[①] 在新冠肺炎疫情暴发致使农产品滞销、贫困户损失惨重的情形下，电子商务更是成为畅通农产品流通网络体系、促进农产品产销对接的重要手段。仅2020年第一季度农村地区收投的快件量就超过30亿件，支撑工业品下乡与农产品进城总额超过2000亿元。[②]

巨大的脱贫攻坚成就充分说明了电子商务这一新兴商业模式与扶贫事业相结合所碰撞出的巨大能量，电子商务对农产品的生产、流通与消费产生着深刻的影响，也极大地改变了扶贫的实现路径，提高了脱贫效率。

1.1　减贫历程与减贫成效[③]

1.1.1　贫困标准的界定及变化

1.1.1.1　中国贫困线标准

国际上的贫困线多以世界银行设定的消费标准为统计口径界定贫困，

[①] 北京师范大学中国扶贫研究院：《决不让一个老区群众掉队——脱贫攻坚"赣州答卷"》，人民出版社2020年版，第341页。

[②] 邱超奕：《电子商务促消费升级》，载《人民日报》2020年4月26日，第2版。

[③] 鉴于数据的完整性和可获得性，部分现状分析仅更新至2019年。

1990年世界银行以人均每天消费1美元（按照1985年的购买力平价计算）作为贫困线标准；2008年提高为1.25美元（以2005年的购买力平价计算）；最近一次调整是在2015年10月，标准定为1.90美元（按照2011年的购买力平价计算）。中国与世界银行的贫困线标准在统计口径上存在差异。在2008年之前，中国主要以绝对贫困和低收入两个标准界定贫困；2008年之后，两个标准统一为收入标准。因此我们将中国贫困线标准用人均收入与支出之比进行简单换算，与世界银行标准比较。

考虑到数据的可获得性与对比结果的有效性，我们仅以2005～2016年的贫困线标准进行计算和比较。①将数据进行处理：第一，按照"农村居民消费价格指数"，将中国各年的贫困线标准折算成2005/2011年的现值；第二，将所得的2005/2011年现值，依据世界银行公布的私人消费购买力平价（PPP）换算成购买力相当的美元（日均）；第三，用各年份"农村居民家庭平均每人消费支出"与"农村居民家庭平均每人纯收入"之比，得出该收入标准下的消费支出水平。②将数据处理结果与世界银行的标准（1.25美元）进行比较（实际上，世界银行在2005～2007年的标准是1美元，但为了比较方便，将其统一为1.25美元）。具体计算结果如表1-1所示。

表1-1　中国贫困线标准与世界银行贫困线标准对比（2005～2016年）

年份	中国贫困线（元/人年）	2005年的现值（元/人年）	2011年的现值（元/人年）	人均日收入（WDI 2005年PPP）（美元）	人均日收入（WDI 2011年PPP）（美元）	农村居民消费/收入比（%）	人均日消费（WDI 2005年PPP）（美元）	人均日消费（WDI 2011年PPP）（美元）	世界银行贫困线标准	中国/世界银行（%）
2005	944	944		0.63		79	0.50		1.25	40
2006	958	944		0.63		79	0.50		1.25	40
2007	1067	997		0.67		78	0.52		1.25	42
2008	1196	1050		0.70		77	0.54		1.25	43
2009	1196	1053		0.71		74	0.55		1.25	44
2010	1274	1083		0.73		75	0.54		1.25	43
2011	2536		2536		1.88	75		1.41	1.90	74
2012	2625		2561		1.90	75		1.42	1.90	75

续表

年份	中国贫困线（元/人年）	2005年的现值（元/人年）	2011年的现值（元/人年）	人均日收入（WDI 2005年PPP）（美元）	人均日收入（WDI 2011年PPP）（美元）	农村居民消费/收入比（%）	人均日消费（WDI 2005年PPP）（美元）	人均日消费（WDI 2011年PPP）（美元）	世界银行贫困线标准	中国/世界银行（%）
2013	2736		2597		1.92	79		1.52	1.90	80
2014	2800		2610		1.93	80		1.54	1.90	81
2015	2855		2627		1.95	81		1.58	1.90	83
2016	3000		2709		2.01	82		1.65	1.90	87

说明：2005年的私人消费PPP为4.0869，2011年私人消费PPP为3.6961。
资料来源：《中国统计年鉴》《中国扶贫开发年鉴》和世界银行。

仅从收入角度来看，2011~2016年中国的贫困标准高于世界银行的标准，但将标准统一化之后，略低于世界银行的标准。就整体趋势对比而言，中国的贫困标准已经逐渐与世界银行的标准接近。从世界银行最新公布的1.90美元/天的贫困标准来看，2016年中国贫困标准为该标准的87%左右（如表1-1所示）。即便排除上述方法计算的误差，以及中国农村普遍存在自给自足的经济现实，中国的贫困标准仍然是略低于世界银行的。但是这种差距随着中国近些年对减贫事业的实际投入正不断减小。

通过对比2005~2016年中国贫困线标准与世界银行贫困线标准发现，这一时期中国的减贫标准逐渐趋近国际通行标准，并且这种标准的科学性和客观性符合中国国情，也是中国能够取得脱贫攻坚全面胜利的重要原因之一。

1.1.1.2 贫困发生率的国际比较

为更全面了解中国减贫成效及国际贡献，我们选择了不同类型的国家从贫困发生率方面进行对比：一是选择人均GDP较高的、人均GDP较低的，以及与中国较为接近的3种类型的国家比较；二是选择"金砖国家"进行比较。虽然部分国家数据缺失，鉴于各年间的数据差异不大，我们仍然可以依据现有数据来大体分析中国减贫的现实状况。具体比较结果如表1-2所示。

表1-2　　　　　　中国与其他部分国家的贫困发生率比较

国家	人口（截至2014年6月）	2014年人均GDP（美元）	2010年	2011年	2012年	2013年	地域
俄罗斯	14253	12926		0.08	0.04		欧洲
阿根廷	4180	12873	2.05	1.53	1.635	1.75	美洲
巴西	20204	11604		5.50	4.59	4.87	美洲
墨西哥	12380	10715	3.80		2.68		美洲
哥伦比亚	4893	8076	8.06	6.58	7.09	6.12	美洲
中国	136407	7589	11.18				亚洲
南非	5318	6483		16.56			非洲
印度尼西亚	25287	3534	15.90				亚洲
菲律宾	10006	2865			13.11		亚洲
印度	126751	1627		21.25			亚洲
巴基斯坦	18515	1343	8.30				亚洲
孟加拉国	15845	1172	43.65				亚洲
坦桑尼亚	5072	1006		46.60			非洲
乌干达	3882	726			33.24		非洲
埃塞俄比亚	9648	575	33.54				非洲

注：表头"在1.9美元的贫困标准下的贫困发生率（%）"

资料来源：世界银行。

从表1-2可以看出，绝对贫困标准下的贫困发生率与人均GDP水平具有较明显的相关性。人均GDP高于中国的国家（包括阿根廷、巴西、墨西哥等较为发达的发展中国家），他们的贫困发生率均低于中国，而人均GDP低于中国的国家中，除巴基斯坦之外，其他国家的贫困发生率基本都高于中国。此外，对比亚洲的发展中国家，中国的贫困发生率相对较低，中国的贫困发生率大约仅为印度的一半[①]。这不仅离不开中国对减贫工作的重视以及不断加大的投入力度，而且还得益于中国整体经济水平的提高。

---

① 这里所进行的比较基于各国每年的贫困发生率变化不大且基本上逐年降低的假设，由此可对各国的某些年份缺失的数据进行简单估计，并按同一年份进行比较。

总的来看，中国的减贫工作成绩较为突出，不仅贫困线标准逐渐趋近于国际通行的标准，而且贫困发生率也在持续降低。但与发达国家相比，中国的贫困线标准仍然存在较大差距。尽管当前中国脱贫攻坚已取得全面胜利，绝对贫困问题得到根本消除，但多数脱贫人口持续迈入乡村振兴阶段的动力不足，抗风险性较弱，可能会再次返贫。2020 年 5 月 18 日，国家乡村振兴局（原国务院扶贫办）主任刘永富在介绍确保如期完成脱贫攻坚目标任务有关情况时指出，自年初起，受疫情、灾害、疾病等因素影响，容易返贫和致贫的边缘人口新增了 38 万人。[①] 此外，绝对贫困消除后相对贫困问题还会长期存在，中国减贫工作任务还非常艰巨。

1.1.2 贫困人口分布

关于农村贫困人口的分布情况，主要从贫困县（或扶贫重点县）的分布、贫困人口数量及其空间分布、区域间农村居民收入差距三个维度介绍。

1.1.2.1 减贫重点对象

长期以来，中国农村的减贫工作多基于行政区进行整体推进。这种方式是建立在中国自上而下的政策体系之上的，有利于集中解决整体贫困，便于扶贫工作的推进和开展。因此，在 1986 年，中国主要根据贫困人口占全国比例、农民人均纯收入水平、人均 GDP 和人均财政等指标设立贫困县标准，并于当年认定了 273 个贫困县。随着经济快速发展，贫困线标准分别于 1994 年、2006 年、2012 年、2014 年和 2018 年调整了 5 次，并先后认定了 832 个国家贫困县，在全国共划分了 14 个集中连片特困地区。

现阶段，中国脱贫攻坚战取得了全面胜利，现行标准下农村贫困人口全部脱贫、贫困县全部摘帽，彻底消除了绝对贫困。但这并不意味着贫困治理的终结，实际上脱贫人口可持续发展能力仍较弱，一旦遭受负向冲击就很有可能再次返贫，同时由收入分配不公、社会排斥等因素所导致的相对贫困状况正不断恶化，尤其是略高于贫困建档线的农村居民由于长期得不到政策支持，实际状况可能更加严重。正因为如此，未来中国减贫工作重点将由集中式减贫向常规式减贫转型，由解决绝对贫困向缓解相对贫困转变。特别地，当前进入"十四五"时期，巩固脱贫攻坚成果、接续推动

---

① 倪伟：《国务院扶贫办：今年监测到少量返贫人口，不完全因为疫情》，载《新京报》2020 年 5 月 18 日。

脱贫攻坚与乡村振兴有效衔接成为减贫的首要目标，应从产业、政策、治理等多个方面着手统筹推进脱贫攻坚与乡村振兴有效衔接。

1.1.2.2　省级层面

图1-1显示了2019年中国农村贫困人口和贫困发生率的省域分布情况。可以看出，2019年各省份农村贫困发生率普遍下降至2.2%及以下。其中：农村贫困发生率在1%~2.2%的省份有7个，包括广西、贵州、云南、西藏、甘肃、青海和新疆；农村贫困发生率在1%及以下的省份有7个，分别是山西、吉林、河南、湖南、四川、陕西和宁夏。北京、天津、河北等17个省份的农村贫困发生率则均在0.5%以下，且大多为东部地区省份。中国大部分贫困人口主要位于中西部地区，尤其以西部居多，这与前文的分析结果保持一致。

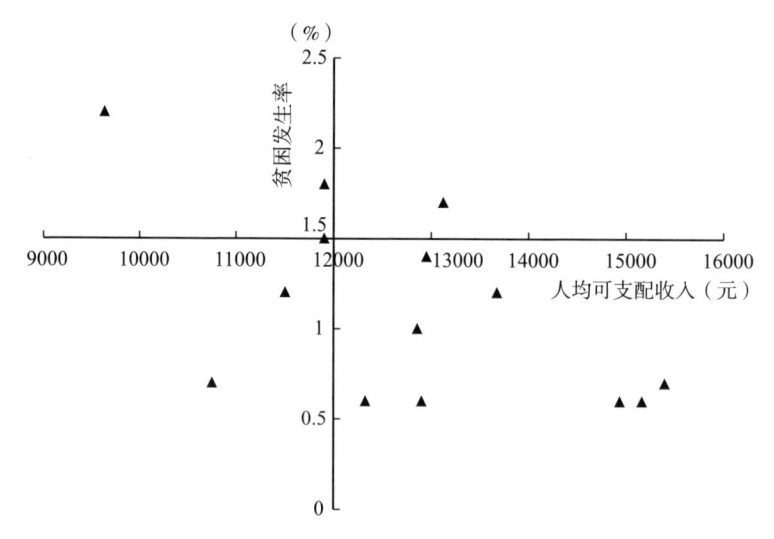

图1-1　2019年省域农村贫困人口和人均可支配收入散点图

说明：2019年，北京、天津、河北、内蒙古、辽宁、黑龙江、上海、江苏、浙江、安徽、福建、江西、山东、湖北、广东、海南、重庆17个地区的农村贫困人口和贫困发生率数值较小（0.5%以下），在统计上不显著，故未在图中展示。统计数据不含港澳台地区。

资料来源：《中国农村贫困监测报告2020》。

由图1-1可以发现，农村贫困发生率与经济发展水平在一定程度上具有负向相关性，农村贫困发生率较低的地区，其经济发展水平一般较高。而贫困发生率较高的地区，其经济水平相对较为落后，且多集中在连片特困地区，这些地区存在两种情况：一是贫困人口多的地区，人口密集度较大，如贵州、云南和甘肃；二是贫困人口较少的地区，偏僻落后、地广人稀，如西藏、新疆、青海等。

在分析省域贫困人口的基础上，我们得出一个总体结论，即这一时期（2019年以后）中国减贫工作进入了"啃硬骨头"的阶段，中国的贫困问题逐渐趋向于贫困人口局部集中分布、总体分散难管的状况。

1.1.3 贫困影响因素

影响贫困产生的因素包括经济、文化、教育、公共服务、社会保障等多个维度。从收入和消费视角，我们可以发现，中国农村贫困的根本问题在于经济发展滞后。需要特别说明的是，我们这里所说的农村贫困问题是指收入低于一定标准的部分农村和部分农村居民，并非指的是中国城乡之间的相对贫困。也就是说，我们关注的仅仅限于农村减贫工作中的减贫对象。这与"城乡二元经济"、工农"剪刀差"等所关注的贫困或低收入并不相同。

从内外因视角，致贫因素主要包括贫穷主体的内生因素和外部环境造成的外生因素。贫困主体的内因主要源于劳动能力的欠缺和思维观念的落后，而外部环境造成的外因则包括自然环境和社会环境（包含市场环境）两方面。前文提到，中国的农村贫困人口主要集中于中西部，尤其是西部山区。而基于这些地区的多数调查均表明，绝大多数农村贫困群体都具有减贫意愿，而从贫困群体的地理分布上特征来看，我们认为贫困的发生主要受外部环境的影响。因此本书将从自然环境和社会环境两方面揭示贫困的成因。

1.1.3.1 自然环境因素

2019年农村剩余贫困人口主要分布在国家扶贫重点县和连片特困贫困区。根据《中国农村贫困监测报告2020》显示，2019年末扶贫重点县和14个连片特困地区的贫困人口分别为307万人和313万人，比上年年末分别减少622万人和608万人，但其贫困发生率（2019年重点县为1.5%，连片特困地区为1.5%）仍明显高于全国平均水平（0.6%）。从地理分布看，这两类地区均位于中西部，特别以中西部山区较多，一方面山区的人均耕地低于平原，另一方面山区的生产条件也更为恶劣，如滇黔桂石漠化区、乌蒙山区、南疆三地州[①]、西藏等14个集中连片特困地区，生产生活条件均较差（见表1-3）。

---

① 即克孜勒苏柯尔克孜自治州、和田地区和喀什地区。

表 1-3　　　　2019 年 14 个集中连片特困区现状

序号	地区	省份	县数	面积（平方千米）	贫困人口（万人）	贫困发生率（%）	自然环境说明
1	六盘山区	陕西、甘肃、宁夏、青海	61	15	45	2.6	基本包括了中国西北的主要干旱地区，年均降雨量 350~400 毫米，沟壑纵横，植被稀疏，水土流失严重，是中国地质灾害高发区
2	秦巴山区	河南、湖北、重庆、四川、陕西、甘肃	75	22	27	1.0	年平均气温 12~15℃，气温随海拔而变化，形成山地垂直温度带，水资源丰富，年降水量 700~1400 毫米，是重要的生态功能区
3	武陵山区	湖北、湖南、重庆、贵州	64	10	49	1.7	海拔高度 1000 米以上，地貌呈岩溶发育状态，是中国地质灾害高发区
4	乌蒙山区	四川、贵州、云南	38	10.7	41	2.0	气候和自然环境恶劣多变，山高路险，交通不便，土地贫瘠，自然灾害频繁，生活环境恶劣，地方病高发
5	滇黔桂石漠化区	广西、贵州、云南	80	22.8	36	1.4	地形地貌复杂，生态环境脆弱，自然灾害频发，交通等基础设施薄弱
6	滇西边境山区	云南	56	0.2	28	2.3	地形垂直分布明显，地质灾害严重，是中国重要生态功能区
7	大兴安岭南麓山区	内蒙古、吉林、黑龙江	19	11	4	0.7	气候寒冷，地广人稀，是重要生态功能区
8	燕山-太行山区	河北、陕西、内蒙古	33	9.3	11	1.2	地貌破碎，生态环境脆弱，是京津风沙源地和水源地，自然条件较差，交通不便，农牧交错分布，社会经济发展十分落后
9	吕梁山区	陕西、山西	20	3.6	5	1.4	地形起伏较大，土壤贫瘠，干旱和水土流失严重，是重要的生态功能区
10	大别山区	安徽、河南、湖北	36	6.7	32	1.0	海拔 500~800 米，南北两侧水系较为发达，森林覆盖率低，水土流失严重
11	罗霄山区	江西、湖南	23	5.2	9	1.0	地处中国南方红壤区，暴雨频繁，生态失衡，洪涝灾害和水土流失严重

续表

序号	地区	省份	县数	面积（平方千米）	贫困人口（万人）	贫困发生率（%）	自然环境说明
12	西藏	西藏	74	120.2	4	1.4	地处世界上最大最高的青藏高原，平均海拔4000米以上。地形复杂，气温偏低，日温差大，气候类型复杂，垂直变化大
13	四省藏族聚居区	四川、云南、甘肃、青海	77	88.7	10	1.8	位于羌塘高原与横断山区，遍布高山峡谷，立体气候显著，地质灾害多发，交通不便，是多条大江大河的发源地
14	南疆三地州	新疆	24	44.1	12	1.7	环绕在塔克拉玛干沙漠的南缘，常年气候干旱，年均降水量仅40~50毫米，年均蒸发量高于2000毫米，年均沙尘天气约92天，自然灾害频繁，生态环境极其脆弱

资料来源：《中国农村贫困监测报告2011》《中国农村贫困监测报告2020》。

针对中西部地区自然条件、生存环境相对恶劣的状况，我国自2001年起开展易地扶贫搬迁试点，力求通过易地移民搬迁帮助深度贫困地区的贫困人口改善生活、生产条件，优化生计结构，啃下脱贫攻坚的"硬骨头"。特别是中共十八大以来，以习近平总书记为代表的党中央高度重视易地扶贫搬迁工作，将其作为"五个一批"精准脱贫措施的重要组成部分，取得了显著的减贫成效。截至2019年底，"十三五"易地扶贫搬迁任务已全面完成，960多万建档立卡贫困群众已全部乔迁新居，其中城镇安置500多万人，农村安置约460万人。易地扶贫搬迁建档立卡贫困户人均纯收入由2016年的4221元提高至2019年的9313元，年均增幅30.2%。[①] 站在乡村振兴的新起点上，仍需加强对易地扶贫搬迁群众的后续保障支持，确保其在"搬出来"的情况下能稳得住、有就业，逐步实现富裕。

1.1.3.2 社会环境因素

影响贫困的社会环境因素涉及基础设施、公共服务、产业基础等方面。考虑到2019年有超过91%的农村贫困人口分布于中西部地区（2019年中西

---

① 《总投资超过1万亿元"十三五"易地扶贫搬迁任务全面完成》，载人民网，http://finance.people.com.cn/BIG5/n1/2020/1203/c1004-31954272.html，2020年12月3日。

部地区农村贫困人口数量为504万人，占农村总贫困人口的91.5%），我们的分析主要针对中西部地区展开。属于中西部地区的省区市①共有20个，重点扶贫县涉及除西藏外的其他19个省区市。根据可获得的有关贫困村、扶贫重点县及集中连片特困地区的数据，我们的分析对象主要涉及"农村贫困地区""扶贫重点县""连片特困地区"。

1. 基础设施。

基础设施主要包括道路交通设施、水电气管网、通信设施、水利设施等方面。2019年我国贫困地区农村基础设施状况如表1-4所示。

表1-4　　　　　　2019年贫困地区农村基础设施状况　　　　　单位：%

地区	所在自然村通公路的农户比重	所在自然村通电话的农户比重	所在自然村能接收有线电视信号的农户比重	所在自然村进村主干道路硬化的农户比重	所在自然村通宽带的农户比重	使用管道供水的农户比重	使用经过净化处理自来水的农户比重
贫困地区	100.0	100.0	99.1	99.5	97.3	89.5	60.9
扶贫重点县	100.0	100.0	99.2	99.4	97.3	89.7	61.9
连片特困地区	100.0	100.0	99.0	99.4	97.2	90.0	58.2

资料来源：《中国农村贫困监测报告2020》。

从表1-4可以看出，在道路交通方面，2019年贫困地区、扶贫重点县和连片特困地区所在自然村通公路的农户比重均达到100%，说明这一时期我国贫困地区已全部实现自然村通路通车，但从现实情况来看，当前多数脱贫地区的道路交通条件还有待进一步改善。道路交通是经济发展与人民生活的连接渠道，正如一句口号所言："要致富，先修路"，地方经济的发展离不开道路交通建设，加大对道路交通的建设投入同样也是下一阶段减贫工作的重中之重。

在用水质量方面，数据显示2019年使用经过净化处理自来水的农户比重仅达到60.9%，使用管道供水的农户占比为89.5%，说明贫困地区用水质量还有较大提升空间。未来应重视农村地区饮用水安全问题，尤其加大对深度贫困地区全面脱贫后的政策支持，完善其用水质量和安全。

---

① 为了表述方便，在文中会以"省份"来代替"省区市"的表述。

在通信方面，中国贫困地区、扶贫重点县和连片特困地区所在自然村均已实现电话全覆盖，且通宽带的农户占比均达到97%以上，通信建设取得实质性进展。此外，近年来5G、大数据、物联网等新基建也逐渐向农村贫困地区倾斜，为贫困地区发展增添动力。随着互联网通信技术不断向农村下沉，部分落后地区可以借机抓住机遇，加快信息通信建设，为农村电子商务发展创造信息基础环境。

总体而言，这一时期贫困地区的基础设施取得了明显改善，但与城镇地区相比仍存在较大差距。为此国家需要进一步加大资金投入和工作力度，创新基础设施下沉方式，激发社会和市场的力量缩小城乡差距，为贫困地区基础设施的建设奠定坚实的基础。

2. 公共服务。

公共服务主要包括公共交通、卫生、教育等方面。2019年中国贫困地区农村公共服务状况我们选取了以下指标进行表征，如表1-5所示。①

表1-5　　　　　2019年中国贫困地区农村公共服务状况　　　　　单位：%

地区	所在自然村能便利乘坐公共汽车的农户比重	所在自然村垃圾能集中处理的农户比重	所在自然村有卫生站的农户比重	所在自然村上幼儿园便利的农户比重	所在自然村上小学便利的农户比重
贫困地区	76.5	86.4	96.1	89.8	91.9
扶贫重点县	75.8	86.3	96.1	89.4	91.7
连片特困地区	75.7	85.1	96.1	90.1	92.3

资料来源：《中国农村贫困监测报告2020》。

从表1-5可以看出，在公共交通方面，2019年中国贫困地区、扶贫重点县和连片特困地区所在自然村能便利乘坐公共汽车的农户比重不到77%，可能是因为大部分贫困地区道路交通设施不完善，农户基本处于自给自足的状态，出行需求比较少。

在公共卫生方面，2019年所在自然村垃圾能集中处理的农户比重在86%左右，有卫生站的农户比重达到96%以上，这说明农村贫困地区的卫生建设实际上已经有显著成效，但从环境保护角度来看，贫困地区农户的

---

① 这些指标中所提到的"村"指的是行政村。

环保意识还需加强。

在教育方面，2019年所在自然村上幼儿园便利的农户比重为90%左右，同时所在自然村上小学便利的农户比重在92%左右，可见贫困地区幼儿园、小学教育覆盖程度已明显提升。但这一时期农村贫困地区普遍缺乏优质教育资源，师资力量、教学水平等仍显著落后于城镇地区，落实财政政策向农村贫困地区教育倾斜，对于减贫具有重要意义。

3. 产业基础。

农村贫困地区经济发展离不开产业的支撑。而产业的发展，首先离不开专业人才的支撑。因而在探讨产业发展现状之前，我们首先对农村贫困地区的人力资本状况展开分析。图1-2显示了2019年贫困地区农村常住劳动力文化程度的分布情况。

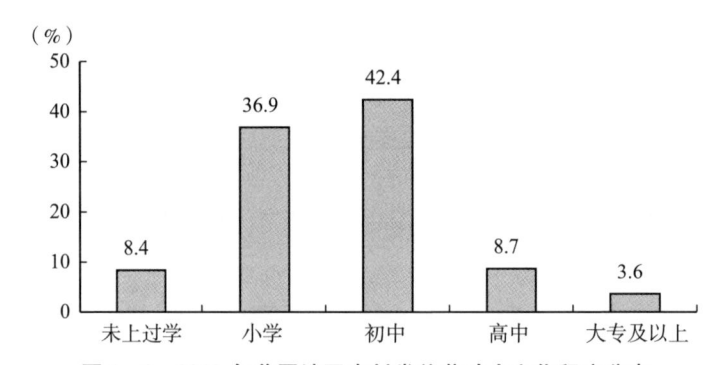

图1-2 2019年贫困地区农村常住劳动力文化程度分布

资料来源：《中国农村贫困监测报告2020》。

从图1-2可以看出，2019年贫困地区农村常住劳动力中，初中文化程度占比最高，达到42.4%；大专及以上文化程度占比最低，仅有3.6%；未上过学、小学文化程度和高中文化程度占比分别为8.4%、36.9%和8.7%。进一步地，我们按户主受教育程度分组得到各组贫困发生率，如图1-3所示。

从图1-3可以看出，农村贫困发生率与户主受教育程度呈负相关关系，户主受教育程度较高的群体贫困发生率相对较低。2019年农村贫困人口多为未上过学的群体，其贫困发生率达到2.0%，户主受教育程度为小学、初中和高中及以上的群体中贫困发生率则依次递减，分别为0.9%、0.4%和0.2%。

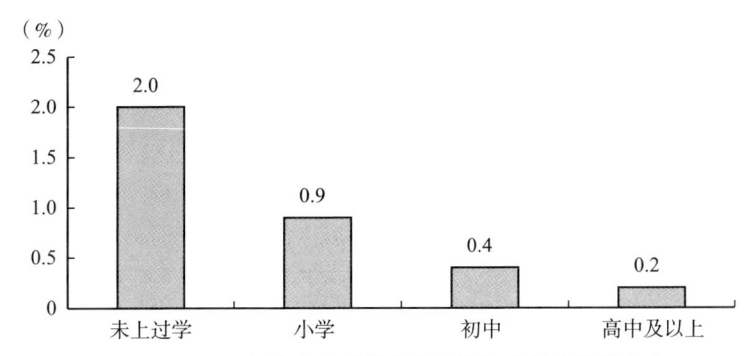

图 1-3 2019年按户主受教育程度分组农村贫困发生率

资料来源：《中国农村贫困监测报告2020》。

由此表明，这一时期农村贫困地区受教育程度普遍较低，且很大一部分青壮年群体进城务工就业，乡村产业发展缺少人才支撑。因此，一方面要加大农村教育事业建设；另一方面也要鼓励人才返乡就业，解决贫困地区的人才短缺问题，推动乡村产业发展。

从贫困地区具体的劳动力产业分布来看，贫困地区农村常住劳动力大多从事农林牧渔等第一产业，如图1-4所示。2019年农村贫困地区常住从业劳动力中，第一产业从业人员占比最高，达到63.7%，其次是第三产业从业人员，占比为22.0%，第二产业从业人员最少，仅为14.3%。

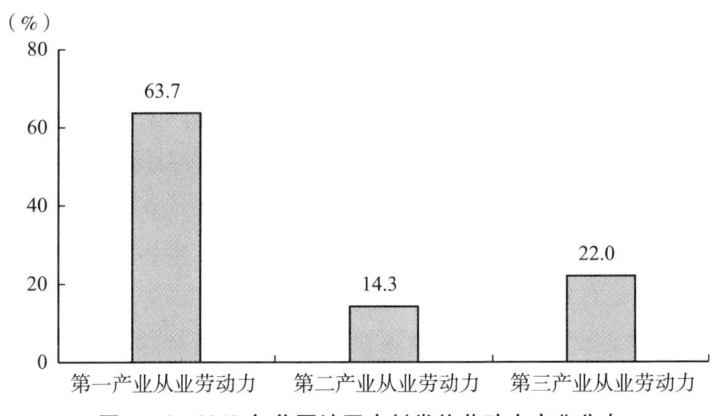

图 1-4 2019年贫困地区农村常住劳动力产业分布

从贫困地区的产业增加值来看，第二、第三产业增长迅速且空间广阔。2011~2018年贫困地区三大产业产值的构成情况，如表1-6所示。

表1-6　　　　　　2011~2018年贫困地区三大产业产值构成　　　　　单位：亿元

年份	贫困地区 第一产业增加值	贫困地区 第二产业增加值	贫困地区 第三产业增加值	扶贫重点县 第一产业增加值	扶贫重点县 第二产业增加值	扶贫重点县 第三产业增加值	连片特困地区 第一产业增加值	连片特困地区 第二产业增加值	连片特困地区 第三产业增加值
2011	8979	16019	11641	7080	12550	8969	6757	11099	8908
2012	10197	18804	13490	8036	14692	10366	7696	13142	10374
2013	11108	21082	15583	8743	16410	11944	8403	14841	12056
2014	11910	22560	17887	9354	17628	13720	9035	16077	13856
2015	12668	22463	20477	9912	17493	15709	9664	16240	15904
2016	13347	23776	23091	10469	18494	17770	10232	17304	17934
2017	13451	25256	25897	10603	19560	19881	10331	18804	20295
2018	14168	26501	28891	11203	20342	22257	10879	20019	22582
年均增速	6.73%	7.46%	13.87%	6.78%	7.14%	13.86%	7.04%	8.79%	14.21%

说明：《中国农村贫困监测报告2020》仅记录了截至2018年贫困地区、扶贫重点县和连片特困地区的三次产业增加值，故此处未将2019年的数据列入。

资料来源：《中国农村贫困监测报告2020》。

从表1-6可以看出，贫困地区、扶贫重点县和连片特困地区生产总值主要由第二产业和第三产业构成，而非从业劳动力占比最多的第一产业。尽管在农村贫困地区第二、第三产业尚未实现规模化经营，但其产值仍高于第一产业。从三大产业增速来看，2011~2018年贫困地区、扶贫重点县和连片特困地区地区第二、第三产业产值年均增速明显高于第一产业，这表明农村贫困地区产业升级步伐正逐渐加快。

1.1.4　减贫成效

1.1.4.1　农村贫困人口全部脱贫，脱贫攻坚取得瞩目成就

中共十八大以来，党中央始终把脱贫攻坚摆在治国理政的突出位置，组织开展了声势浩大的脱贫攻坚人民战争。2021年2月25日，习近平总书记在全国脱贫攻坚总结表彰大会上向全世界庄严宣告"经过全党全国各族人民共同努力，在迎来中国共产党成立一百周年的重要时刻，我国脱贫攻坚战取得了全面胜利，现行标准下9899万农村贫困人口全部脱贫，832个贫困县全部摘帽，12.8万个贫困村全部出列，区域性整体贫困得到解

决，完成了消除绝对贫困的艰巨任务"①。同时全面实现了"两不愁三保障"及饮水安全有保障，精准帮扶政策得到了有效落实，贫困地区基础设施和基本公共服务水平显著提高②，为全球减贫事业作出了巨大贡献。

1. 全国农村减贫规模年均超过1200万人。

表1-7显示了2012~2020年全国农村减贫情况。按现行国家农村贫困标准（2010年价格水平每人每年2300元）测算，2012~2020年间全国农村贫困人口累计减少9899万人。截至2020年末，全国农村贫困人口实现全部清零，年均减少1237万人；贫困发生率累计下降10.2个百分点，年均下降1.28个百分点。

表1-7　　　　　2012~2020年全国农村减贫情况

年份	贫困人口（万人）	比上年减少（万人）	贫困发生率（%）	比上年减少（%）
2012	9899	—	10.2	—
2013	8249	1650	8.5	1.7
2014	7017	1232	7.2	1.3
2015	5575	1442	5.7	1.5
2016	4335	1240	4.5	1.2
2017	3046	1289	3.1	1.4
2018	1660	1386	1.7	1.4
2019	551	1109	0.6	1.1
2020	0	551	0	0.6

资料来源：国家统计局。

2. 中西部地区年均减贫幅度高于东部地区。

分区域看，2012年以来，东中西部各个地区在深化精准脱贫、健全脱贫机制、探索脱贫道路等方面均取得了显著成效。从贫困人口来看，2012年东部、中部和西部地区农村贫困人口分别为1367万人、3446万人和5086万人，2019年分别降至47万人、181万人和323万人，下降幅度分别达到96.6%、94.7%和93.6%，2020年末均实现全面脱贫，年均减少

---

① 《习近平：在全国脱贫攻坚总结表彰大会上的讲话》，中国新闻网，https://www.chinanews.com/gn/2021/02-25/9419272.shtml，2021年2月25日。

② 国家统计局发布的国家脱贫攻坚普查公报（第四号）。

农村贫困人口分别为 171 万人、431 万人和 636 万人;从贫困发生率来看,2012 年东部、中部和西部地区农村贫困发生率分别为 3.9%、10.6% 和 17.5%,2019 年分别降至 0.1%、0.6% 和 1.1%,7 年间分别下降 3.8 个、10.0 个和 16.4 个百分点,2020 年末均全部清零。①

与东部和中部地区相比,西部地区自然资源禀赋、经济发展等方面相对更加落后,贫困程度也更为严重,贫困人口基数更大,面临的减贫任务也更为艰巨。2019 年一半以上的剩余农村贫困人口主要集中于西部地区,贫困发生率远高于全国平均水平。但在全党全国人民的艰苦奋斗下,在党中央对西部贫困地区的政策倾斜支持下,在东中西扶贫协作和对口支援下,现已实现全面脱贫。

1.1.4.2 贫困地区农村居民收入②保持快速增长,增速持续快于全国平均水平

中共十八大以来,党中央国务院持续关注减贫问题,不断加大资金投入,因地制宜发展特色产业,通过连接人才输入、实施易地搬迁、结合生态保护等不同方式减贫,使得贫困地区农村居民的累积增收能力不断增强,收入增速快于全国平均水平。

1. 贫困地区农村居民收入与全国农村差距不断缩小。

伴随着贫困人口和贫困发生率的减少,贫困地区农村居民收入也在持续增长。2021 年 4 月 6 日国务院新闻办公室发布的《人类减贫的中国实践》白皮书显示,2020 年贫困地区的农村居民人均可支配收入达到 12588 元,与 2013 年的 6079 元相比,年均实际增速达到 11.6%,比全国农村平均水平 2.3 个百分点,贫困人口生活水平明显改善。

从连片特困地区来看,2019 年集中连片特困地区农村居民人均可支配收入为 11443 元,比 2018 年增加 1183 元,名义增长 11.5%,扣除价格因素影响,实际增长 8.0%,比全国农村增速快 1.8 个百分点。同时,连片特困地区农村居民收入与全国农村的差距正逐渐缩小。2012~2019 年连片特困地区农村居民人均可支配收入年均实际增速比全国农村高出 2.2 个百分点,2019 年连片特困地区农村居民收入水平相当于全国农村的 71.4%。分片区看,2019 年 14 个集中连片特困地区农村居民收入增速均高于全国

---

① 根据历年《中国农村贫困监测报告》计算得到。本节余下部分若无明确说明,数据均来源于此。

② 囿于数据可得性,除贫困地区农村居民可支配收入更新至 2020 年外,本节其余数据均更新至 2019 年。

农村，均在10%以上。其中年均实际增速在13%以上的有4个片区，分别是吕梁山区15.1%、滇西边境山区14.3%、四省藏族聚居区14.2%、西藏13.1%，其余地区则在10%~14%之间。

从扶贫重点县来看，2019年国家扶贫开发工作重点县农村居民人均可支配收入11524元，相当于当年全国农村的71.9%，比2018年名义增长12.1%，扣除价格因素影响，实际增长8.6%，实际增速高于全国农村2.4个百分点，与全国农村的差距持续缩小。

2. 贫困地区农村居民分项收入增速快于全国农村居民。

国家统计局全国农村贫困监测调查数据显示，2019年贫困地区农村居民分项收入增速均快于全国农村居民。这种增速主要表现在四个方面：2019年贫困地区农村居民的人均工资性收入达4082元，高出全国农村平均水平2.7个百分点，同比增长12.5%；2019年人均经营净收入达4163元，增速比上年加快2.7个百分点，同比增长7.1%；2019年人均财产净收入为159元，增速高出全国农村平均水平6.2个百分点，同比增长16.5%；2019年人均转移净收入3163元，比上年增加444元，增速高于全国农村3.4个百分点，同比增长16.3%。

1.1.4.3 贫困地区农村居民生活消费水平持续提高，质量不断改善

中共十八大以来，贫困地区农村居民逐渐由生存型消费向发展型消费升级，主要表现在六个方面：消费支出增长、消费结构优化、居住条件改善、耐用消费品数量增加、产品升级换代、生活消费水平提高。

1. 消费总量保持较快增长。

据全国农村贫困监测调查数据显示，2019年贫困地区农村居民人均消费支出达到10011元，比2018年增长11.8%，实际增长8.3%，快于全国农村1.8个百分点。其中，2019年集中连片特困地区农村居民人均消费支出为9898元，相较于2018年名义增长11.8%，年均实际增长8.3%；2019年扶贫开发重点县农村居民人均消费支出达到10028元，相较于2018年名义增长12.2%，扣除价格因素，年均实际增长8.7%。

2. 消费结构明显优化。

消费结构方面，吃穿支出总量虽然稳定增长，但是占比有所下降。2019年贫困地区农村居民人均食品烟酒支出为3121元，比2018年增长11.2%，占消费支出的比重为31.2%，比上年下降0.2个百分点。2019年贫困地区农村居民人均衣着消费支出为549元，比2018年增长12.4%，占消费支出的比重为5.5%，比上年上升0.1个百分点。

此外，针对交通通信、教育文化娱乐、医疗保健等发展改善型消费支出持续增长，占消费支出比重显著提高。2019年贫困地区农村居民人均交通通信支出1200元，比2018年增长14.8%，占消费支出比重达12.0%，比2018年提高0.3个百分点。其中，人均交通支出804元，增长18.3%。人均通信支出395元，比2018年增长8.3%。2019年贫困地区农村居民人均教育文化娱乐支出达到1163元，比2018年增长14.3%，占消费支出比重比2018年高0.3个百分点。其中，人均教育支出为985元，比2018年增长15.9%；人均医疗保健支出1054元，比2018年增长14.7%。

3. 居住条件不断改善。

《中国农村贫困监测报告2020》数据显示，中共十八大以来，我国贫困地区农村居民住房质量显著改善。2019年贫困地区农村居民户均住房面积为147.9平方米，比2012年增加29.7平方米。住房类型逐渐从竹草土坯房向钢筋混凝土房转变，2019年仅有1.2%的农户居住在竹草土坯房，更多的农户居住在钢筋混凝土房或砖混材料房，比2012年上升30.8个百分点。在此基础上，我们整理得到2012~2019年贫困地区农户居住条件，如表1-8所示。

表1-8　　　　2012~2019年贫困地区农户居住条件　　　　单位：%

项目	2012年	2013年	2014年	2015年	2016年	2017年	2018年	2019年
使用管道供水的农户比重	—	53.6	55.9	61.5	67.4	70.1	79.8	89.5
使用经过净化处理自来水的农户比重	—	30.6	33.1	36.4	40.8	43.7	56.4	60.9
独用厕所的农户比重	91.0	92.7	93.1	93.6	94.2	94.5	95.9	96.6
炊用柴草的农户比重	61.1	58.6	57.8	54.9	51.4	49.7	39.2	34.8

资料来源：《中国农村贫困监测报告2020》。

从表1-8可以发现，第一，贫困地区农户饮水安全不断提高。2013年以来贫困地区使用管道供水的农户和使用净化水的农户比重不断增加，截至2019年末使用管道供水和使用净化处理自来水的农户比重分别达到89.5%和60.9%，比2013年分别高出35.9%和30.3%。第二，贫困地区农户居住配套设施不断改善。从卫生设施方面来看，2019年贫困地区农村居民独用厕所的农户比重达到96.6%，使用卫生厕所的农户比重为58.3%。从炊用能源方面来看，2019年贫困地区使用柴草作为炊用能源的农户比重为34.8%，比2018年下降4.4个百分点，使用清洁能源的农户比重为53.6%，比2018年上升5.6个百分点。

4. 耐用消费品升级换代加速。

表1-9汇报了2012年和2019年贫困地区农户每百户耐用消费品拥有量。可以看出：传统耐用消费品拥有量持续增加，与全国农村平均水平相比，差距逐渐缩小。2019年贫困地区农村每百户拥有电冰箱、洗衣机、彩电分别为92.0台、90.6台和108.5台，分别比2012年增加44.5台、38.3台和10.2台。

表1-9　2012年和2019年贫困地区农户每百户耐用消费品拥有量

项目	2012年	2019年	增量
百户电冰箱拥有量（台）	47.5	92.0	44.5
百户洗衣机拥有量（台）	52.3	90.6	38.3
百户彩电拥有量（台）	98.3	108.5	10.2
百户汽车拥有量（辆）	2.7	20.2	17.5
百户计算机拥有量（台）	5.4	17.7	12.3

资料来源：《中国农村贫困监测报告2020》。

此外，汽车、计算机等反映现代生活的耐用消费品快速增长。2019年贫困地区农村每百户汽车、计算机拥有量分别为20.2辆、17.7台，分别是2012年的7.5倍和3.3倍。

1.1.4.4　贫困地区农村基础设施明显改善，基本公共服务得到加强

1. 基础设施条件不断完善。

表1-10汇报了2013~2019年贫困地区基础设施条件。不难看出，贫困地区"四通"覆盖面不断扩大。截至2019年末，贫困地区自然村基本实现通电、通公路和通电话全覆盖，比2013年提高1.7个百分点；所在自然村通有线电视信号的农户比重为99.1%，比2013年提高19.5个百分点；所在自然村通宽带的农户比重为97.3%，比2015年提高25.5个百分点。

同时，贫困地区交通便利情况也获得明显改善。2019年贫困地区所在自然村主干道路面经过硬化处理的农户比重为99.5%，所在自然村能便利乘坐公共汽车的农户比重为76.5%，这两方面比2013年分别提高10.6个和20.4个百分点。

表 1-10　　　　2013~2019 年贫困地区基础设施条件　　　　单位：%

项目	2013年	2014年	2015年	2016年	2017年	2018年	2019年
所在自然村通电话的农户比重	98.3	99.2	99.7	99.9	99.8	99.9	100
所在自然村能接收有线电视信号的农户比重	79.6	88.7	79.2	94.2	96.9	98.3	99.1
所在自然村能通宽带的农户比重	—	—	71.8	79.8	87.4	94.4	97.3
所在自然村进村主干道路硬化的农户比重	88.9	90.8	94.1	96.0	97.6	98.3	99.5
所在自然村能便利乘坐公共汽车的农户比重	56.1	58.5	60.9	63.9	67.5	71.6	76.5

资料来源：《中国农村贫困监测报告 2020》。

连片特困地区和扶贫重点县"四通"情况不断改善。2019 年连片特困地区和扶贫重点县通电、通公路、通电话均接近全覆盖，所在自然村通宽带和所在自然村能接收有线电视信号的农户比重分别为 97.2% 和 99.0%，比 2018 年分别提高 3.4 个和 1.1 个百分点；扶贫重点县所在自然村通电话的农户比重基本达到全覆盖，所在自然村通宽带和所在自然村能接收有线电视信号的农户比重分别为 97.3% 和 99.2%，比 2018 年分别提高 2.9% 和 0.6%。

2. 教育文化状况显著改善。

中共十八大以来，各地各部门积极推进教育文化减贫，贫困地区农村受教育情况明显改善，教育文化设施状况也较大提升。2019 年贫困地区农村 89.8% 的农户所在自然村上幼儿园便利，91.9% 的农户所在自然村上小学便利，分别比 2018 年提高 2.7 个和 2.1 个百分点；有文化活动室的行政村比重达到 94.0%，比 2018 年提高 3.3 个百分点。

3. 医疗卫生水平显著提高。

2012 年以来，中央专项投资支持贫困地区医疗卫生机构的基础设施建设，贫困地区医疗卫生服务条件获得较大改善。2013~2019 年贫困地区农村医疗卫生条件如表 1-11 所示。

从表 1-11 可以看出，2019 年贫困地区所在自然村有卫生站的农户比重为 96.1%，比 2013 年提高 11.7 个百分点；所在自然村垃圾能集中处理的农户占比为 86.4%，高出 2013 年 56.5 个百分点。

表 1-11　　2013~2019 年贫困地区农村医疗卫生条件　　单位：%

项目	2013 年	2014 年	2015 年	2016 年	2017 年	2018 年	2019 年
所在自然村有卫生站的农户比重	84.4	86.8	90.3	91.4	92.2	93.2	96.1
所在自然村垃圾能集中处理的农户比重	29.9	35.2	43.2	50.9	61.4	78.9	86.4

资料来源：《中国农村贫困监测报告 2020》。

此外，连片特困地区和扶贫重点县医疗服务条件明显提升。2019 年连片特困地区和扶贫重点县所在自然村有卫生站的农户比重分别为 96.1% 和 96.1%，比 2013 年分别提高 12.5 个百分点和 11.8 个百分点。

1.1.4.5　扶贫资金使用

1. 县级扶贫资金来源。

2017 年，贫困地区县级扶贫资金共 4419.5 亿元，比上年增长 49.4%。其中，中央扶贫贴息贷款累计发放 733.8 亿元，中央财政专项扶贫资金 832.3 亿元，中央专项退耕还林还草工程补贴 114.1 亿元，中央拨付的低保资金 373.4 亿元，省级财政安排的扶贫资金 332 亿元，国际资金 6.9 亿元，其他资金 2027 亿元。

2. 县级扶贫资金投向。

表 1-12 汇报了 2017 年贫困地区县级扶贫资金主要投向。可以看出，2017 年，贫困地区县级扶贫资金主要投入到易地扶贫搬迁、村通公路、农业生产、农村中小学建设、农村危房改造等项目。其中易地扶贫搬迁占扶贫资金的比重为 23.2%，村通公路占扶贫资金的比重为 12.2%，农业占 6.7%，农村中小学建设占 8.1%，农村危房改造占 7.0%。

表 1-12　　2017 年贫困地区县级扶贫资金主要投向　　单位：%

村级扶贫资金投向	占比
1. 易地扶贫搬迁	23.2
2. 村通公路（通畅、通达公路等）	12.2
3. 农业	6.7
4. 农村中小学建设	8.1
5. 农村危房改造	7.0

续表

村级扶贫资金投向	占比
6. 畜牧业	3.8
7. 林业	3.1
8. 农村中小学营养餐计划	2.7
9. 农网完善及无电地区电力设施建设	2.8
10. 小型农田水利及农村水电	2.0
11. 其他	28.4

说明：《中国农村贫困监测报告2019》《中国农村贫困监测报告2020》均未涉及扶贫资金使用数据，故只更新至2017年。
资料来源：《中国农村贫困监测报告2018》。

1.2 电商减贫历程

1.2.1 电商减贫战略切实可行

现阶段我国脱贫攻坚战取得了全面胜利，区域性整体贫困得到解决，完成了消除绝对贫困的艰巨任务。但脱贫摘帽不是终点，而是新生活、新奋斗的起点。在全国脱贫攻坚总结表彰大会上，习近平总书记对巩固拓展脱贫攻坚成果、走中国特色社会主义乡村振兴道路、促进全体人民共同富裕提出了明确要求。现阶段我国正处于脱贫攻坚与乡村振兴"两大战略"的历史交汇期和政策叠加期，如何巩固脱贫攻坚成果，实现可持续稳定脱贫至关重要。

电子商务在脱贫攻坚中发挥了重要作用，是贫困群众脱贫增收最直接、最有效的途径之一。根据不完全统计，电商扶贫已累计带动了771万农民就地创业就业，带动了618.8万贫困人口增收。[①] 在新冠肺炎疫情冲击致使居民出行受阻、商品流通不畅的情形下，电子商务更是成为农民销售农副产品、购买生活必需品的重要渠道。截至2020

---

① 周頔、刘航：《商务部：电商扶贫成贫困群众脱贫增收最直接、最有效途径之一》，载澎湃新闻，https：//baijiahao.baidu.com/s？id=1708858431684109332&wfr=spider&for=pc，2021年8月23日。

年底，国家级贫困县网商总数达 306.5 万家，较 2019 年增加 36.6 万家，增长 13.7%。①

2020 年以来，电商减贫政策密集出台，平台布局农村电商，返乡创业人员增加，电商减贫效果显著，电商减贫可行性日益凸显。国家统计局数据显示，2019 年全国农村贫困人口减少 1109 万人，减贫效果显著。其中，阿里经济体聚合的电商、金融和物流等力量在中国减贫方略中发挥了巨大作用。在阿里巴巴电商脱贫模式的带动下，2019 年，832 个贫困县在阿里电商平台网络销售额达到 974 亿元。其中，黑龙江海伦玉米、兴安盟大米、安徽金寨核桃、礼县苹果、普安红茶等农产品销售额大幅增长，树立了特色品牌，有效带动了当地农户脱贫。"县长上直播""农民当主播"的直播脱贫模式从淘宝走向全国。

具体而言，电商主要从两个方面助力脱贫攻坚全面实现。一是电子商务有助于建立系统化扶贫体系。为此，财政部、商务部、国务院扶贫办决定 2020 年继续开展电子商务进农村综合示范，扎实推进贫困地区基础设施建设，改善贫困地区电商发展的基本条件，助力脱贫攻坚和乡村振兴，到 2020 年，实现贫困村的宽带网络覆盖率达 90% 以上，信息服务站数量达到 80%。二是电子商务有助于贫困地区电商就业。政府和贫困地区以精准扶贫为目标，针对贫困农户制定电商培训计划，以电商脱贫带头人为主力整合各类培训资源开展电商扶贫培训，在 2020 年底完成 1000 万人次的电商技能培训。另外，为贫困地区符合条件的高校毕业生、返乡创业农民工和网络商户等个体及单位，提供电子商务创业担保贷款，支持贫困村包括青年、妇女、残疾人等多个层次的贫困群体依托电子商务就业创业。

此外，具有强大网络外部性的电子商务在扶贫过程中进行全产业链条渗透，对互联网规模、信息技术、人力资本及基础设施等要素具有强烈的空间溢出效应，能够充分调动社会闲散资源促进贫困地区经济发展，提高减贫效率，电商减贫可行性凸显，主要体现在四个方面。一是互联网规模视角下，"互联网+""电子商务+"作为新业态带动了众多非电子商务部门的传统行业转型，衍生出系列新兴产业，增加第三产业比重，形成产业聚集；二是信息技术视角下，跨越时空地域限制的电子商务通过技术外溢减少居民因信息不对称问题而带来的农产品挤压和滞销等问题，实现农

---

① 《去年 832 个国家级贫困县网络零售总额同比增长 26%》，载中国新闻网，http://www.chinanews.com.cn/cj/2021/01-28/9398788.shtml，2021 年 1 月 28 日。

产品产销衔接，拉动农村消费、引导农业生产；三是人力资本视角下，电子商务在农村的推广和运用培育出了一大批"新农人"，帮助贫困地区农户利用信息化技术打开销售市场，居民的创业意愿和积极性不断增强；四是基础设施视角下，电子商务的发展能带动农村的物流、网络、公路等配套设施建设，提高贫困地区基础设施及公共服务水平，在农村建立电商站点和农村电商公共服务站，依托电商平台构完善信息化物流网络建设，改善贫困地区基础设施条件，提高减贫效率。

1.2.2 电商减贫政策密集出台

2016年12月2日，国务院发布《"十三五"脱贫攻坚规划》，强调坚持精准减贫、精准脱贫基本方略，坚持精准帮扶与区域整体开发有机结合，以革命老区、民族地区、边疆地区和集中连片特困地区为重点，充分发挥政府、市场和社会协同作用，分类施策，大力实施精准减贫脱贫工程。2015年11月9日和12月27日，国务院分别发布《国务院办公厅关于促进农村电子商务加快发展的指导意见》和《"十三五"国家信息化规划》，提出把电子商务纳入减贫开发工作体系，实施电商减贫，依托农村现有的组织资源，积极培育农村电子商务市场主体，同时发挥大型电商企业孵化带动作用，拓宽边民增收致富渠道，一系列相关政策的发布和实施，充分体现了中央推动农村电商减贫的决心。2019年5月，中共中央办公厅、国务院办公厅印发了《数字乡村发展战略纲要》，指出要将数字乡村作为数字中国建设的重要方面，对于加快信息化发展，带动农业农村实现整体现代化发展具有重要意义。2020年中央一号文件《中共中央 国务院关于抓好"三农"领域重点工作确保如期实现全面小康的意见》指出，要扩大电子商务进农村的覆盖面，支持供销合作社、邮政快递企业等延伸乡村物流服务网络，加强村级电商服务站点建设，推动农产品进城、工业品下乡双向流通。2020年《政府工作报告》也强调，要支持电商、快递进农村，拓展农村消费。具体地，主要包括以下几个方面的内容。

1.2.2.1 基础设施建设是农村电商减贫的前提

首先是网络基础设施，2017年8月，国务院发布的《国务院关于进一步扩大和升级信息消费持续释放内需潜力的指导意见》中，强调推进农业物联网区域试验工程，推进适合农村及偏远地区的移动应用软件和移动智能终端，深入实施新一轮农村电网改造升级工程；同时，完善农村综合信息服务体系，加快推进信息进村入户，助力网络减贫、农村信息化等工作。2020年1月,农业农村部、中央网络安全和信息化委员会办公室印发《数字农业农村发展规划(2019—2025年)》,指出要深入实施信息进村入户工程,优化提升农村社区网上服务,加快建设益农信息社,完善社会服务管理。其次是交通基础设施,2017年6月,国务院发布《兴边富民行动"十三五"规划》,提出大力改善边境农村交通状况,2017年2月,再次发布《"十三五"现代综合交通运输体系发展规划》,强调加强区域城乡交通运输一体化发展,增强交通公共服务能力,重点加强西部地区、集中连片特困地区、老少边穷地区低等级普通国道升级改造和未贯通路段建设;同时,实施"互联网+"便捷交通、高效物流行动计划。2018年1月,国务院办公厅《关于推进电子商务与快递物流协同发展的意见》指出当前中国电子商务与快递物流协同发展仍面临政策法规体系不完善、发展不协调、衔接不顺畅等问题,从制度创新、规划引领、规划运营、服务创新、标准化智能化及绿色发展理念六个方面强化。

1.2.2.2 人力资本是农村电商减贫的核心

首先,在返乡创业方面,2016年11月,国务院发布了《国务院办公厅关于支持返乡下乡人员创业创新,促进农村一二三产业融合发展的意见》,强调支持大学生村官、"三支一扶"人员、大学生及返乡农民工积极开展网络创业。随后,2018年9月,国务院《关于推动创新创业高质量发展打造"双创"升级版的意见》中指出要建立信息技术培训中心,健全农民工返乡创业服务体系,形成农民工返乡创业示范县,树立农村创新创业典型案例。2019年12月,《人力资源社会保障部、财政部、农业农村部关于进一步推动返乡入乡创业工作的意见》发布,同样强调要根据返乡入乡创业人员特点,开发一批特色专业和示范性培训课程。其次,在能力培养方面,构建面向新型农业经营主体的生产和学习交流平台,强化信息技术支撑,加强物联网、智能装备的推广应用,推进信息进村入户,培养更多新型职业农民,提高贫困地区群众就业创业能力。同时,2017年1月,国务院发布的《"十三五"促进民族地区和人口较少民族发展规划》中,提出要实施网络扶智工程,积极整合各方资源,充分发挥各方资金、人才、信息、技术等优势,增强农村居民自我发展能力,同时以建档立卡贫困村的贫困户为工作着力点,促进少数民族和民族地区运用电子商务创业增收。最后,在农村劳动力转移就业方面,2017年2月,国务院发布《"十三五"促进就业规划》,强调加快培育专业大户、家庭农场、农民合作社、农业企业等新型农业经营主体,扩大职业农民就业规模;加强农村快递揽收配送网点建设，利用村委会、供销超市、村邮站等公共服务平台开展农村快递服务，拓宽农村劳动力转移就业渠道；支持人口较少民族返乡农民工创业园等产业园区建设，引导其自主创业，吸引农村贫困劳动力转移就业。

1.2.2.3　农村特色产业是农村电商减贫的关键

2016年10月和12月，国务院分别发布了《全国农业现代化规划》和《"十三五"国家战略性新兴产业发展规划》，提出要大力发展农村电商、农产品定制等新产业新业态，完善政策支持体系，积极发展农业生产性服务业、农产品深加工和储运，推动发展"互联网＋现代农业"。重点支持贫困村、贫困户发展种养业和传统手工业，实施电商减贫工程。具体地，支持沿边重点地区创建出口商品质量安全示范区，推广电子商务运用，结合区位优势和特色产业做大做强传统服务贸易；打造粮食生产功能区、重要农产品生产保护区、特色农产品优势区和现代农业产业园，推进农民合作社创新规范发展；鼓励电子商务企业面向农村地区推动特色农产品网上定制化销售、推动贫困地区农村特色产业发展；组织知名电商平台为贫困地区开设减贫频道，建立贫困县名优特产品网络博览会等。2016年12月，国务院发布了《"十三五"旅游业发展规划》，指出依托现有全国乡村旅游电商平台，要发展"互联网＋旅游"减贫，推进网上"乡村旅游后备厢工程""一村一品"产业建设专项行动；支持有条件的乡村旅游减贫重点村组织实施"一村一店"；鼓励在景区景点、宾馆饭店、游客集散中心、高速公路服务区等开辟农副土特产品销售专区。

1.2.2.4　规范和改善农村电子商务发展环境是农村电商减贫开展的重要组成部分

2017年3月，国务院发布的《国务院关于落实〈政府工作报告〉重点工作部门分工的意见》中，指出推动实体店销售和网购融合发展以及健全标准体系和冷链物流体系可以使农村电商减贫更加顺利地推进。具体政策包括，加快推进农产品标准化生产、品牌创建和保护，鼓励物流企业完善物流下乡体系，提升冷链物流配送能力，畅通农产品进城与工业品下乡的双向流通渠道；引导电商平台企业拓展农村业务，加强农产品网上销售平台建设；加快建设完善贫困地区产品质量管理和信用服务体系等。

同时，各省区市政府响应中央的号召，密集出台文件，针对本地的贫困情况提出相应的减贫方式，鼓励和规范农村电商减贫工作的开展，为精准减贫提供了政策性指引。现将部分省区市农村电商减贫政策汇总如表 1-13 所示。

表 1-13　　部分省区市农村电商减贫相关政策汇总

时间	发布单位	文件名称	主要内容
2020-03-10	湖南省商务厅	《2020年湖南省商务扶贫工作要点》	1. 深化与电商大平台合作。积极对接电商大平台，扩大贫困地区农产品网销规模。发挥示范网店（企业）作用，支持示范网店（企业）做大做强 2. 发展直播电商。把握直播电商发展新特点，创新方式方法，加大宣传力度，讲好品牌故事 3. 持续稳步推广"湖南电商扶贫小店"。鼓励开设对口帮扶店，推广"家乡味道"，拓展贫困户农产品销售渠道。开展消费扶贫，打造系列"电商扶贫盒子"，促进贫困地区农特产品进校园、进单位、进社区 4. 推进东西部扶贫协作。鼓励支持湘西州积极对接济南市，通过在济南市推介网销"一县一品"、设立"电商扶贫特产专区"、参加农产品展销对接活动等方式，扩大湘西农产品销售量
2019-07-19	安徽省人民政府	《安徽省人民政府办公厅关于印发农村电商优化升级工作方案的通知》	1. 提升贫困村网点的扶贫服务功能。指导网点通过电商平台、网上小程序、微商等开展农产品网络销售。对配合电商企业或电商平台等开展本地农村产品网络销售、收购和信息提供等上行服务并形成网络销售的网点，给予每个网点2000元以内的分档奖励 2. 开展电商培训。加强对贫困村网点经营者、创业致富带头人、驻村扶贫工作队、村"两委"、产业发展指导员、大学生村官、有基础的贫困劳动者等电商培训。推进与就业扶贫、特色种养业扶贫等项目协作
2020-06-05	云南省人民政府	《云南省人民政府办公厅关于印发〈云南省推进农村电子商务提质增效促进农产品上行三年行动方案（2020—2022年）〉的通知》	1. 支持合作平台电商化。组织农产品线上销售平台和市场经营主体参加中国-南亚博览会、中国国际农产品交易会等各类展会平台，扩大线上平台影响力。深化东西扶贫协作，推动沪滇、粤滇扶贫协作转型升级，开展线上电商平台产销对接活动 2. 支持消费扶贫电商化。组织贫困县农产品上线"中国电商扶贫联盟"平台、云南省自建电子商务平台，鼓励各级国家机关、国有企事业单位优先通过电子商务平台采购贫困地区农产品。动员民营企业、行业协会、慈善机构等社会力量参与消费扶贫

续表

时间	发布单位	文件名称	主要内容
2019-10-25	山东省人民政府	《山东省人民政府办公厅关于深入开展消费扶贫助力打赢脱贫攻坚战的实施意见》	1. 健全县乡村三级农村电子商务服务体系。开展国家级电子商务进农村综合示范创建工作,打造一批电商扶贫镇、扶贫村 2. 深化与电商大平台合作。推进大型电商平台为贫困地区设立扶贫专卖店、电商扶贫馆和扶贫频道,支持优质特色产品上线销售,给予流量等支持
2020-04-04	河南省商务厅	《河南省商务厅关于印发〈河南省商务厅2020年电商扶贫工作规划〉的通知》	1. 开展多形式的产销对接活动。组织和鼓励农产品批发市场、零售企业和农产品电商企业设立贫困地区农产品销售专区、专档、专柜和电商扶贫频道 2. 大力发展农产品直播电商。举办农产品网络直播活动,打造农产品网络直播基地,培育本土农产品网红主播。与知名电商平台合作,共同举办农产品网络直播活动
2019-10-24	重庆市人民政府	《重庆市人民政府办公厅关于印发重庆市深化实施电子商务扶贫行动方案的通知》	1. 开展电子商务产业扶贫行动。结合贫困村、建档立卡贫困户脱贫规划,确立特色产业和主打产品,培育适宜网络销售的农村电子商务产业,推进电子商务产业标准化、规模化、品牌化 2. 发展电商消费扶贫模式。以有影响力的电子商务平台、网络社交平台为载体,发展电子商务爱心购、网络捐赠、订制化种植、认购订养、爱心乡村游等电子商务消费扶贫模式
2019-04-15	甘肃省人民政府	《甘肃省人民政府办公厅关于深入开展消费扶贫助力打赢脱贫攻坚战的实施意见》	1. 支持乡村电子商务服务站点实现一网多用。大力培育壮大本土电商平台,鼓励贫困地区开办线上特色馆和线下体验(服务)店,扩大网上销售规模,提高农村生产生活服务水平 2. 打造电商扶贫大数据平台。充分发挥"甘肃省电商扶贫大数据平台"作用,让电商平台、三级服务体系与贫困户紧密连接,实现精准绑定,提升扶贫效果
2020-04-30	内蒙古人民政府	《内蒙古自治区人民政府办公厅关于深入开展消费扶贫助力打赢脱贫攻坚战的实施意见》	扩大电子商务进农村综合示范覆盖面。借助大型电子商务平台,设立特色农畜产品、民族工艺品、旅游纪念品等产品的扶贫专卖平台
2019-08-02	新疆商务厅	《新疆维吾尔自治区2019年国家级电子商务进农村综合示范工作方案》	1. 将电商纳入扶贫开发工作体系。瞄准建档立卡贫困村、建档立卡贫困户,建立助贫益贫工作机制,鼓励引导易地扶贫搬迁安置区和搬迁人口开展电子商务应用 2. 深化与电商平台企业合作。鼓励引导电商企业开辟贫困地区特色农产品网上销售平台、销售频道,与合作社、种养大户建立直采直供关系

1.2.3 平台争先布局农村电商

近年来，农村电商整体处于高速发展阶段。中华人民共和国商务部的数据显示，2019年全国农村网络零售额达到1.37万亿元，比上年增长15.6%。其中，全国农产品网络零售额达到3975亿元，同比增长27%。随着农村电商的高速发展，各电商巨头也纷纷布局农村电商。以下是五大农村电商减贫案例分析：

1.2.3.1 农村淘宝

"农村淘宝"是较早进入农村的电商项目之一，通过搭建县村两级服务网络，实现"网货下乡"和"农产品进城"的双向流通功能。图1-5显示了2013年以来阿里"淘宝村"数量变化情况。可以看出，2013年以来阿里"淘宝村"数量逐年增长，截至2020年6月，阿里"淘宝村"数量从2013年的20个发展到2020年6月的5425个，约占全国行政村总数的1%，吸纳了828万人口就业，成为农民工返乡创业的沃土。

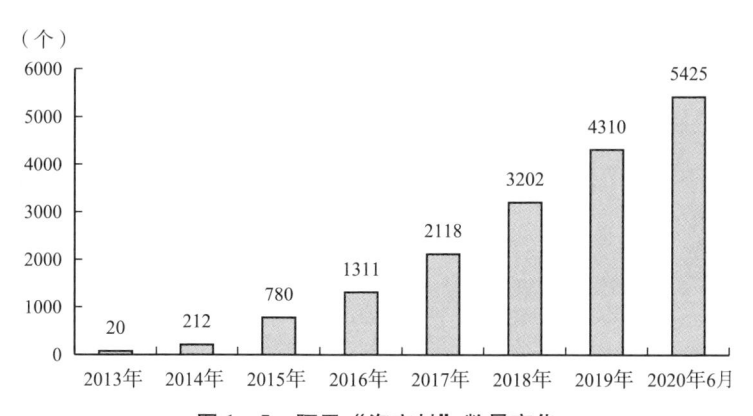

图1-5 阿里"淘宝村"数量变化

资料来源：阿里研究院。

这些"淘宝村"广泛分布在包括浙江省、广东省、江苏省、山东省、河北省、福建省、湖北省、湖南省、黑龙江省等在内的28个省区市。其中，上海市、海南省、甘肃省"淘宝村"实现零突破。此外，"淘宝村"持续助力减贫脱贫。根据阿里研究院《中国淘宝村研究报告（2009—2019）》，国家级贫困县的"淘宝村"年交易额接近20亿元，全国2019年有超过800个"淘宝村"分布在各省级贫困县，数量上比2018年增加200多个，其中63个"淘宝村"分布在国家级贫困县，比

2018 年增加 18 个。

1.2.3.2　京东

表 1–14 显示了京东农村电商的主要情况。京东农村电商大力实施工业品下乡、农产品进城、乡村金融三大战略，已经成为全国农村电商领域覆盖范围广、涉及领域宽、地方政府放心、农村居民满意的互联网企业，其凭借覆盖扶贫过程中全链路的"造血式"扶贫方案，在扶贫助农方面取得显著成绩。2020 年 5 月 27 日，京东零售集团 7FRESH 生鲜业务部副总裁唐诣深在新京报全国"两会经济策"系列沙龙中表示，截至 2019 年 12 月底，京东在全国 832 个贫困县上线商品超 300 万种，实现销售额超 750 亿元，直接带动 90 万户建档立卡贫困户增收，成为扶贫助农的中坚力量。[①] 京东农村电商项目主要为：3F 战略（工业品进农村战略、生鲜电商战略和农村金融战略）、京东便利店和"京东帮"。其中京东便利店是以京东商业理念为主建立的线下门店，不仅为农户提供优质货源，而且可以向市场输出农产品品牌。京东帮服务店则是以家电配送、安装为核心为农户提供便民服务。

表 1–14　　　　　　　　京东农村电商主要情况

类别	主要情况
项目	3F 战略、京东便利店、京东帮
模式	B2C 围绕线下便利店加盟
特点	1. 赋能品牌商家、赋能县域产业、赋能家庭农户 2. 针对农村市场转换了拓展思路，以实体"渗透"农村市场，通过直营为主的县级服务中心、京东帮合作服务店两种经营模式服务农村地区 3. 运营模式：建立中心仓储，整合供应商资源，京东帮服务店采用加盟形式，为各类服务商提供系统工具和业务培训以确定达到京东标准，也为用户提供仓储、物流配送等服务
线下布局	京东便利店、京东帮服务店

资料来源：根据《2017 年度中国农村电商发展报告》整理而得。

1.2.3.3　苏宁

近几年，网购不断向农村市场渗透，已然成为农村电商发展的基石。依托于线下连锁店面的先天优势，苏宁主要以"直营店＋线上中华特色

[①] 李国、武汉民：《年交易额破万亿　农村电商站在转型升级的十字路口》，载《工人日报》2020 年 12 月 15 日，第 7 版。

馆"的O2O模式推进工业品进村、农产品进城，助力农村减贫。图1-6显示了苏宁农村电商的主要情况。

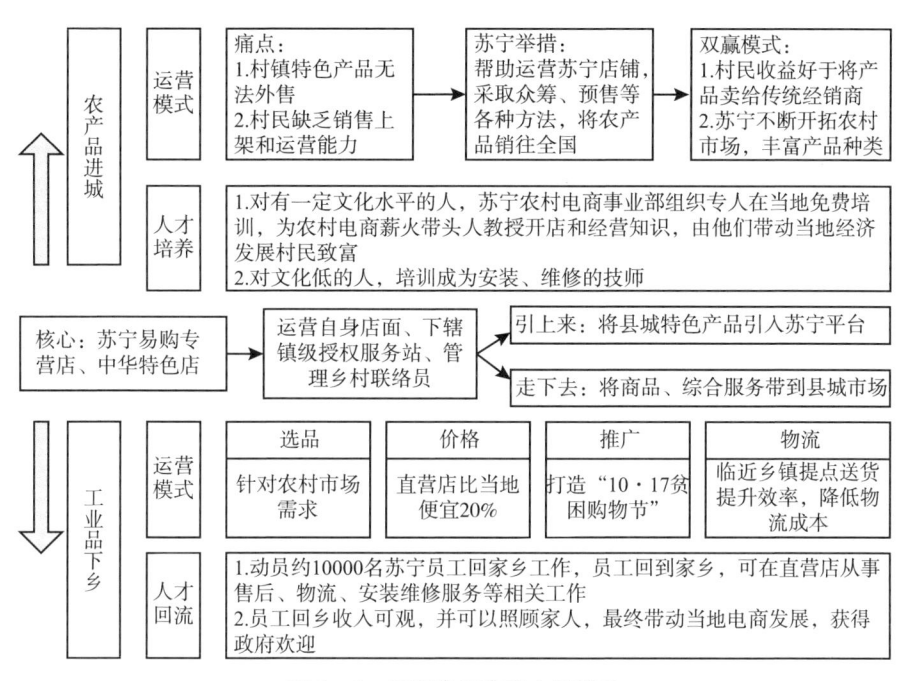

农产品进城	运营模式	痛点： 1.村镇特色产品无法外售 2.村民缺乏销售上架和运营能力	→	苏宁举措： 帮助运营苏宁店铺，采取众筹、预售等各种方法，将农产品销往全国	→	双赢模式： 1.村民收益好于将产品卖给传统经销商 2.苏宁不断开拓农村市场，丰富产品种类
	人才培养	1.对有一定文化水平的人，苏宁农村电商事业部组织专人在当地免费培训，为农村电商薪火带头人教授开店和经营知识，由他们带动当地经济发展村民致富 2.对文化低的人，培训成为安装、维修的技师

核心：苏宁易购专营店、中华特色店	→	运营自身店面、下辖镇级授权服务站、管理乡村联络员	→	引上来：将县城特色产品引入苏宁平台
				走下去：将商品、综合服务带到县城市场

工业品下乡	运营模式	选品 针对农村市场需求	价格 直营店比当地便宜20%	推广 打造"10·17贫困购物节"	物流 临近乡镇提点送货提升效率，降低物流成本
	人才回流	1.动员约10000名苏宁员工回家乡工作，员工回到家乡，可在直营店从事售后、物流、安装维修服务等相关工作 2.员工回乡收入可观，并可以照顾家人，最终带动当地电商发展，获得政府欢迎

图1-6 苏宁农村电商主要情况

资料来源：根据《2018年中国农村电商行业发展报告》整理而得。

据悉，苏宁于2014年率先在全国开出了第一家直营店。此后进一步拓展农村市场，实现工业品进村、农产品的进城，截至2018年11月9日，苏宁已在全国布局4000多家苏宁易购县镇店、2300多家苏宁小店、1600多家苏宁易购云店、400多家苏宁易购大润发店，百城千县破万店，以进城和下乡双向模式发力，注重人才创新培养。

1.2.3.4 拼多多

表1-15显示了拼多多农村电商的主要情况。可以看出，拼多多的农村电商减贫项目为"社交减贫+拼多多"模式，布局全国730个国家级贫困县。拼多多通过社交电商网络，以C2B、S2B2C为模式聚集同类顾客，借助消费方需求反馈生产方，便于农产品突破销售瓶颈。此外，拼多多的"C2B+预售制"模式，也将农产品通过预售制聚起海量订单，对接消费者与农户，不仅可以帮助农民"以销定采"，还可以实现农民"边采摘、边销售"的产业模式（见图1-7）。

表 1-15　　拼多多农村电商主要情况

类别	主要情况
项目	社交减贫——拼多多模式
覆盖范围	服务范围覆盖全国 31 个省区市、730 个国家级贫困县
特点	1. 依托社交关系推进电商，促进同类型细分顾客聚集，帮助小众商品更加容易突破销售瓶颈。在零售渠道方面，社交电商渠道下沉的力度更大，有利于聚焦三、四线城市乃至农村市场 2. "C2B+预售制"模式，帮助农民实现"以销定采"。通过预售制提前聚起海量订单，再把大单快速分解成大量小单，直接与众多农户对接，优先包销贫困户家中农货，实现在田间地头"边采摘、边销售"

资料来源：根据《2017 年度中国农村电商发展报告》整理而得。

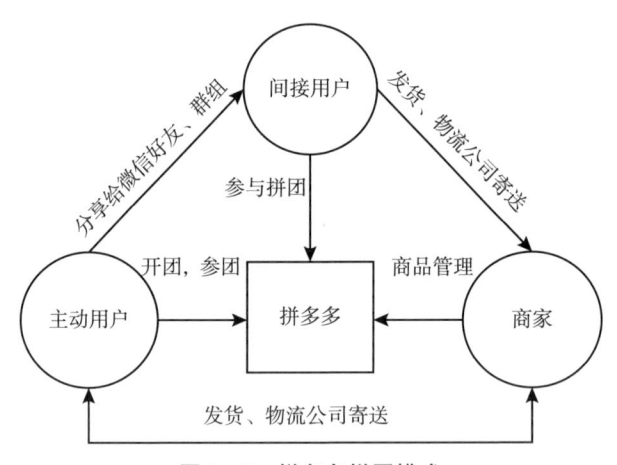

图 1-7　拼多多拼团模式

资料来源：根据《2017 年度中国农村电商发展报告》整理而得。

拼多多依据其特有的农村电商模式，在 730 个国家级贫困县，投入每年 34 亿元，助力解决农产品销售问题，销售 183.4 万吨农货，带动回乡创业青年 5 万多人，催生 9 亿多笔减贫订单，帮助贫困农户实现农货订单裂变式增长。此外，拼多多可以通过拼团方式，既帮助农产品分销，也改进农户的传统农产品上行方式，落实"先有需求，后有供给"的定制化生产模式，提升农产品流通效率。

1.2.3.5　云集

云集农村电商项目为百县千品，其规模覆盖全国 31 个省区市，核心以 B2C、S2B2C 为模式，集合零售与分销，挖掘具有地理标志性的农产品品牌，助力农产品打通线上销售通路，带动农村经济发展。表 1-16 显示了云集农村电商的主要情况。

表1-16　　　　　　　　　　云集农村电商主要情况

类别	主要情况
项目	百县千品
覆盖范围	服务范围覆盖全国31个省区市
特点	1. 社交平台立足移动端。打造农产品"快速上行+品牌化、标准化升级"的电商减贫新模式 2. 多方合作减贫，联合浙江大学全球农商研究院、浙江大学管理学院等启动"乡村振兴千人计划"
运营模式	1. 精选式采购：面向升级消费需求买手，精选4000种品牌商品，对品质可以做到更为严苛的掌控 2. 平台化支持：平台集成多种服务资源，提供全方位的商业支持，降低销售型用户参与的创业门槛 3. 众包分销：400万店主（销售型用户）代替传统广告媒介和渠道，以信任背书，向消费者精准推荐产品

资料来源：根据《2017年度中国农村电商发展报告》整理而得。

从表1-16可以看出，云集农村电商重点以农村电商社交为核心打造优质农产品资源，符合未来农村电商发展趋势。有数据显示，截至2019年10月，云集实现农产品销售3.3亿元，累积培育孵化100个农产品品牌，为230万贫困农户开通了一条农产品销售的出路，一方面有助于解决农产品上行的困难，克服有产品无销售、有劳力无能力、有农业无商业的三大农村发展困境；另一方面为农村建立脱贫长效机制提供思路，为健全农村产业保障体系奠定基础。

1.2.4　电商深度融合农村发展

随着互联网信息技术在农村的日益普及与应用，电商与农村发展逐渐实现深度融合，农村电商工程在脱贫攻坚中发挥着越来越重要的作用，农业农村农民在共享互联网红利上拥有了更多的获得感，电商减贫联盟、直播电商更是成为脱贫攻坚的强有力途径，吸引了一大批人才返乡创业。据农业农村部2019年11月数据，全国以大学生、农民工、退役军人和科技人员为代表的返乡创业人员超过850万人，他们围绕农村电商、乡村旅游和休闲农业领域，成为助力农村经济发展的人才基础。此外，全国的40多万个农村电商基层站点不仅能够吸引人才，为我国数字乡村建设提供人才储备，而且还可以带动农村贫困户就业，提供就业机会数量达683万个。

1.2.4.1　农村电商工程推动贫困地区农村特色产业发展

日新月异的互联网信息技术，为脱贫攻坚提供了新思路和方法。而农村电商作为互联网的产业模式之一，通过推动贫困地区农村农产品流通发展，为减贫提供关键动力，可以助力脱贫攻坚事业更强劲、更迅捷地推进。2016年10月中央网信办、国家发展改革委、国务院扶贫办联合印发的《网络扶贫行动计划》为农村电商工程建设作出了四方面部署：一是以电商平台为主导，实现平台与贫困地区合作共赢，推进农产品全国化、国际化；二是以构建电商物流与基础设施为核心，推动农村电商向深度贫困区渗透；三是多方共同建设构建现存产业体系，建成特色农产品网上销售平台和扶贫网络博览会；四是以金融为关键点，助力贫困农民生产生活。因而，农村电商工程有助于供求市场精准匹配、农产品流通渠道无缝对接、农村特色产业走向市场，成为乡村振兴的新引擎。

1.2.4.2 农业农村农民共享互联网红利

自国家实施电子商务进农村示范工程项目以来，农村电商市场规模迅速扩大。据商务部副部长王炳南表示，截至2020年6月，电子商务进农村综合示范已累计支持1180个示范县，实现了对全国832个国家级贫困县的全覆盖。随着农村电商工程的发展，全国各地开始集中出现多种农村电商模式。一是淘宝村的产生，主要集中于浙江、广东、江苏、河北、西安等地的农村，据阿里研究院数据，截至2019年6月底，全国有4310个"淘宝村"、1118个淘宝镇。二是"互联网+市场主体+贫困户"模式，重庆、天津、云南、青海、黑龙江等地结合实际建立"翼商联盟"服务站，开拓金融帮扶机制。三是发展旅游带动农村电商产业链完善，湖北、湖南地区大力发展休闲农业与乡村旅游，联动农村地区的供销、邮政、快递及各类企业。农村电商让农村经济迈入了互联网时代，有助于中国农村产业生态链不断优化升级，联动农业升级，推动农村发展，带动农民增收。

1.2.4.3 中国电商减贫联盟助力扶贫攻坚

中国电商扶贫联盟由国家商务部电子商务和信息化司指导，中华思源工程扶贫基金会牵头，联合部分包括阿里巴巴、京东、每日优鲜、苏宁易购、中粮我买网等知名的电商企业公共发起形成。中国电商扶贫联盟制定精准帮扶措施，致力于挖掘贫困地区的优质农特产品，打造农特产品明星品牌，建立品牌塑造、专业培训、销售网络、产业培育等一体化农村电商体系，实现农产品产销对接，农业加工升级，农民减贫致富。2019年，联盟覆盖全国21个省份的478个贫困县，发布229个"电商扶贫优秀农特产品"和185个"电商扶贫重点扶持农特产品"名单，对接贫困地区农产品超过28亿元人民币，带动农户8万户受益。其中，阿里巴巴集团已经迅速对接860个县，上线了兴农扶贫频道，累计孵化特色商品超过4200个。而京东则不断为贫困地区提供技术赋能，多措并举推进贫困地区减贫。

1.2.4.4　直播电商带动农户增收脱贫

直播电商所具备的全景呈现、引流带货、实时互动等特点，在极大程度上迎合了消费需求和消费心理，作为一种经济新业态受到大众青睐。近年来，直播电商逐渐运用于扶贫工作中，成为助农扶贫的重要动力。直播与扶贫的结合有助于实现贫困地区的特色产品与消费市场之间的有效对接，帮助农户抵御风险、拓宽产品销售渠道，提升收入水平。如在新冠肺炎疫情期间，农产品的流通和销售严重受阻，贫困户收入明显下降，在此情形下，相关政府部门联合电商企业、直播"大V"等开展了一系列直播活动，搭建"助农"通道，帮助农户"带货"，有效降低了疫情产生的负面影响，畅通农产品产销对接，带动当地电商发展实现"造血式"帮扶。与此同时，随着淘宝"村播计划"等人才培育工作的展开，一大批"新农人"主动加入直播电商行列，通过"直播+电商+农户"这一新模式打开了产品销路，实现了增收致富。2020年1~8月，我国农村地区收投快件超过200亿件，占全行业总量已超过40%，快递处理量增速比城市高10个百分点以上。"县长上直播""农民当主播"的直播脱贫模式从淘宝走向全国。2019年"村播计划"累计举办160多万场公益直播，覆盖2200个县域，带动农产品上行60亿元。

1.2.5　电商减贫存在的问题

1.2.5.1　电商减贫人才匮乏

电商减贫工作的开展需要懂技术、会营销的实用型人才和复合型人才，迫切需要建立全方位多层次的乡村人才支撑体系。但从实际情况来看，农村虽然人口众多，但绝大多数贫困地区地处偏远，艰苦的生活条件使得"外地人才难引进、本地人才难留住"的现象非常普遍，多数有文化、有知识的青壮年也大多外出打工、就业，留在农村的主要是老弱妇孺，这些人中能真正转换成电商用户的微乎其微，农村电商减贫专业人才短缺，成为制约农村电商发展的一大瓶颈。贫困户对电商的认识相当有限，缺乏网络基本知识和使用技能，尽管近年来各部门逐步加大了对电商人才的培训，但相应的培训形式和内容仍较为单一，取得的成效也相对有限，一些贫困户甚至对新技术持怀疑态度，对"看不见摸不着"的电商缺乏信任，严重影响了电商减贫工作的开展。同时，农业生产经营的低效益导致许多农村青年选择离乡发展，外地人才也大多不愿下乡，农村精通电子商务的人才非常少，尤其是服务电商减贫的专业性人才更是匮乏，在很大程度上影响了电商减贫效用的发挥。

1.2.5.2　电商减贫产业基础薄弱

电商减贫本质上是一种产业减贫模式，而非独立的产业形态。发展电商减贫，需要有良好的产业基础支撑，但当前所面临的产业集中度不高、品牌效应不突出等问题在一定程度上限制了电商减贫效用的发挥，缺乏产业集群和集聚效应，农产品阶段性供过于求和供给不足并存。一方面，多数农产品生产具有季节性和周期性，且多以传统农户家庭生产模式为主，导致产品生产存在较大不确定性，产品质量也参差不齐，难以实现规模化和标准化生产，与市场需求脱节。另一方面，现阶段贫困地区产业大多处于"小而散"的状态，且农户品牌意识不强、产品宣传力度也十分有限，产品辨识度较低，导致农产品上行销售缺乏品牌效应带动，难以满足消费者对于品牌和品质的追求。

1.2.5.3　电商减贫投资存在盲点

电商减贫的最终目的是让贫困户脱贫。虽然近年来在国家政府各类政策的扶持下，部分贫困户摆脱了贫困，2020年实现了现行标准下的全面脱贫，但这并不意味着减贫工作的结束，实际上，多数脱贫人口的抗风险能力仍普遍较弱，一旦遭受负向冲击就极有可能再度返贫。一个重要的原因在于，政府部门在开展电商减贫工作的过程中存在投资盲点，可以看到，并非所有的贫困户都能合理利用扶贫资金，再加上相关部门对扶贫资金的监管也存在漏洞，导致扶贫资金往往难以投入生产经营，而是被贫困户用于消费以满足自身的物质需求，最终对政府产生依赖性，"扶贫养懒汉"的现象仍存在于部分地区。因此，推进电商扶贫工作，还需避免出现投资盲点，逐步由授人以"鱼"向授人以"渔"转变，完善"造血式"减贫机制，推动实现可持续脱贫。

1.2.5.4　配套基础设施建设滞后

电商减贫效应的发挥以完善的基础设施为前提。事实上，尽管在国家扶贫政策的支持下，贫困地区交通、网络、物流等电商配套基础设施建设取得了较大进展，如互联网普及率明显提升、宽带网络信号基本实现全覆盖、建设了一大批村级电子商务服务站点等，但我国农村地域分布广泛，且农业具有投入高、周期长的特点，农村居民居住分散、消费分散，因而农村商流物流基础设施及信息基础设施缺少其投资的吸引力和关注度，相应的电商配套基础设施还难以满足电商扶贫技术需求，有待进一步完善。第一，互联网技术在贫困地区的应用程度仍较低，网络信号也不稳定，上网资费较高。第二，物流配送制约了农村电商的发展。一般而言，农产品对保存、运输条件和时效性要求较高，但与之相对应的冷链物流设施建设却十分滞后，也没有形成统一的产品集散中心，由此导致的高昂物流成本严重损害了农户收益。再加上农村居民居住和生活本就较为分散，几乎所有的快递公司都难以将触角延伸到村一级。第三，在已建成的村级电商服务站点中，能够正常运营、完全发挥作用的不到一半，其他基本上是"僵尸站"，一些能够运营的站点也只是为农户提供收发快递、代缴费用等服务，县区级农村电商运营中心公共服务功能更是缺乏实质性内容，对于农产品上行的促进作用非常有限。

第 2 章　电商减贫研究综述

消除贫困是全人类共同的任务,由于贫困人口普遍分布于中西部地形复杂、地域偏僻的山区,致贫原因也因此变得更为复杂,因此在分析减贫的过程中对致贫原因及减贫对象的精准识别尤为重要。随着电子商务深入农村作用于农村经济,农村电商模式的发展方兴未艾,农村电商减贫的研究文献也是层出不穷,学术界对减贫效应的评价与测量等定量分析方面研究相对较多,另外,也有诸多学者从理论层面探讨电商减贫的内在机理与路径依赖,并结合实证研究分析减贫效应。因此我们从减贫效应测度、电商减贫的内在机理及电商多维减贫效应三个方面来归纳分析。

2.1　减贫效应测度

贫困是一个综合性、动态性概念,涉及经济学、社会学、政治学、地理学等诸多学科领域,并随着时间、空间、发展环境及人们思想观念的变化而改变。贫困理论研究经历了经济学的"物质缺乏贫困论"(Lewis,1966；Carter and Barrett,2006；Salmon et al.,2010)、社会学的"机会剥夺贫困论"(Harding,2003)、发展学的"可行能力贫困"和"多维贫困"(Alkire et al.,2011)、政治学的"权利理论"(Rupasingha et al.,2007)、生态学的"生态贫困论"(Declerck et al.,2006；王艳慧等,2017)和地理学的"空间贫困陷阱理论"(Bird and Shepherd,2003；Giesbert and Schindler,2012；Blumenstock et al.,2015)。

2.1.1　多维贫困空间测量

2.1.1.1　贫困认知及致因

学者对贫困的认知从单纯强调缺乏食物及资源维系基本生活,扩大到包括医疗卫生保健、健康与寿命、文化教育程度以及政治权利等条件的改善（Narayan et al.，2000；Lanjouw et al.，2001；Pearce，2005；Kulminski et al.，2007；Keane et al.，2018）。马克思最早从制度层面揭示了无产阶级贫困的根源是意识形态，从根本影响社会对贫困的认识维度与反贫困的社会实践。贫困体现在物质生活、精神文化、儿童教育和医疗卫生条件等多个方面；马尔萨斯（Malthus，1963）的"人口贫困理论"提出人口爆炸会加剧贫困；纳克斯（Nurkse，1953）针对发展中国家提出"恶性循环贫困理论"，在资本供给和资本需求两方面恶性循环的影响下，发展中国家经济发展缓慢并将长期处于贫困状态；在马尔萨斯的基础上纳尔逊（Nelson，1956）发现发展中国家的经济增长存在"低水平均衡陷阱"。贫困致因可涵盖经济因素、环境因素和社会因素等多个方面（夏春玉，2000；De and Sumarto，2014；Fosu，2017；Cazzuffi et al.，2017；Ramírez et al.，2017；Sefa and Russell，2019），缪达尔（Myrdal，1957）进一步指出发展中国家的贫困主要是由国家制度、政治及其中蕴含的社会、经济等多种因素引起的，并且形成了"循环积累因果关系"与"权利贫困"（Sen，1976）理论体系。深度贫困地区是现阶段精准扶贫的重点和难点，其致贫因素复杂多样，文化程度、健康状况、劳动能力对各类型贫困人口的影响不尽相同，因学、病、残、缺技术、缺劳力、自身发展动力不足、发展环境等对各类型贫困人口的影响也存在显著差异（郭君平等，2016；Chen et al.，2019；李春根等，2019；王恒等，2020）。

2.1.1.2 贫困测量方法

20世纪80年代以来，贫困程度的衡量由以往单一的收入逐渐转变成多维贫困度量（Sen，1981），从而形成了多维贫困理论（Ogutu and Qaim，2019）。贫困测量从早期的森（Sen）指数（Sen，1979）、FGT 指数（Foster，1984）等发展至多维贫困指数，如 H-M 指数、HPI 人类贫困指数、Ch-M 指数、F-M 指数、W-M 指数、MPI 指数、NPI 指数等。如表 2-1 所示，多维贫困的测量方法主要有 A-F 方法、模糊集方法、信息论方法等。A-F 方法是目前应用较多的多维贫困测量方法（王小林和 Alkire，2009；张全红等，2014；Alkire，2015；Suppa，2018；龙莹和解浩，2018）。

2.1.1.3 贫困测量实证研究

随着信息技术的进步、普查数据的完善及空间地理学的发展，学术界对于贫困测量研究已经发展到空间层面，依据社会、经济、环境统计数据已经无法直观分析贫困的空间差异，近年来国内诸多学者利用灯光数据、

表 2-1 多维贫困测量方法

方法	特点	代表性文献
A-F 法	利用给定"双临界值"来识别和测量贫困：首先给定每个维度的剥夺临界值，即第一临界值；然后给定多维贫困临界值，即第二临界值	Alkire and Foster, 2011；Alkire, 2015；Suppa, 2018；Alkire et al., 2017；韩振燕和夏琳, 2019
模糊集方法	基于模糊集理论，利用数学中模糊集处理方法进行测量	Cerioli and Zani, 1990；Betti and Verma, 2008；Belhadj and Limam, 2012；唐宝珍和宋尚辰, 2019
信息论方法	利用信息理论来定义福利和贫困的多维测量，弥补遗漏信息	Deutsch and Silber, 2005；Lugo and Maasoum, 2009

遥感技术、地理挖掘等技术，结合 ArcGIS、GeoDA、BP 神经网络等方法，从空间维度来考察区域贫困状况。陈忠文和祁春节（2012）利用了"贫困聚集度"这一指标衡量贫困在某一区域的聚集程度，发现农村贫困人口的地域分布存在较大差距，农村贫困呈现出向山地省份聚集的趋势。曾永明和张果（2011）选取四川省 36 个国家级扶贫县为实证对象，运用 GIS 与 BP 神经网络模拟区域自然致贫指数、社会致贫指数和经济消贫指数的空间分布格局，指出导致区域贫困的力量是自然致贫因素和社会致贫因素，而缓解区域贫困的力量是经济消贫因素，并以此为基础提出区域扶贫压力指数，用于表征区域农村贫困测度的方法。潘竟虎和胡艳兴（2016）引入新型夜间灯光数据 NPP-VIIRS，借鉴脆弱性 – 可持续生计框架，构建金融资本、自然资本、人力资本、物质资本、社会资本、环境背景、脆弱性多维贫困测度指标体系。潘竟虎和赵宏宇（2018）以宁夏回族自治区所辖县区为样本，借助遥感和 GIS 空间分析技术，建立了 2002 年和 2013 年夜间灯光指数和可持续生计指数（SLI）间的回归模型。李寻欢等（2020）从区域深度贫困县出发，运用 BP 神经网络模型和 ESDA 技术演化出"人""地""业"三个核心要素的多维贫困格局，指出贫困人口社会福利供给不足和公共服务短缺是深度贫困地区最突出的特征。冯娅娅、潘竟虎（2018）从自然和社会经济因素中选取贫困影响因子，建立评价体系，利用 GIS 空间分析和 BP 人工神经网络，模拟各县域的自然致贫指数和社会经济消贫指数。陈烨烽等（2016）从地理环境、行政村特征、生产和生产条件、劳动力状况、医疗卫生和社会保障、经济发展多个维度构建村级多维贫困指数即贫困深度，从不同尺度、不同视角系统测度并分析了研究区

贫困村的相对贫困特征。

2.1.1.4 贫困空间测量

从空间地理层面上看，学术界对于贫困精准识别问题主要是结合灯光数据建立模型估算地区 GDP，将空间化的 GDP 与实际 GDP 进行对比验证，对贫困进行空间识别。使用灯光数据来衡量经济活动，进而识别区域贫困状况的方法在国外非常盛行，研究结论也是基本趋于一致，即灯光亮度与 GDP 存在显著相关性（Marx and Ziegler，2017；Henderson et al.，2012；Zhang and Seto，2011；Chen and Nordhaus，2011；Ghosh et al.，2010；Sutton and Costanza，2002）。相对于国外研究而言，国内研究起步较晚，但近几年来也是如火如荼，王文等（Wang et al.，2012）等利用 DMSP-OLS 夜间灯光数据测度了中国省级尺度的贫困水平。余柏蒗等（Yu et al.，2015）对集中连片贫困区的贫困指数与从 NPP-VIIRS 灯光数据中得出的平均光照指数进行了比较，发现两者之间具有较强的相关性，NPP-VIIRS 灯光数据可以作为评估中国县级贫困的有用工具。徐康宁和陈丰龙（2015）基于灯光数据优势，研究中国整体的经济增长状况，发现经济越发达的地区其贫困发生率越低，并指出借鉴灯光数据来衡量地区经济发展水平虽然不能百分百准确，但是对传统 GDP 测度的一种有力补充。李宗光和胡德勇（2016）通过建立 DMSP-OLS 夜间灯光数据与连片特困区 GDP 的回归模型，将 GDP 数据进行空间化处理，发现连片特困区多为 GDP 低密度区，高精度的连片特困区 GDP 密度分布图能够准确地反映特困区经济分布状况，为减贫工作的开展提供数据支持。刘小鹏和李永红（2017）利用 NPPV-IIRS 估算 GDP（地区生产总值）的平均相对误差达到 40.4%。刘小鹏和李永红（2017）以空间贫困理论为基础，提出了空间贫困三维结构框架，从经济地理资本、社会地理资本和环境地理资本维度着手选取指标，构建了县域空间贫困地理识别指标体系和空间贫困指数，并绘制了空间贫困指数地图，空间贫困指数为县域空间贫困地理提供一种新的识别方法，通过空间贫困指数的识别发现县域空间贫困与贫困村民族构成紧密相关。丁焕峰和周艳霞（2017）将区域灯光与 GDP 和人口数据指标结合，探索区域经济增长的空间格局，弥补了单一指标测度区域经济增长的缺陷，并发现 1992～2013 年间区域灯光的高—高集聚始终稳定在东南沿海并出现集聚的自我强化，区域灯光亮度与人口增长、区域面积及距离海岸线的距离呈现负相关性。

2.1.2 多维减贫效应评价

2.1.2.1 评价方法

目前国内外已有诸多学者对减贫效应的评价进行研究，学术界认为主要评价方法有农民人均纯收入（丁建军和周书应，2018），贫困发生率（Aaberge et al.，1997；Fang et al.，2002；Ren et al.，2017），贫困广度、贫困聚集指数（周圆圆，2013），多维贫困指数（Sen，1985；Alkire and Foster，2011），综合指数法（刘艳华和徐勇，2015；赵莹等，2015）等指标的差分处理；诸多学者使用减贫效率来测量减贫效果（黄琦和陶建平，2016；尤祖坤等，2015；黄渊基，2017；杨国涛等，2020），主要是从减贫效果等多维贫困指标进行指标构建。诸多学者使用的减贫效应评价模型包括Fuzzy模糊数学、DEA数据包络模型、AHP-FCE组合评价模型、灰色关联分析、时间序列主成分分析和ANN人工神经网络（Ge，2018；Padda and Hameed，2018；邢慧斌，2017；郝冰冰等，2017）。黄燕玲等（2016）从贫困程度、发展潜力、环境条件三个维度构建评价指标体系。钱力等（2018）从社会发展、经济发展、生产生活和生态环境四个维度构建减贫效应评价指标体系。罗盛锋和黄燕玲（2015）运用改进的熵权法和TOPSIS模型对三个处于滇桂黔石漠化集中连片特困区的生态旅游景区减贫效应进行评价；在此基础上，王昕宇和马昱（2020）用面板平滑转化模型对农村基础设施建设与农村减贫质量和数量的非线性关系进行评价。

2.1.2.2 评价维度

国内外学者主要从宏观、中观、微观三个层面对贫困进行多维度测量，表2-2为不同层面的贫困评价指标维度。

表2-2　　　　　　　　　不同层面贫困评价指标维度

层面	维度	代表性文献
宏观层面	经济维度、社会维度、自然维度	Espinoza and Klasen，2018；Zhou et al.，2019；李晓明和杨文健，2018；余梦洁和丁东洋，2018
中观层面	政府政策维度、村民能力维度、人文发展维度、发展潜力维度	付英和张艳荣，2011；杜永红，2018
微观层面	感知绩效维度、公众期盼维度	莫光辉，2016；冯华超，2020

宏观层面由传统的经济维度测量拓展到包括经济、社会、自然等多维度综合测量（余梦洁和丁东洋，2018）。MPI 的指标设定覆盖了健康、教育、生活水平三个方面（Espinoza and Klasen，2018；高艳云，2012；张全红和周强，2015；侯亚景，2017；杨军等，2017；汪磊和许鹿，2017），社会保障、主观福利、土地和收入、个人特点等维度也逐渐纳入考虑范围（Kiendrebeogo et al.，2017；Zhou et al.，2019；侯亚景和周云波，2017；谭燕芝等，2017；徐文奇等，2017；李晓明和杨文健，2018），阿玛蒂亚·森（Sen，2016）主张对贫困的特征描述优先于政策选择。世界银行（1990）倡导的贫困群体生活福利指标成为众多学者构建减贫效益评价模型的思路；刘冬梅（2001）主要探讨减贫资金投入对贫困地区发展效应，认为缩小区域差异、促进落后地区发展对政府减贫资金的投入有较强的依赖性。徐莉萍等（2013）以合作博弈理论为指导、以信贷减贫项目为研究对象，构建以农技推广组织为核心并包括贫困农民组织、农村金融组织的减贫利益共同体，提出将传统以减贫资金管理为核心的减贫效应评价模式改革为以农业技术为核心的减贫利益共同体综合效应评价模式。张衔（2000）从经济社会总支出、贫困动态、结构变迁和资金效率四个维度对四川省的民族地区的减贫效应进行了系统考察。焦克源和徐彦平（2015）从贫困基础、人文发展和生产环境三个维度构建了少数民族贫困县减贫开发效应评价指标体系，并利用时序主成分分析法对减贫效果进行了客观评价。

除了从经济、社会、环境等宏观指标来构建减贫效应，更多学者拓宽视角，将政府政策、村民能力、人文发展、发展潜力等因素也考虑到减贫效应的测量中。付英（2011）认为政府政策在减贫实施中也起到不可替代的作用，将政策指标加入减贫效应评价的指标构建中，基于政策相关性、可持续发展能力、减贫效率和效果，构建贫困地区综合性减贫效应评价指标体系。杜永红（2018）从体现贫困人口需求的专项减贫政策效率、可持续性、公平性、合作性四个维度来构建指标。

与上述不同的是，有学者认为在考虑宏观指标的同时不能忽视农户精神层面的微观指标，如感知绩效、公众期盼等因素。大数据的发展为微观数据的挖掘提供了技术依赖，大数据及数据分析是基层社会治理减贫开发工作的重要依托，是精准减贫效应评估的依据，是引入信息化、专业化的第三方减贫效应评估机构。莫光辉（2016）从大数据精准减贫的现实需求出发，分析了大数据与精准减贫的有机结合，认为构建大数据减贫平台是精准减贫实践的新模式。冯华超（2020）考察纯农户、兼业户及非农户在新农保制度减贫作用评价上的差异，认为农民对新农保的减贫作用评价不高，建议适度提高基础养老金的给予标准。

2.1.2.3 评价实证

数据库方面，已有研究主要采用 CFPS、CHNS 等微观数据库以及收入分配、经济发展水平等宏观数据库的数据。研究对象方面，按照不同贫困群体，可分为进入多维贫困人口、退出多维贫困人口、非多维贫困人口和长期多维贫困人口（Alkire，2015）；考虑时间要素，可分为长期多维贫困和暂时性多维贫困（张全红等，2017）。已有文献主要基于宏微观数据库，采用 VEC 模型、PSM 模型、GPS 模型及 PSR 模型等分析方法，对东部扶贫改革试验区、连片特困地区、国家扶贫开发工作重点县等贫困地区，测算各种扶贫模式和政策减贫效应，如倾斜性保险扶贫政策的减贫效应（Visser et al.，2019；黄薇，2019）、资产收益扶贫的减贫效应（You，2014；Hua et al.，2017；李卓和左停，2018）、产业扶贫政策（Foster and Rosenzweig，2003；Kay，2009；Montalvo and Ravallion，2010；胡晗等，2018；李玉山和陆远权，2020）、中央扶贫资金投入的减贫效应（Rogers，2014；Jung et al.，2015；赖小妹和徐明，2018）、农村劳动力流动的减贫效应（Schofield et al.，2013；Villar，2017；韩佳丽等，2018）、金融减贫（Rewilak，2017；Neaime and Gayyset，2018）、财政减贫（郗曼等，2021）等。

2.1.2.4 评价结果

1. 减贫的正面效应。

从效应分析的结果来看，对减贫效应的考量基本都是从经济减贫效应、社会减贫效应、生态减贫效应 3 个宏观维度展开。在经济减贫效应方面，蔡雄等（1997）通过估计旅游效应的乘数效应，指出旅游减贫不仅直接促进贫困地区经济增长，而且通过带动产业发展、改善就业等方式产生一系列连锁的经济效应。精准减贫的前提基础是精准识别，在精准减贫的基础上，陈爱雪和刘艳（2017）建立了包括精准识别、精准帮扶、经济社会发展、基础设施建设、减贫成效 5 个一级指标精准减贫效应评价体系，结果发现经济社会发展是贫困地区精准减贫效应评价的最重要评价指标，是检验减贫政策、减贫资金等投入的最终效果。除了经济减贫效应外还存在社会减贫效应，陈小丽（2015）在同时考虑经济发展水平、社会发展水平、减贫效果及减贫投入 4 个维度下，对民族地区减贫效应进行定量研究，研究显示县市间的减贫效应差异较为明显，在减贫投入相同的条件下，经济阶段、社会状况和发展基础的差异性产生迥异的减贫效果，且经济较发达县市的减贫效果更甚，并指出未来关于减贫效应研究应当更加关注产业发展在精准减贫中的地位。在生态减贫效应方面，钱力等（2018）对安徽省大别山连片特困区及12个县域精准减贫效应进行多维评价，并指出连片贫困区在空间层面上大体呈现中部较好、边缘一般的分布格局，整体上大别山连片贫困地区的减贫效应呈现上升趋势，但各县域的精准减贫效应差异较大，经济发展与生产生活成效较好，生态环境与社会发展次之。

部分学者从微观视角考察了减贫效应。李兴江和陈怀叶（2008）从经济发展水平、社会发展水平和村民能力水平三个方面构造参与式减贫效应的指标体系，结果发现村民的能力建设指标变化最为明显，即在减贫过程中村民能力具有明显的提升。黄燕玲等（2016）针对桂西北石漠化地区的旅游减贫效应进行分析，结果发现，对于连片贫困区而言，交通条件、基础设施以及资源条件与经济基础同等重要，都是减贫的关键所在。黄梅芳、于春玉（2014）基于层次分析法、结合德尔菲法采用定量模型，从长期（基础设施、社会保障、人力资本、生态建设）和短期（经济效益、就业效益、收入效益）两个维度构建了关于民族旅游减贫效应评价的指标体系，对广西桂林龙胜各族自治县民族旅游减贫效应进行了评价。

2. 减贫的负面效应。

此外，减贫在带来正面效应的同时也存在一定的负面效应，表现为脱贫结构失衡、村庄帮扶悬崖效应与边缘人群争贫风险（陈涛，2020），尤其是在旅游减贫方面。冯伟林等（2017）从经济效应、社会效应、环境效应三个维度上考察了旅游减贫的评价指标体系，结果发现旅游减贫对增加西南民族地区贫困农户收入有显著效应，生活及卫生环境得以较大改善，但也存在一系列负面效应，如生活成本上升、贫富差距增大与"飞地效应"。杨毅和张琳（2017）选取环重庆六大集中连片贫困地区，构建涵盖公众期望、政策适应性、减贫精准性、价值感知、减贫效应等五大方面的减贫效益综合评价指标体系，通过路径系数与中介效应来测算区域间精准减贫效益及分值排名，认为目前针对性满足受众需求的减贫供给成为阻滞减贫效应的关键因素，同时也亟须改进减贫政策适应性与精准性管理在减贫对象价值感知层面的中间效应来提升减贫效益满意度。吴国琴（2017）以2011~2014年豫南大别山贫困村——郝堂村为研究对象，基于产业要素横向评价结果,郝堂村旅游六要素减贫效应评价结果显示:"食"减贫效果较好,"游"减贫效果一般,而"住""行""购""娱"的减贫效果较差。

2.1.3 减贫效应空间异质性

瑞威连和达特(Ravallion and Datt,1996)研究发现,第一产业和第三产业对城乡地区的减贫效应显著,但第二产业增长的减贫效应不显著;瑞威连等(Ravallion et al.,2005)实证表明农业的减贫效应最优、工业与服务业次之;章元和许庆(2011)认为非农产业就业或从事非农业生产是降低农村贫困发生率的关键。生态功能区的自然禀赋不同使绿色减贫存在较大的区域差异;国家重点生态功能区中国家级贫困县的绿色减贫程度优于非贫困县(李国平和李宏伟,2018)。金融减贫的空间溢出效应比直接效应更为显著(傅鹏等,2018)。

从整体上来看,国内外对于贫困程度的测量方法已经相对比较成熟,贫困指标由单一贫困指数到多维贫困指数再到综合贫困指数,再发展到空间多维贫困指数。从精准识别视角来看,精准减贫的识别视野正随着信息技术的发展而逐步扩大,现已有学者从国家治理层面、大数据驱动层面、空间地理信息系统层面、演化博弈等视角对精准减贫进行精准识别。

2.2 电商减贫机理

2.2.1 减贫机制

回顾已有文献发现,电商主要通过以下四种机制作用于农村贫困,带动农户脱贫致富。

2.2.1.1 外部资源注入机制

各类资源缺乏导致农村贫困容易形成恶性循环,各类资源劣势使得农村市场相对封闭,仅靠出售初级农产品维持基本收入。而电商扶贫的出现为农村注入了新鲜资源,电子商务成为城市支持农村、缩小城乡差距、工业反哺农业的重要承载体(杨书焱,2019)。特别是电商能够打破传统社会资本带来的限制,帮助农户获得更多的社会网络资源以抵御风险冲击,改善贫困状况(殷俊和刘一伟,2018;王金杰等,2019)。

2.2.1.2 去中心化帮扶机制

电商所具备的时空经济特征能够有效破解贫困地区发展的"信息鸿沟"和"孤岛效应",打破地域空间距离的限制,实现信息的跨区域配置和共享(郑瑞强等,2016;刘长庚等,2017),为解决贫困地区市场信息缺失提供了重要途径。不同于传统线下市场,线上市场不存在"绝对发展优势",因此电商企业能成为市场需求的领导者。贫困农户不需要再依附于大企业或商业组织机构,而是直接接触市场,有效减少了收益在中间环节的流失,实现贫困农户参与电商商业体系的去中心化。

2.2.1.3 社会公平促进机制

首先,电商平台本身所具备的公共物品属性可改变初始资源禀赋配置的公平性,增加贫困农户的初始资源禀赋,如电商培训、融资信贷、技术支持等,增强农户反贫困能力。其次,电商发展背景下,农户传统创业思维与模式正发生深刻变革,农产品-供销一体化利益链条上各利益主体创业积极性得到有效激发(鲁钊阳和廖杉杉,2016;田勇和殷俊,2019)。创业过程中教育、认知能力等人力资本的提升更是显著提高了农户创业绩效(刘刚等,2016;庞子玥和曾鸣,2020);同时,显著增加了贫困农户的就业机会、提高了低收入群体收入。最后,电商企业下乡与农村网购的普及使贫困农户能够公平地享受到与城市相同的商品和价格,改变假冒伪劣产品充斥农村市场的不利局面。

2.2.1.4 产业重塑升级机制

电商能够帮助贫困地区实现按需调整产业结构,将本土产业纳入社会化产业体系中,实现更高的产业效率和边际收益,达到产业升级、转型和重塑的效果(杨书焱,2019)。一方面,电商环境下,传统产业可借助电商连接到广阔的外部市场,实现产业规模的快速扩张。另一方面,传统产业进入外部市场后,对原有产业链升级改造,以适应激烈竞争的市场环境。且产业链优化升级能吸引贫困户参与,实现完全就业或不完全就业,最终达到减贫目的(聂凤英和熊雪,2018)。

2.2.2 减贫路径

电子商务的出现可提高农民收入、减少农民支出、提供就业岗位,从而产生减贫相关联动效应(Becerril and Abdulai,2010;Minten et al.,2007;Sadoulet et al.,2001)。电商减贫通过扶持贫困地区的农产品在线销售,改善农村电商基础设施和强化农村资源统筹(汪向东和王昕天,

2015；黄云平等，2016；李秋斌，2018）。刘婧娇和董才生（2018）指出农村电商扶贫应构建政府主导，市场、社会以及扶贫人口参与的"四位一体"多元治理机制。

学术界认为农村减贫主要通过农村基础设施、农业发展、农村金融、公共政策来增加农户收入，减少贫困人口，减少贫困效应。农村基础设施方面，奥马莫（Omamo，1998）研究发现运输费用减少对农民收入有显著促进作用，因此，可通过完善交通基础设施，降低运输成本，从而提高农业收入。不仅如此，基础设施的完善还有助于推动城乡之间要素流动，降低流通成本，实现"农产品上行"和"工业品下行"双向流通，促进贫困地区与发达地区的资源互补（王昕宇和马昱，2020）。农业发展方面，帕默–琼斯和阿玛蒂亚·森（Palmer-Jones and Sen，2006）认为农业增长是贫困人口下降的主要决定性因素，也是农村贫困削减的关键决定因素。农业可使用新兴技术来提高农民收入、减少农民支出、提供就业岗位，从而产生减贫相关效应（Becerril et al.，2010；Minten et al.，2007；Sadoulet et al.，2001；李博等，2019）。刘兆阳和蒋辉（2017）的研究表明，农业发展在公共政策与减贫之间呈现显著的中介效应，农业发展对政策扶贫成效呈先升后降的趋势。农村金融方面，苏静和胡宗义（2015）采用中介效应分析农村金融对减贫的影响，农村金融通过向农村居民提供金融服务直接影响贫困，通过促进农村经济增长和改善农村收入分配间接影响农村贫困，研究表明农村金融通过直接效应与间接效应有效促进农村贫困缓减。进一步地，刘锦怡和刘纯阳（2020）基于2011~2015年省级面板数据考察数字普惠金融的减贫效果，实证结果表明数字普惠金融的减贫效应显著，直接增加贫困农户金融可得性的减贫效果优于当地经济和产业发展的减贫效果。公共政策方面，陈国强等（2018）基于2010年和2014年中国家庭追踪调查数据，采用完全信息极大似然法对非线性调节效应模型进行估计公共转移支付的减贫效应。韩维和厉雨婷（2018）基于浙江省54个典型贫困村的数据估计结果，减贫政策匹配度在资源禀赋对农户收入的影响路径中存在调节效应。

汪向东和王昕天（2015）指出，以信息减贫为代表的电子商务减贫的新模式已被更多的区域和主体所采用，成为互联网时代减贫工作的新特点。应发挥好电子商务在产业引导和金融减贫方面的积极作用。黄云平等（2016）指出电子商务精准减贫的路径为：信息互联驱动思想减贫、市场互联推动经济减贫、产业互联促进能力减贫、文化互联支撑全面减贫。李秋斌（2018）指出应从专项减贫、行业减贫和社会减贫三方面展开电商扶贫工作。在专项减贫方面，对贫困地区家庭提供培训和启动资金；在行业减贫方面，建设信息、交通和物流基础；在社会减贫方面，开发特色产品与特色旅游。郭承龙（2015）指出，为发展农村经济，农村电商必须走大众创业、集群规模正态分布、双通道的网销渠道、深度挖掘农村自然禀赋的商业价值、多平台运营和内生化资金供给等农村电商共生发展路径。王旭杰（2017）基于宁夏地区提出电商减贫政策：首先，坚持原有政策，建设基础设施；其次，重视工业品下乡政策，打通双向流通渠道；最后，对接纵向产业政策和横向法律法规。张夏恒（2017）以"淘宝村"为案例，提出了农村电子商务的发展路径，即产业减贫、教育减贫与电商减贫实现协同，政府支撑、企业牵引与个人示范形成合力，平台依托、基础先行与技术支持相辅相成，以实现电子商务带动农村消费，引领农业生产，增加农民收入。王昕天等（2020）则引用武乡县、砀山县和遂昌县三个贫困县电商减贫案例，探讨了贫困主体获得感的因素及其作用机理，发现电商减贫不仅要对接或搭建电商平台，还需要重视产品、政策和服务的共同作用。在电商减贫机制上，曾亿武和郭红东（2016）探讨了电子商务协会对淘宝村发展的机理，通过强化集群的外部经济、规避产品同质化引发的恶性竞争、增强市场地位以应对外部竞争和吸取更多的外部资源四种机制提升效率。农村电商减贫应用可以从贫困人口主体地位、信息可及性、信息的驾驭能力、"领头羊"示范作用、物流配送体系几个方面探索作用路径（刘婧娇和董才生，2018）。综上所述，应构建政府主导，市场、社会及贫困人口参与的"四位一体"减贫新格局。

2.2.3 减贫模式

在信息技术赋能下，电商扶贫开始出现并广泛应用，这种模式是基于以扶持特色产业为核心、电商平台为主体的电商生态系统，加快脱贫进度，提升减贫效率（Heeks，2008）。例如，主要由低收入群体组成的肯尼亚 M-Pesa 移动支付生态系统（Kendall et al.，2011）、面向贫困群体的综合服务生态系统（Jha et al.，2016）、中国"淘宝村"（Leong et al.，2016）、中国"陇南模式"（张玉强和李祥，2016）等。在我国农村已形成多种电商减贫模式，最具代表性的是"沙集模式"（汪向东和张才明，2011）、"武功模式"（张夏恒，2017）、"清河模式"（王鹤霏，2018）、"通榆模式"（覃伟华，2018）、"藏区模式"（陈传波等，2020），这些区域大多出现了具有强烈示范效应和空间溢出的"淘宝村",甚至"淘宝村"产业集群,如广东军埔(曾亿武和郭红东,2016)、南安市飞云村(李秋斌,2018)等。

随着中国电子商务突飞猛进发展,电商减贫开始出现并广泛应用,各种减贫模式如公共机构电商减贫、农业企业电商减贫、合作社电商减贫等逐步兴起并渐见成效。"互联网+"运用大数据、物联网等信息通信手段,将精准减贫战略扩展至精准识别、精准管理和精准帮扶,使互联网和减贫政策有机融合,搭建以政府为主体、社会力量广泛参与的减贫信息综合平台,完善政府、市场和社会的协同机制,形成减贫合力,开创贫困治理新模式。

有关中国农村电子商务模式的研究较为普遍,已有诸多学者对中国电商减贫模式进行的归纳。从发展的情况来看,农村电子商务的模式有自上而下和自下而上的两种模式。徐孝勇等(2010)提出大规模区域性减贫开发模式、参与式整村推进减贫开发模式、山区综合开发减贫模式、生态建设减贫模式、特色产业开发减贫模式、乡村旅游开发减贫模式、移民搬迁减贫模式、对口减贫模式。吕岩威和刘洋(2017)指出中国农村一二三产业融合发展的主要实践模式(农业龙头企业带动模式、工商资本带动模式、垂直一体化经营模式和"互联网+农业电商平台"模式)的优劣势,认为应创新利益联结机制、建立农业风险基金保障制度、深入推进农业法治建设。廖进球和安森东(2013)提出将信息化建设模式与区域农业经济发展水平和区域农业经济类型两个维度结合起来,根据农业经济发展水平的地区提供了7种不同的信息化建设模式(如"电子商务+龙头企业+中介+合作组织科技服务+12316服务热线+区域性电子商务网站+农产品批发市场"模式),根据农业经济类型的差别列举了11种建设模式。本节从平台构建模式、经营运作模式、先进典型模式、"淘宝村"模式来归纳中国农村电子商务的多种模式,如表2-3所示。

表 2-3 电商减贫模式

模式	内涵	代表性文献
平台构建模式	平台构建模式主要有:"互联网+农户+公司"模式、"网络+公司+农户"模式、"空店"模式等	汪向东和张才明,2011;刘亚军等,2016;董坤祥等,2016;赵秀兰,2017;覃伟华,2018
经营运作模式	主要围绕政府主导型、第三方组织参与型、自我发展型模式展开	冯亚伟,2016;颜强等,2018;吴太轩和叶明智,2018

续表

模式	内涵	代表性文献
先进典例模式	主要分为资源型产业优势和特色产业优势	张夏恒，2017；覃伟华，2018；王鹤霏，2018；熊春文和桑坤，2020
"淘宝村"模式	是农村电商作用于农村经济的典型产物	朱邦耀等，2016；刁贝娣等，2017

2.2.3.1 平台构建模式

率先提出将网络与传统的"农户＋公司"模式结合的是汪向东和张才明（2011），继而刘亚军等（2016）从商业模式理论和农户电子商务创业的微观视角出发，将农村电商的商业模式归纳为"互联网＋农户＋公司"模式，并指出这种商业模式具有市场主导、自发形成、裂变扩散成等动力特征。董坤祥等（2016）首次将系统动力学方法应用于农村电子商务模式及路径的分析，分析了遂昌、沙集两种典型农村电商集群发展模式，构建了以产品与生产创新、商业模式创新和金融模式创新为导向的农村电商集群发展模型，指出遂昌模式"电子商务综合服务商＋网商＋传统产业"的核心要素是自然资源、互联网和市场的需求信息，而沙集模式"农民自发创业＋政府引导服务"→"网络＋公司＋农户"的核心要素则是劳动力、互联网、市场的需求信息和创新。张玉强和李祥（2016）指出秦巴山区甘肃陇南市首创了"互联网＋电商"减贫模式，有效地促进了陇南贫困地区减贫致富，由于"互联网＋电商"减贫的复杂性，实施过程中依然存在难以精确识别贫困群体、减贫工作管理体制尚未完善、精准减贫考核机制不科学等问题等。覃伟华（2018）提出广西"空店"电商精准减贫模式，在民族贫困地区首创"空中农贸市场"平台，实现石漠化片区贫困村和城市社区的有效对接，有助于解决民族贫困村的非标准农副产品销售难题，并对县域电商减贫模式进行了总结。从宏观层面来看，互联网的发展为精准减贫的发展带来了新进程，王军和吴海燕（2016）提出将互联网作为精准减贫的催化剂，与金融、企业、创业、旅游、管理等结合的新减贫方式，使精准减贫获得加倍的乘数效应。赵秀兰（2017）指出新兴的"互联网＋"精准减贫模式的主要内容包括："互联网＋"与贫困人口的精准识别、以互联网思维提升精准减贫服务水平以及利用互联网新兴技术助推贫困对象的自我发展能力。

2.2.3.2 经营运作模式

冯亚伟（2016）指出为解决农产品流通难题，应建立能调动广大农民积极参与的 F2C2G2C 模式，即政府主导、供销合作社与农民合作社参与的新型农村电商模式，在该模式下充分发挥农产品流通在农村经济发展中的作用。颜强等（2018）构建了政府主导型、第三方组织参与型、贫困户主动参与型的电商精准减贫模式，打造"五位一体"的电商精准减贫模式，即以政府为主导，电商平台为主体，各级电商服务点与邮政物流为依托，贫困农民为参与群体的电商减贫模式，政府扮演引导者和监督者，电商平台专门负责本地生态农产品的营销，邮政主要是增强农村基础网络配送能力。第三方组织参与型模式由电商平台、第三方组织和贫困户组成；贫困户主动参与型模式是利益驱动的网络直销模式。吴太轩和叶明智（2018）指出，单纯依靠政府主导或市场推动均可能因经济法意义上的"政府失灵"或"市场失灵"而导致减贫效果不突出或流于形式，故将软硬法结合治理的思路应用于电商减贫领域，才能防止电商减贫不至于出现泛行政化的流于形式和由于市场主体的自利性与私益性而导致的电商减贫主体参与动力的不足。李秋斌（2018）指出以意识产品为核心元素的自我发展模式具有直接性，以电子商务龙头企业或合作社为核心元素的推动发展模式具有间接性，而以自然文化为核心元素的生态辐射发展具有溢出效应，电子商务"包容性创新"带来的实惠可使贫困农民受益。

2.2.3.3 先进典型模式

近年来，在精准扶贫战略下电商减贫发展较快，成果较显著，涌现出政府、企业和农户多方参与典型模式。诸多学者对先进的典型模式进行了研究，例如：汪向东（2011）对沙集模式展开深入研究；覃伟华（2018）对通榆模式、武功模式、沙集模式、清河模式、遂昌模式、成县模式六种模式进行了归纳；王鹤霏（2018）研究了清河模式、陇南模式、元阳模式、沙集模式；张夏恒（2017）研究了元阳模式、沙集模式等。我们结合上述学者的观点对先进典型模式进行归纳总结：可分为资源型产业优势和特色产业优势两种。

1. 资源型产业优势。

第一，遂昌模式。遂昌富有农林特产品资源，以网络服务商为基础、政策支持为催化剂、传统产业为动力、本地电商综合服务商（协会、企业）为核心，形成"生产方＋协会＋网商"的农村电商减贫模式，遂昌模式是以丰富的农林产业为优势，这种模式适用于电商基础薄弱但具有众多小品牌的地区借鉴。第二，通榆模式。通榆作为粮杂豆黄金产区之一，拥有丰富的农产品，通榆模式采用"政府+农户+电商企业"的电商减贫模式，拥有丰富农产品的农户结合电商企业进行网上直销，这种电商减贫模式适用于农特产品丰富、品牌化程度低、电商基础薄弱的区域。第三，元阳模式。元阳拥有特色农产品，这种模式的特色是"互联网+特色高效农业""互联网+旅游"。第四，清河模式。清河有着"中国羊绒之都"之称，其模式主要是"专业市场+电子商务"，为创立电商孵化产业基地、引进电商专业人才及设备、拉动传统产品销售的电商减贫模式，主要适用于有规模化传统优势产业的区域。第五，成县模式。成县集中优势打造"爆品"，又倡导地方政府带头使用微博、微信营销，由"爆品"路线和政府影响形成"农户+网商"的电子商务减贫模式，适用于农产品丰富、具有产业优势的地区。第六，陇南模式。陇南的电商减贫模式主要是"服务点+农民专业合作社（企业）+网店+物流快递"，这种集行业协会、品牌、物流、网店、供货、宣传"六位一体"的发展思路形成了较完善的特色农产品电商产业链。

2. 特色产业优势。

第一，沙集模式。沙集无农业优势，主要靠家具加工起步，形成"农户+网络平台+公司"的电商减贫模式，在该模式下，农户可利用第三方平台对接线上市场，扩大销售范围，该模式对传统企业不突出但农民素质基础较好的区域有借鉴作用。第二，武功模式。武功县是传统农业县，也是交通枢纽处，具有"园区+龙头+人才+政策+集散地+网商"的特点，利用区位优势，打造成"西货东进"集散地，这种模式适用于交通优势且物流发达的地区。

2.2.3.4 "淘宝村"模式

"淘宝村"作为农村电商作用于农村经济的典型产物，其分布具有空间非均衡性，朱邦耀等（2016）指出"淘宝村"整体呈现出阶梯状的聚集格局，且具有沿南北向扩散的格局。从"淘宝村"的发展模式来看，刁贝娣等（2017）总结"淘宝村"有两种发展模式，分别为城市依托模式和乡村内生模式，且在未来"淘宝村"将围绕大中型城市以及有产业集聚基础的专业村。曾亿武和郭红东（2016）以广东省揭阳市军埔村的实践为例，将典型农村电商产业集群的淘宝村发展模式主要分为"无中生有型"、资源基础型和生产贸易型三种不同发展模式。李秋斌（2018）分别以南安市飞云村的"淘宝村"、宁化县的专业合作社、马原村的生态农业旅游为例,提出"贫困户+互联网"的自主减贫模式、"贫困户+企业帮扶+合作社助产+电商助销"的驱动式减贫模式、"生态旅游+互联网"的辐射式减贫。郭承龙(2015)以"淘宝村"为例,将农村电商模式重新划分为寄生模式、偏利模式、非对称模式、对称模式和一体化模式等。在各种模式下,"淘宝村"的生产和销售环节出现"虚拟集聚"和"实体集聚"的"双重集聚"趋势,虚拟集聚塑造虚拟邻近,而实体集聚产生实体邻近,邻近增大了交易发生的可能,提高了交易密度,促进农村减贫以"淘宝村"模式裂变增长和扩散(陈文涛和罗震东,2020)。

2.3 电商减贫效应

2.3.1 空间效应

随着绝对贫困人口的减少,因区域环境、生产条件等差异导致"点上"贫困取代因政策与制度缺失等带有普遍性因素造成的"面上"贫困(曲玮等,2010)。很早之前,经济学家便开始研究贫困的空间分布问题,自20世纪末,世界银行开始绘制全球贫困人口空间分布图,贫困空间问题开始被学者广泛关注,迈诺特(Minot,2007)和卡姆等(Kam et al.,2005)均发现贫困具有明显的空间分布特征及空间依赖性。帕克等(Park et al.,2002)发现贫困分布空间具有异质性,大多数贫困人口集中于农村地区,中国作为最大的发展中国家更是如此。

电子商务具有跨时间、跨地区、跨空间等性质,而"淘宝村"是电子商务深入影响农村经济发展所产生的"互联网+村域经济"典型产物(曾亿武和邱东茂,2015),随后诸多学者以"淘宝村"为例研究农村电商的空间格局。目前,学术界关于贫困村和"淘宝村"的空间格局研究诸多,从全国层面上来看,贫困空间分布遵循"西高东低,梯次递减"规律(周圆圆,2013),同时存在多个不同量级、呈"星点"式分布的贫困核心(陈烨烽等,2016)。从区域层面来看,东部城市的中心贫困增长率更胜于外围,而西部城市与之相反(袁媛和古叶恒,2017);刘一明和胡卓玮(2015)、罗庆等(2016)指出连片贫困区的贫困县分布具有一定的聚集性,但内部差异明显,呈现"大分散、小聚集"的贫困分布格局,但随着时间推移空间集聚程度有所减弱。农村电商的空间格局分布不均,在空间上呈现一定的贫困聚集，电子商务的跨时间、跨地区、跨空间等性质使得以"淘宝村"为代表的农村电商具有一定空间效应。

2.3.1.1 空间溢出效应

从"淘宝村"的空间分布上来看，农村电商具有空间溢出效应。根据曾亿武和郭红东（2016）的研究表明，"淘宝村"的发展推动了线上线下企业融合，且"淘宝村"的发展能带动周边地区企业集群，从而演化成为"淘宝镇"，甚至"淘宝县"。徐智邦等（2017）利用2013~2015年"淘宝村"空间统计数据，空间特征表明："淘宝村"以江浙沪为核心向周边扩散，由东部沿海地区向西部内陆地区梯度锐减。弗里曼（Freeman，1991）认为知识溢出最根本的动力是集群成长，可通过本地市场效应和生活成本集聚要素、带来外部性，且知识溢出能进一步产生集聚效应，而对于电商企业，知识溢出则通过社会网络外溢扩散产生集群，其他农户与农业企业纷纷模仿或创新。朱邦耀等（2016）基于2014年中国"淘宝村"的空间分布，发现"淘宝村"呈现连片化和地域梯度特征，且"淘宝村"主要聚集核心地区主要是苏南聚集区、浙中地区、闽南地区以及珠三角地区。通过空间计量方法指出县域"淘宝村"具有明显的空间关联格局，集聚区域具有明显的邻近性和外溢性，聚集经济、政府政策和社会网络的共同作用是驱动"淘宝村"空间集聚与分异的主要因素。

2.3.1.2 地理溢出效应

从"淘宝村"的地理禀赋差异来看，农村电商具有地理溢出效应。贫困的空间集中更多是由地理因素所引致，并将这种类型的贫困空间集中称为空间贫困陷阱（Daimon，2001；Jalan and Ravallion，2002；Bird and Shepherd，2003）。鲁帕辛哈等（Rupasinghe et al.，2017）认为贫困发生率存在显著地理溢出效应，且在空间上存现集聚特点（杜辉和潘泽江，2009）。在加入地理环境溢出效应后，周圆圆（2013）研究发现贫困发生与集聚有空间地理特征，以中国31个省份2005~2010年统计数据为基础，通过空间计量的分析发现经济发展水平、财政减贫支出、市场化程度、公共服务供给、城镇化与人口聚集以及城乡收入差距均对贫困发生、集聚施加影响。克兰德尔（Crandall，2004）从社会资本、贫困收入和溢出效应三个方面研究美国贫困空间及聚合发生动力机制，发现美国的社会资本和就业增长均具有减贫效果，高贫地区减贫效应显著，且具有地理溢出效应，能够影响周边地区。王林申等（2017）从"人流""物流""资金流""技术流"四个方面构造"流空间"，研究"流空间"对"淘宝村"的影响。发现在内部空间下,"淘宝村"受"人流""物流"影响;在外部影响下,"淘宝村"的地理分布受"物流""技术流"影响。他们还提出了基于"流要素"调控的空间重构策略,"流空间"通过信息渠道承载了复杂的社会、经济、文化与政治"能量",成为指导信息化乡村空间治理的技术依据。

2.3.1.3 经济溢出效应

从"淘宝村"的经济社会禀赋差异来看,农村电商具有经济溢出效应。张俊良和闫东东(2016)指出贫困会通过社会经济要素的流动对周边的地区产生外溢效应,并且贫困空间外溢效应会通过其他内在途径影响周边区域,导致区域内集聚空间贫困。刘传喜和唐代剑(2016)分析浙江乡村流动空间格局发现:互联网与交通、知识与创新、政府行为和乡村资源禀赋导致其分布密度表现面状聚集和点状相结合的分布特征,呈现出"巢状"。史修松等(2017)以江苏"淘宝村"的空间分布为例,发现地方政府引导效应、农村创业致富效应、区域资源优势效应以及产业扩散效应会导致产业集群。何仁伟等(2018)基于经济社会资源禀赋和自然地理环境禀赋研究发现贫困带存在经济溢出效应。单德朋等(2015)从集聚效应、收入效应和转移效应三个方面对城市化减贫效应研究分析,利用实证计量分析验证我国各省区市的总体贫困和城乡贫困进行分析,发现我国城市化对贫困减缓具有显著积极影响,但不同城市化对城乡减贫影响存在异质性。因此,政府制定减贫政策应在城乡一体化框架下展开。

2.3.2 经济效应

电子商务的发展可以带动物流快递、包装、信贷、信息技术服务、电脑维修与培训产业等配套服务企业的发展,形成一个良性循环的商业生态系统,带来社会经济效应推动农村贫困人口脱贫(刘婧娇和董才生,2018)。跨空间、跨时间、跨地区的农村电商在空间上往往呈现空间聚集特征,各大电商企业纷纷涌入农村,导致"农村淘宝"以及"新农人"的盛行(刘同德和郭振,2016)。一方面,电子商务打破了时间和空间限制,为贫困地区农户建立"五联"新型农商关系,即联产品、联设施、联标准、联数据与联市场,实现跨时空的农产品产销衔接;另一方面,电子商务带动了上下游产业链以及配套服务行业的发展,外溢效应明显,尤其是与电子商务相关的农业、制造业和服务业的发展。电子商务通过促进传统行业产业升级、刺激消费需求、优化社会经济结构推动经济增长(庄子银和华锐，2017），而达特等（Datt et al.，1992）和罗楚亮（2012）认为经济增长是减贫的主要原因。

具体而言，电子商务可通过提升农户收入水平和改善农户生活水平而直接或间接带动贫困地区发展。一方面，农村电商通过提升农户收入水平直接作用于贫困地区。农村电商作为中间桥梁连接生产者与消费者，减少中间环节，降低流通成本，为贫困地区农产品销售提供了重要渠道，有助于实现小农户与大市场的对接，带动农户增收（方莹和袁晓玲，2019；韩杰等，2020）。不仅如此，电子商务发展所带来的这一增收效应具有明显的正向空间溢出效应，欠发达地区可以利用电子商务带来的"后发优势"有效提高农民收入水平（李琪等，2019）。一般而言，具备一定文化的贫困户可通过网店直接从事农产品在线销售；剩余贫困户则可对接有文化的贫困户，或共享当地基础设施与公共服务，即村民可享受电子商务发展带来的溢出效应。另一方面，农村电商通过改善农户生活水平间接作用于贫困地区。刘根荣（2017）指出电子商务通过改变消费结构、减少供求矛盾、促进网络金融发展来满足农村居民消费需求，促进农村居民消费增长。电子商务通过升级技术、服务，完善农村基础设施，改变传统农产品销售模式来带动自主创业，改善城乡流通体系，从而增加农村居民收入，促进农村居民消费。对于贫困地区而言，电子商务的发展增加农村物资的供应渠道，增加商品的可选择性，让农村居民以低价买进生产、生活物资，贫困地区居民通过降低生产经营成本和生活资料购买成本减少了消费支出。电子商务打破局部地域市场限制，对接线上广域市场，有利于贫困地区拓宽市场视野；电子商务扶贫突破本地资源限制，整合各地资源，在一定程度上克服了贫困地区资源的制约；电子商务带来的市场机会和低进入门槛，为电商扶贫创造了良好的市场生态环境。农村电商引入新技术促进贫困地区思想减贫与经济减贫，信息减贫为电子商务的发展助力，以电子商务扶贫为代表的信息扶贫已成星火之势（汪向东和王昕天，2015），电子商务的发展能让贫困户受益，可以促进农村经济发展，逐步完善农村物流、网络、交通等配套设施，为农村电商发展奠定基础，破除城乡二元经济结构，推动城乡一体化发展，同时也吸引着更多的贫困户参与其中。

然而，电商减贫经济效应的发挥在一定程度上还受到农户禀赋、生计风险、产业基础、人力资本等因素的影响。从农户禀赋来看，马泽波（2017）基于红河哈尼族彝族自治州13个县26个村庄630个农民的调查数据表明，农户受教育程度越高，其参与电商扶贫的意愿也更加强烈，即农民对农村电商的认知程度能显著促进农村电商扶贫效应。从生计风险来看，向丽和胡珑瑛（2019）基于西部民族地区 1051 份具有参与电商扶贫意愿的农民样本数据，从生计风险感知视角分析西部民族地区农民参与电商扶贫意愿的主要影响因素，研究表明，农民生计风险感知对电商扶贫是促进作用。农民生计风险感知越强，越愿意参与电商扶贫，且相比于第一代农民，生计风险感知对新生代农民的影响更显著。从产业基础上看，农产品标准化、品牌化，农业适度规模能影响电商扶贫效率。首先，农产品标准化能保障消费者，符合电商市场销售规律（马泽波，2017）；其次，农产品品牌化是商品价值的自我提升与重新定位，且农产品品牌化在一定程度上会影响消费者的购买意愿，进而影响电子商务为农户带来的收益（李燕，2019）；最后，农业适度规模经营可降低农产品生产、加工和储藏的成本，有助于形成市场竞争优势。从人力资本来看，杨雪云和时浩楠（2019）以大别山为例考察了电商减贫效率的影响因素，发现人力资本对于电商减贫具有显著影响，人力资本水平的提高为电商人才的储备和培训提供了保障，为贫困地区电商发展提供智力支撑，有助于电商减贫效率的充分发挥。

2.3.3 政策效应

当前中国农村贫困形势依然严峻，减少贫困一直以来是政府所要实现的重要经济目标之一，采取不同经济政策的政策效应是有差异的。柳建平和刘方方（2018）对甘肃 2016 年 14 个贫困村农户的减贫效应的实证结果表明，总体上"低保"对农户减贫没有显著影响。诸多学者对金融财政政策、政府公共支出以及减贫重点县的设置等政策效应进行了定量分析与定性分析，将理论与实证结合共同分析减贫政策的减贫效应。

2.3.3.1 财政金融政策效应

学术界对于财政金融政策的减贫效应持有两种不同的态度。一部分学者认为财政金融政策可能对减贫效应产生负面影响。阿兰森（Allanson，2006）认为财政金融会对农业产生负面影响；温涛和董文杰（2011）、刘纯彬和桑铁柱（2010）研究了国内的财政金融政策的减贫效应，认为财政金融对农民收入具有显著的负向作用；王增文（2009）通过引入生活救助系数和农村低保力度系数消除农村低保对象救助程度在地区上的差异性，发现财政转移支付并没有达到政府预期的减贫效果。另外有学者对财政金融政策的空间效应进行了研究，高远东等（2013）发现财政支农政策对本省份农村的减贫效应不显著,反而对邻接省份减贫产生了显著抑制作用,这与张可云和杨孟禹(2015)的观点有所出入,他们分别研究了财政政策和金融政策的空间效应,发现本县农民增收受到财政支出的正向效应,且对邻近县也有一定的促进作用;而金融发展不论是对本县还是邻近县农民增收都有明显的抑制作用。王汉杰和温涛(2020)则从政策协同视角考察了贫困地区农村金融减贫效应发挥的财政政策协同效应,研究表明,财政政策与金融政策之间尚未形成协同效应,具体表现为贫困地区财政政策显著抑制了农村金融减贫效应的发挥,且贫困程度越深的县域,抑制作用越大。

另一部分学者认为财政金融政策对减贫产生正向影响。林建和廖杉杉(2014)认为民族地区财政金融政策的反贫困效应,是通过财政政策、金融政策和财政金融政策对民族地区第一、第二、第三产业的联动作用,拉动民族地区经济增长,进而减少民族地区贫困人口来实现的,以中国五个省级民族自治地区的18个地级市1999~2012年的数据为例,分析民族地区财政金融政策的反贫困效应。发现民族地区财政政策、金融政策和财政金融政策联动效应的发挥有利于缓解民族地区贫困状况,且民族地区财政政策对民族地区贫困状况的作用优于金融政策。刘海颖(2019)基于2008~2017年中国贫困地区的数据,实证分析财政金融扶贫联动效应对农民收入的影响,发现财政金融联动政策有利于提高贫困地区居民收入,发挥减贫效应。

2.3.3.2 政府公共支出政策效应

学术界对于政府公共支出的政策的减贫效应也有深入研究。主要认为地方政府公共支出政策对于贫困代际传递有着很好的阻断作用,卢盛峰和潘星宇(2018)基于1989~2011年"中国健康与营养调查"(CHNS)数据对省和县两级政府支出政策在阻断中国贫困代际传递中的影响效应进行有效评估。研究发现,公共支出既可以通过补充子女的人力资本投资直接阻断贫困代际传递,又能通过提高父亲收入来间接减缓贫困代际传递。也有国外学者对于公共政策来缓解贫困代际传递进行了研究,卡达克等(Cardak et al., 2013)认为可以通过提高贫困个体人力资本投资的方式来实现公共支出政策对贫困代际传递的阻断。内伊德霍费尔等(Neidhöfer et al., 2017)利用对其他国家的研究结果,提供了支撑"公共政策在缓解代际不平等中能起到重要作用"这一观点的证据。赵为民和蒋长流(2018)基于一般均衡理论下的宏观-微观结合模型研究了公共支出与收入再分配关系,发现公共支出通过改善收入不平等状况来减少贫困效应。

陈国强等（2018）将收入贫困和多维贫困纳入同一框架来考虑政府公共转移支付政策的减贫困效应，基于 2010 年和 2014 年中国家庭追踪调查数据，运用非线性调节效应模型，结果显示公共转移支付减贫效应与陷入贫困概率呈倒"U"型变化，不论收入贫困还是多维贫困，对于极易陷入贫困的人群而言，公共转移的减贫效应都不太明显，且公共转移支付对极端多维贫困的减贫效应更弱，并指出现金形式的公共转移支付手段，在短期内迅速提高受益者收入，具有明显的收入贫困减贫作用，但缺乏长效机制。在此基础上，田勇和殷俊（2019）、刘成奎和齐兴辉（2019）分别从农业产出和子代人力资本视角考察公共转移支付的减贫效应，发现公共转移支付可通过增加农业产出、提升家庭子代人力资本等途径发挥减贫效果。

2.3.3.3 扶贫重点县政策效应

学术界对于扶贫重点县政策对农村减贫效应的效应评价一直存在两种观点，一种是认为重点县政策为贫困地区提供扶贫支持，具有显著的减贫效应。汪三贵（2008）认为贫困县和贫困村平均收入与消费的增长高于其他相同条件的非贫困县和非贫困村是因为中国的扶贫投资在总体上给贫困地区带来了利益。也有学者运用定量的实证分析方法来考察扶贫开发重点县主要减贫投入的效应。帅传敏等（2008）运用国家统计局数据，通过回归模型对扶贫开发重点县主要减贫投入的效应进行了实证分析，发现减贫资金的投入显著降低了贫困发生率。刘冬梅（2001）根据比较不同时间贫困地区的发展变化、国家级贫困县与全国的发展速度、不同区域县的发展速度，分析中央减贫资金投入对贫困地区的发展效应，发现贫困县落后状况的改善、贫困地区和发达地区差距的缩小可以通过减贫资金实现。王艺敏和刘志红（2016）利用 1978～2012 年贵州、甘肃、内蒙古、河北 4 省区各县的数据，实证分析"八七扶贫攻坚计划"对各贫困县的政策效应，发现在政策实施之初存在一定的效应滞后性情况下各省区总体实施效应均比较显著，因为大部分贫困县的政策效应具有长期持续性。黄志平（2018）基于 2005～2015 年中国 993 个县的面板数据，利用倾向得分匹配－双重差分法研究了国家级贫困县的设立对当地经济发展的影响。实证结果表明通过优化产业结构、提高固定资产投资水平可以实现设立国家级贫困县对当地经济发展的显著且持续的推动作用，而且这种推动作用与国家级贫困县设立的时间正相关。金浩等（2020）和林萍（2020）分别以河北省和福建省为研究样本的分析也得到相同的结论。

另一种观点认为扶贫重点县的减贫效应被严重高估。焦克源和徐彦平

(2013)指出县级政府行为在具体政策执行中往往发生偏差,诸如虚报数据争当重点县,减贫的重点县不愿"摘帽",县级政府与上级政府的非合作博弈等,对国家减贫政策的严肃性和有效性产生严重的负面影响。江帆和吴海涛(2017)运用倾向得分匹配法(PSM)构造反事实,以2005～2013年湖北县级层面的面板数据,基于拟自然实验环境识别出重点县认定标准和重点县政策对贫困减缓的处理效应。认为扶贫开发重点县政策的减贫成效未如预期显著,重点县的减贫战略对地区的减贫效应并不明显,应当细化减贫瞄准单元以扩大政策减贫效应。方迎风(2019)则基于2008～2014年县级层面的面板数据从长期和短期出发分析中国扶贫重点县战略经济增长效应,研究发现从长期来看扶贫重点县的设立对中国区域经济增长具有显著的推动作用,但贫困地区增长速度在贫困县选择与调整的特定时期内较非贫困地区增长显著放缓,即重点县的调整对低收入县的行为在短期有负向激励效应,导致对贫困县的瞄准出现偏差,减弱了其经济增长效应。

2.4 研究述评

首先,国内外学者在贫困具有动态性、多维性以及地理性已达成研究共识,因而对贫困及减贫效应的测量方法也是从多维度、多视角来探讨。对于多维减贫效应评价指标体系的构建,国内已有诸多学者将经济、健康、生活水平、教育程度、行为能力、行政村特征、生产力和生产条件、劳动力状况、医疗卫生和社会保障等指标融合,从不同尺度来衡量地区减贫效应,基于单一贫困到Sen系列的多维贫困指数发展到综合减贫效应指数,都表明了减贫效应评价的逐渐成熟。随着信息技术的发展,现今诸多学者认识到了地理环境在致贫分析中的重要性,借鉴国外的灯光数据分析方法,将地理信息系统融合到贫困程度识别与测量的分析中,分别从空间层面对全国地区的经济活动程度进行测量。有部分学者针对连片特困地区的经济活动、贫困程度及减贫效应进行了识别与评价,主要产生了两种不同观点的结论:有学者研究发现通过灯光数据匹配出来的经济活动水平与实际地区生产总值存在一定的差别,可能存在谎报地区生产总值的情况;也有部分学者认为通过灯光数据匹配出来的经济活动水平与实际地区生产总值基本吻合。因此,对于减贫效应的空间多维评价及其异质性还需再进一步深入探讨和完善。

其次，对于电商减贫机理而言，诸多学者结合目前互联网时代的大背景从相对贫困的角度研究电商减贫。第一，已有研究表明，电商主要通过外部资源注入机制、去中心化帮扶机制、社会公平促进机制和产业重塑升级机制作用于农村贫困，带动农户脱贫致富。但各减贫机制之间较为分散，缺乏系统性的论述，有待进一步总结归纳。第二，学术界从各个不同的侧面和视角探讨了电商减贫的路径，考虑现阶段电商减贫的经济效应差异、空间地理差异以及政策演变差异，但此部分还需进一步深入探索，如电商减贫经济效应的发挥还受到诸多因素的影响，且各因素之间可能存在相互作用，其作用路径与方向还需在实证层面进一步研究。第三，相关研究对从多方面电商减贫模式进行归纳，但对各种模式下的具体减贫机制缺乏系统性和理论性的探讨。

最后，从电商减贫效应来看，目前有诸多学者运用定性和定量相结合的方法构建多维评价指标体系，对减贫进行效应评估，但在电商减贫的效应评估应用较少。第一，电商减贫为农村经济带来经济效应和社会效应等正面效应，但也会为环境带来一些负面效应，尤其是在旅游减贫方面；第二，对于电商减贫的空间效应层面的研究大多以"淘宝村"为案例来研究电商减贫的空间效应，对于电商减贫其他形式的研究应该进一步加强；第三，目前国家减贫政策仍然以开发式减贫为主，存在减贫瞄准不当等问题，对于减贫的政策效应的实证性研究主要在制度政策、财政金融政策、公共支出、扶贫重点县的设立等方面，减贫政策效应的正负尚有争议，应当再进一步研究。从研究范围来看，大多数学者集中于从整个国家或者大范围地区来研究减贫政策的效应，针对小范围县域政府的减贫效应评价的研究则较少。从研究层次来看，多数研究者分散于对专项减贫资金、减贫方式选择等具体方面的研究，且主要以定性研究为主，缺少运用定量分析对整个减贫效应评估体系的构建。通过减贫关口的前移，农民教育和健康水平的大量资金投入，农民自身获取收入的提高、预防和应对贫困风险能力的具备，实现中国农村减贫工作实现战略重心的转移，基于现阶段电商减贫发展现状，农村电商减贫的经济效应，包括中介调节效应、空间效应与政策效应的区域差异分析有待细化。

从整体上看，电商减贫研究视角宽、内容广，但其总体研究不够深入，未来有以下几点可以进行深入研究：第一，构建较完善的减贫效应评价指标体系，并科学测量出中国各地区减贫效应；第二，亟须加强电商减贫理论研究,根据电商减贫作用路径不同深入分析电商减贫机理;第三,实证性研究有待进一步加强,从电商减贫的中介调节效应、空间效应、政策效应等多视角对电商减贫效应进行检验。另外,未来研究有必要从微观视角突出农户对电商减贫的感知价值研究及农民在农村电子商务产生、发展、壮大各个阶段的主要响应特征。

第 3 章　电商减贫理论机理

2020 年底，中国已完成全面脱贫的战略任务。在脱贫攻坚的过程中，电子商务发展为精准减贫提供了全新的政策工具，特别是其天然具备的跨越时间和空间的属性，更使得电子商务在减贫过程中能轻松地实现增收、节支和赋能三大战略目标，从空间、经济、政策方面综合实现减贫任务。

3.1　电商减贫作用机制

电商减贫作为新时代的新型减贫工具，对于减贫战略具有重大的意义。电商以互联网为基础拓宽农户在生产、销售层面的信息渠道，降低市场摩擦，促进知识共享，形成持续产业链，为可持续发展提供基础设施，助力农村脱贫。因此在探讨电商减贫的机制前，需对互联网基础对减贫的机制给予解释。在"乡村振兴"背景下，随着互联网建设工程在农村的下沉推进，让学者们对于电商的"电"是否存在减贫效应产生疑问并进行了较多研究，如斯莱特和夸米（Slater and Kwami，2005）以加纳为对象研究发现，互联网通过作为一种通信工具实现"电"积累社会资本的能力，此后汪向东和王昕天（2015）表示互联网已经被作为一种信息扶贫的方式逐渐被很多区域和主体采用，而殷俊和刘一伟（2018）进一步以实证方式，证实互联网可以显著降低农村贫困发生率。基于此，发现互联网减贫的内在逻辑在于：第一，互联网在资源获取方面具有优势，能够形成生产优势。互联网技术的进入完善了小农生产方式的弊端，以"互联网+"农业模式对传统小农经济实现颠覆性改造，引入智能生产模式、现代农业生产技术，推动了社会分工与产品创新，农业生产效率的提高、农业生产劳动力需求的降低，有助于促进农村家庭实现产业发展，并且还能够显著吸纳就业，改善家庭收入，提升农村家庭社会经济地位并形成规模效应。第二，互联网在销售层面具有互补优势，能够打通销售通路。互联网技术将生产端与市场紧密联系起来，销售端采用网络化模式，实现完整的现代农业产业链，打造互补渠道，为生产组织与相关服务机构提供技术指导、金融支持，扩大农产品的市场需求，提升农产品的市场价值，同时承接生产端劳动力转移，破除技术障碍，打通贫困网络。

由于电商是基于互联网信息技术与商业活动共同作用形成的，因而电商减贫区别于传统的减贫路径，电商的发展能够全面解决农村经济、社会、要素禀赋等多重问题。具体而言，农村电商的发展可以通过增收、节支和赋能三个路径为减贫效率提升提供帮助，见图 3-1。

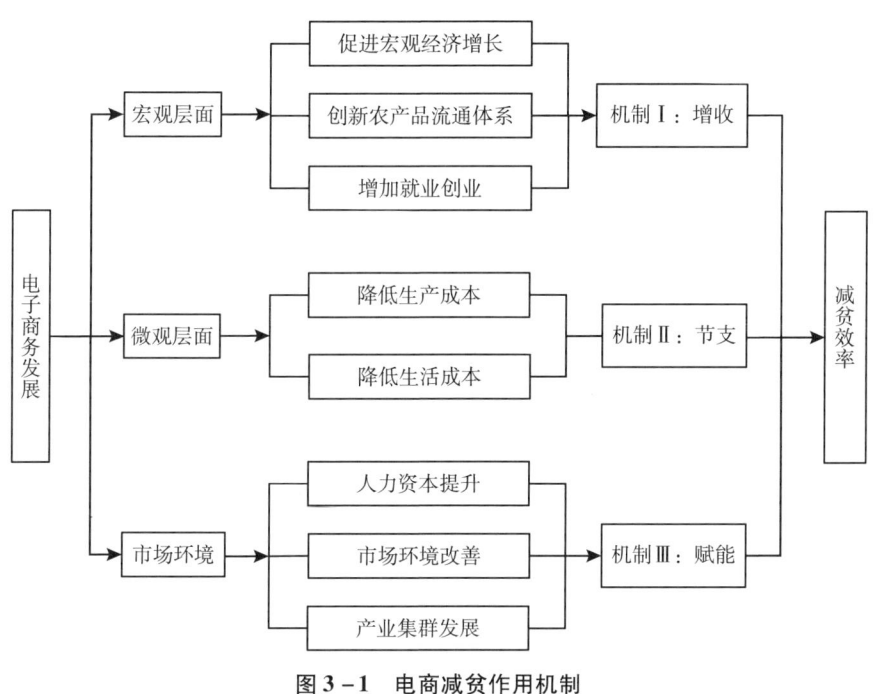

图 3-1　电商减贫作用机制

首先，从宏观层面上看，电商发展能够直接和间接带动经济增长，电商作为信息产业和商贸产业的代表性产业，本身就直接拉动了经济增长，同时电商能够通过各种渠道带动现代农业、第二产业发展，实现一二三产业有机融合从而推动经济持续增长，成为区域经济增长的新动能。电商对于现有农村流通体系特别是农产品流通体系是革命性的改造，电商大大开拓了现有农产品的销售空间和市场，将冷链物流、农产品溯源引入现有体系，提高农村流通效率，也提高了农民在流通体系的议价能力；电商还能够开拓所谓的"第三就业空间",不管是复员军人、返乡大学生等群体电商创业,还是电商发展创造的新型就业岗位,电商都能够提供大量新型就业岗位提高农民群体收入。其次,从微观层面上看,电商发展能够从生产成本和生活成本两方面降低农村居民的成本。农户通过电商渠道能够更加快捷和低成本地获取农业生产所需的生产资料,如化肥、农药、薄膜等,同时也能低成本、高质量地获取农业生产所需的信息、技术;电商发展能够带给农村居民更低的购物成本、更广阔的购物选择以及更舒适的购物体验,农户足不出户就能获得与城市居民一样的购物经验,除了降低物质成本也降低了精神成本。最后,从市场环境上看,电商发展能够有效对接生产者和消费者,从制度层面极大地降低搜寻－匹配成本,既有助于通过现代信息技术更精准地识别贫困户,也有助于提高贫困户的减贫能力,这种减贫能力既包括人力资本能力、物质能力、自然环境能力,也包括通过电商和信息工具合理利用这些资源的能力,还有助于市场环境的改善,特别通过基础设施的改造以及创业氛围的营造提高区域的整体减贫能力。

3.1.1 机制Ⅰ:增收

电商可以有效地、高质量地利用区域的资源禀赋和产业优势,可以通过相对较低的成本发挥区域比较优势,特别适合农村这种资源禀赋较低的区域,以电子商务的渠道将农村特色农产品、特色手工业品以及各种新兴商品传播到其他区域,充分发挥本地特色产品的资源稀缺性,从供应链整体进行整合,从而提高农民收入,实现电商减贫。国内许多"淘宝村"的发展都证实了这一点,不论是江苏沙集的家具产业、福建安溪的茶叶产业,还是甘肃成县的核桃产业,它们有些是利用当地的独特农产品资源,有些是借助了新兴产业,但通过电商都有效提升了产业效率。

农村电商在发挥产业优势的同时会带动当地生产、生活基础设施和配套设施的发展,特别是冷链物流、大数据、信息产业的发展能够实现电商与相关产业的无缝连接;高速公路、高铁、餐饮、金融等配套服务的发展能够提高产业的延伸,同时与电商教育行业、电商服务行业的结合更有助于形成电商产业网络,形成完善的电商产业链,构建成农村电商减贫的生态系统,能够释放出巨大的网络效应。在农村电商复杂生态系统上又能够提供各种各样的就业岗位和创业机会,促使当地贫困人群深度参与区域产业发展,提高农村居民的收入。图3－2显示了电子商务通过促进宏观经济增长、创新农产品流通体系和增加就业创业带动贫困主体增收的作用机制。

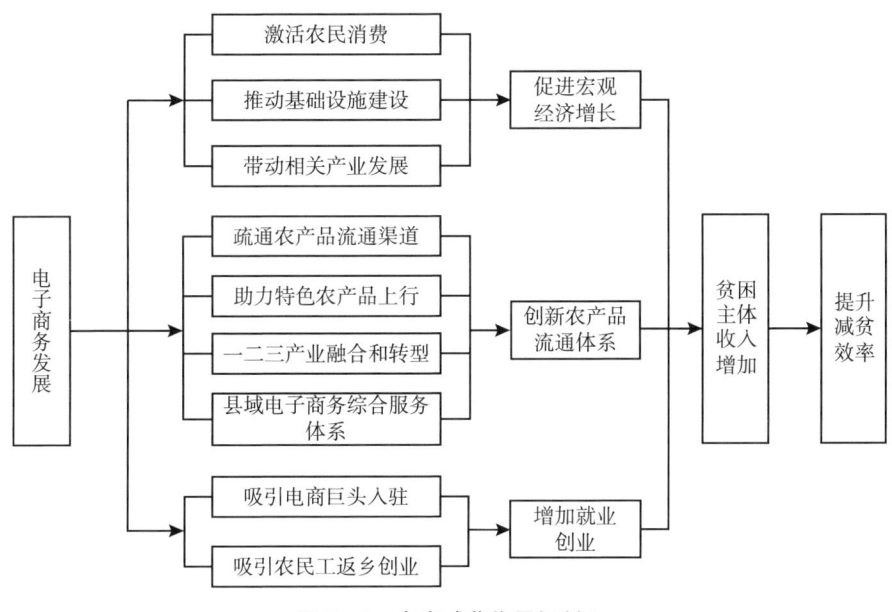

图 3-2 电商减贫作用机制 I

3.1.1.1 促进农业农村产业更高质量发展

农村电商推动基础设施建设和相关产业发展。农村电子商务要构建生态系统必须解决基础设施问题，尤其是网络基础设施和交通基础设施。电商发展成熟的农村区域，都是基础设施发展完善的地区，以各地"淘宝村"为例，如甘肃陇南实现了乡村 4G 信号全覆盖，同时对试点贫困村实现补贴上网费用，加快村村通公路建设，保证 95% 以上的行政村能够实现水泥路覆盖，实现了"县乡村"三村物流体系覆盖，构建"县城物流园—行政乡镇快递点—村级服务站点"的物流体系，从信息和交通两个层面提高农村电商的保障能力。农业是农村最为重要的产业，电子商务与农业的融合发展能够极大提升农业的产业价值。可以通过电商发展对区域特色农产品全面调查摸底，按照国内先进地区成功经验，将有条件的特色农产品"统一品牌、统一品质、统一包装"和"引导市场、引导价格、引导电商"的"三统一、三引导"模式，建立地理标志及地理标志证明商标培育、保护体系，促进特色农业产业持续发展。与此同时，鼓励具有一定生产规模、拥有品牌、符合质量安全要求的合作社、农村生产企业、生产大户、新型农业经营主体等开展网络销售，可以解决农产品同质性及价格恶性竞争的问题。为实现农产品的"来源可追溯、去向可查证、责任可追究、质量有保障"，建立农产品的溯源体系，生产企业投入的硬件建设资金，政府可以考虑按照一定比例进行支持。另外，从产业供应链角度分析，县域和农村电子商务的产品品质管理、运营管理、品牌管理等供应链高端环节必然会独立出来，鼓励对专业运营公司实施外部引入或内部培育来打造农业电子商务产业链。同时，对于当地特色产品而言可以通过互联网实现农村电商对其的聚集作用，像云南银器、新疆坚果、安徽宣纸等，以此形成电商产业的集群，带动地区经济的发展和产业结构调整。

3.1.1.2 创新农产品流通体系

1. 农村电商能够创新农产品流通体系。

农产品流通体系，特别是实现农村的"互联网+流通"计划，使农村电商迎来前所未有的发展机遇。中国农村长期以自给自足的农耕经济为主导，未能形成现代化的工业经济和规模经济，现代化基础设施依然滞后，山区地带交通闭塞，与外界信息不畅，产业发展规模小、分散不集中，经济生产落后，亟须突破信息基础设施和冷链运输滞后等"硬瓶颈"。县乡基础设施的投入成本高、周期长、回报慢，因此，很大程度上需要依靠政府牵头和财政资金的投入来改变现状。要重点完善县、乡级基础设施，培育农村流通市场，建设一批围绕粮食、生猪、水产、生鲜等特色农产品展开活动的产地批发市场，形成合理布局的现代农产品批发市场体系。实现农产品冷链物流全过程，完善农产品冷链物流园区、配送中心和产地预冷设施的建设，对农产品冷链物流重点项目的资金补助按冷库容量实施。落实"绿色通道"政策便于鲜活农产品运输，对整车合法装载运输鲜活农产品车辆免缴车辆通行费。合理管制农产品市场相关交易与流通的收费行为，降低农产品批发市场和农贸市场摊位费。深入推进"农超对接""农批对接"，实施农产品直采直配工程，引导大型超市在农产品批发市场建立集采中心，鼓励农贸市场、超市、酒店、餐饮企业、物业管理企业建设农产品基地。利用项目介绍和展览展示等形式，实现电商企业与新型农业经营主体、农产品加工流通企业合作，培养优秀供应商及农产品电商队伍，形成一条以电商企业为依托，消费需求为导向，互联网、物联网等现代信息技术为支撑，线下产品和物流资源为基础的一体化农产品供应链，创造"互联网+农产品流通"的新型农产品流通模式，通过减少不必要的流通环节，来降低流通成本，进一步落实流通的基础性和先导性作用，有利于提升农产品供给体系的质量和效率。使广大农村区域接入交通网络、物流网络和宽带网络，县、乡地区铺路、修路完成后，要实行县乡级别的信息技术革命，加快电缆和光纤在农村布线，提高农村地区的宽带接入率，普及农民上网知识，降低流量费和上网费率，鼓励农民网上购物，率先鼓励个体农户通过网上和移动电商自产自销，快速建立一批农产品现货电子交易平台，推动特色农产品网上销售，借助互联网营销和推广上的速度、范围优势，提高农村原生态休闲观光旅游业和生态农业的知名度。打造"一乡一品、一县几品"的经济格局，实现"互联网+农业"的规模化和链条化发展，才能从本质改变农村落后、农民贫困的现状。通过电子商务方便农民上网购销，与城市居民生活水平接近。进一步开展"互联网+政务"提供农村居民网上办证和缴费等的便利。

2. 农村电商的发展关键在县域电商综合服务体系和村级服务站点建设。

农村电商发展必须要建设县级综合服务商—乡镇级电商枢纽—村级服务站点。其中一头一尾尤其重要，县级电子商务运营中心由政府引导，市场运作，建议从发达地区引入专业团队来运营、推广及服务。在运营中心建设过程中要特别注意处理政府和市场的关系，政府投资比例、政府管理事项、中心运作模式等都需要清晰地界定，避免过度建设和重复投资现象。建立网店服务体系，完善县、乡、村电商服务网点功能及配套设施，在网店的开设与运营方面提供策划、培训、IT外包、美工、客服、代运营等一系列专业服务，健全上下游服务链；以电子商务示范基地和电商产业园、创业孵化园为依托，为全县网商提供创业孵化服务。

现有农村电商站点模式存在着"村淘""京东帮""湘村电商""供销社""邮乐购"等多种形式，但都存在不同程度上的问题。一是盈利能力孱弱。现有农村电商站点多依托于原有便利店、农资店、家电维修点甚至是村部等，尽管从外表形式上看统一了标识和装修，但深入调研后发现农村电商服务站点的盈利能力严重缺乏，大部分站点经营收入达不到农民外出打工的平均收入，而且这些还是建立在政府对农村电商服务站点大量补贴基础上。二是专业功能缺失。早期的农村淘宝以及现在一些本土电商企业，在设站选点时往往是与农村便利店小超市合作，大部分仅仅只是挂了电子商务农村服务站的牌匾而已，主要工作还是之前的线下买卖。即使与电子商务挂钩的部分也只是实现了网上代购功能，真正通过电商服务当地生活、助推农产品上行的功能完全没有得到发挥。三是电商人才匮乏。在各级政府的大力扶持之下，现有农村电商服务站点的基础设施虽已达到一定水准，但经营站点的农村电商人才严重缺乏，导致农村电商站点的服务功能不能完全实现。电商运营人才、管理人才的缺乏导致农村电商发展举步维艰。

农村电商站点是农村电商发展的基础架构，其运行效率和经营效果直接影响农村电商发展的成败，必须多举并重提升农村电商服务站点效率。第一，充分整合现有资源。多方式建设农村电商服务网点，构建专业化农村电商服务平台。依照市场化运作方式，以原有"万村千乡"市场工程和信息进村入户、供销、邮政等网络体系为基础，鼓励具备条件的村级信息服务站、供销、邮政及村淘、京东、苏宁等电商企业整合服务网点，完善农村电子商务服务中心及站点体系。为防止重复工作，可以尝试由多个电商平台共同建设经营农村电商服务站点。第二，集中解决盈利问题。通过完善农村电商服务站点功能，加强与金融、物流等现有社会资源合作，开拓农产品上行渠道等多种方式提高服务站点收入，提升农村电子商务服务网点服务功能。在电子商务不断发展的趋势下，通过鼓励农村电子商务服务网点增加信息发布、充值缴费、电子结算、小额现金存取、快递包裹存取、咨询、旅游、健康养老等服务项目，为农村居民实现"一站式"综合服务，满足农村居民实际需求。使其能在不依靠政府补贴的情况下超过农村居民平均收入，形成良好的示范效应，带动整体农村电商发展氛围。第三，切实提高专业水平。要通过农村服务站点让大家知道电商、了解电商，那么就需要先让农村服务站点的经营人员先行懂得应该如何去做。一方面可以通过外部引进大学生、返乡农民工、退伍军人等高素质人才回到农村经营电商站点，政府可以给予适当政策倾斜；另一方面必须通过多层次、多类型的培训提升现有经营者素质，逐步提升其运营电商站点的能力。开展农村电子商务从业人员培训。通过整合各种培训资源，培训电子商务相关知识，提升基层组织、涉农流通企业、专业组织和农民对于电子商务的应用能力。鼓励电子商务培训机构针对农村电子商务专业化开展培训。

3.1.1.3 增加返乡创业和就业

农村电商的发展必然会带来创业机会和大量就业岗位，虽然从东中西各个区域来看，创业成功率以及创业效应存在着明显差异（鲁钊阳和廖杉杉，2016），但不可否认的是农村电商本身能够带来创业集群效应，促进区域的创业集聚（梁强等，2016）。贫困区域中一直存在着高素质的人力资本，如返乡大学生、返乡农民工以及复员军人，电商发展能够将这些优质人力资本与农村特有的要素禀赋有机结合起来，通过电商与农业、农产品加工业、特色旅游等产业的深度融合，推动区域创业集群的形成。

农村电商不仅实现了自身产业的发展，对大量的上下游产业的发展同样产生了连带效应，而且从整个产业链条上看，农村电商发展释放了大量的直接和相关的就业岗位。从产业本身看，电商发展推动了大量的"新农人"通过开设网店、自建平台、社交电商等多种模式直接进入电商产业，阿里研究院资料显示，1个淘宝网店可以带来2.8个直接就业岗位，多至5~6个间接就业岗位。在电商产业里面的就业岗位，如电商运营、电商仓储、电商美工、电商客服都比较适合农村居民，通过简单的培训即可上岗，对技术和场地没有太高的要求。至于电商产业发展带动的上下游产业吸纳的就业岗位就更多了，特色农业、农产品加工业和乡村旅游产业以及大量配套产业的发展可以提供许多就业岗位，包括物流配送、人才培训等。总而言之，农村电商发展将为农村地区带来创业和就业双重机会，通过就业的增长带动农民居民收入的增加。

3.1.2 机制Ⅱ：节支

除了带动贫困主体增收外，电子商务还能帮助贫困主体节约生产成本和生活成本，进而提升减贫效率，相应的作用机制如图3-3所示。

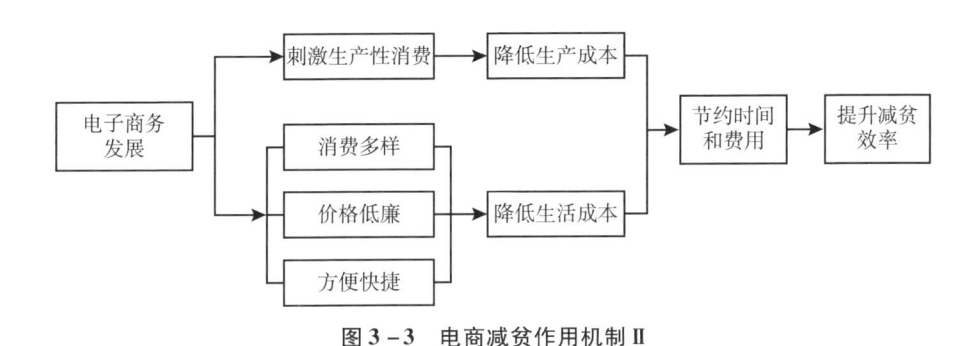

图3-3 电商减贫作用机制Ⅱ

3.1.2.1 降低生产成本

农村电商发展能够有效降低农民的生产成本，特别是从规模经济角度和交易成本角度。由于互联网将市场规模前所未有地扩大，极大的产品丰富性带来的农业生产资料的选择多样性，产品的规模经济和集聚性使得农业生产资料价格不断下降，同时信息技术的不断发展也能够推动农业生产资料的使用成本下降,例如现在广泛出现的无人机喷洒农药模式就降低了农药使用成本。互联网也带来许多新的农业生产资料销售模式,以淘宝、京东、苏宁为代表的大型电商平台,以供销社电商、邮政电商为代表的传统企业电商模式,都创新了农业生产资料的电商模式,破解了传统市场局限,推动农业生产资料在农业生产中配置的合理性。

更为重要的是,农村电商可以解决信息不对称带来的农村"逆向选择"问题,通过更为精准的供需匹配,极大地降低农民在生产资料选择中的搜寻成本,同时提高有效和高质量信息的供给。借助现代信息工具可以为大量分散的传统需求方和供给方进行精准沟通,另外,网站、社区、BBS、微信公众号等多种电商社交工具能够使农民在购买、使用、维护农业生产资料时与供给方进行实时互动,提高购买效率,从时间和精力层面节约了大量实质购买成本。

3.1.2.2 降低生活成本

农村电商发展为农村居民消费升级、降低生活成本提供了巨大动力。从消费总量、消费结构和消费信贷等多个层面改变了农民的消费习惯。由于互联网的普及,农村居民的消费购买潜力被极大释放,过去必须到县城甚至是到市州才能购买到的大宗商品现在通过互联网能够轻松购买,从阿里巴巴的统计数据可以发现,大家电已经成为农村电商网络前三位的商品,另外信息消费、服务消费甚至跨境消费也越来越如火如荼,由于现有电商巨头的网络生态系统效应,农村居民通过电商能够购买到之前无法消费的商品,农村居民的互联网替代实体消费的比重要远远高于城镇居民,农村居民网购的增长速度也高于城镇居民。从消费结构上看,农村居民通过互联网改善了消费结构,由于地理位置约束的不断弱化,性价比高的商品大量涌入农村,生产资料也占据了农村电商消费的很大一部分。互联网金融的发展极大地改变了农民的消费习惯,消费信贷开始越来越多进入农村生活,以支付宝、微信支付为代表的移动支付提升了农民的消费效率,提升了现期的消费能力。

3.1.3 机制Ⅲ:赋能

近年来,在各级政府的大力推动下,农村电商的发展伴随着消费方式的变革和市场需求的扩大正蓄势待发。目前,学界普遍认可农村电商对农民"节支"和"增收"的促进作用,主要通过工业品下乡和农产品进城两种模式实现,但我们认为,利用电子商务和互联网的网络优势,从提升人力资本、改善市场环境、发展产业集群三方面更深层次的实现农村电商对于精准减贫的促进作用，充分"赋能"于电商减贫发展。相应的作用机制如图 3-4 所示。

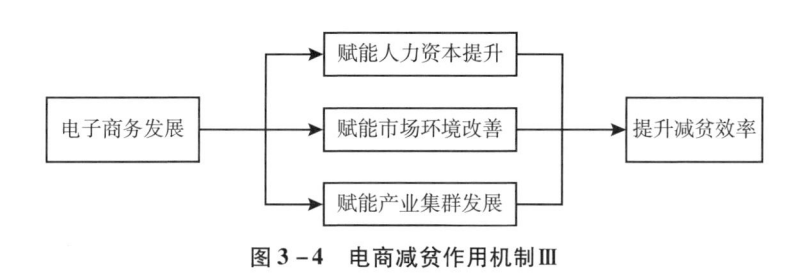

图 3-4 电商减贫作用机制Ⅲ

3.1.3.1 赋能人力资本提升

2020 年中央一号文件明确指出要"推动人才下乡"。以创业门槛低、收入水平高为特征的农村电商正吸引着大批优秀人才返乡创业。截至 2020 年 3 月 28 日，全国范围内的农村网商数量已突破 1300 万家，为大批农民工、大学生、退伍军人提供了返乡创业的动力。[①] 并且位于东部沿海地区的一些省份如浙江、江苏、福建和山东开始出现城市精英向农村回流的现象，笔者的调研也显示，目前也开始出现了大量返乡和下乡创业者，但人才支持和人才配套建设相对滞后。对新型职业农民、农村职业经理人、经纪人、乡村工匠等人才的需求随着农村电商的发展逐渐扩大，对于全方位、多层次的乡村人才支撑体系的构建也越发迫切。

一方面，通过优化乡村创业环境和加强农村基础设施建设，吸引怀揣远大梦想的大学毕业生和专业技术人员返乡担任脱贫攻坚、创业致富的带头人和主力军；另一方面，要实现乡村人才培育计划和农村电商"双创"人才孕育对接机制的多层次多渠道，通过定向学历教育、农民技能培训等方式加快"新农人"的培养，通过引"头羊"、育新人构建立体化人才支持体系，让人才回得来、聚得起、留得住，让农村电商的创业企业活得好、长得快、赚得多，为乡村振兴储备充足的人力资本。

3.1.3.2 赋能市场环境改善

构建便捷的生活圈、完善的服务圈、繁荣的商业圈，实现乡村居民生活的舒适性既是乡村振兴的重要内容，也是农村电商的基本逻辑。开拓农

[①] 《商务部：全国农村网商突破 1300 万家》，载央视网，http：//news.cctv.com/2020/03/28/ARTI5YyQM1bEVMNrfeszvC5u200328.shtml，2020 年 3 月 28 日。

村市场与完善农村电商交易体系、物流配送供应链体系、支付结算网络金融体系的速度随着电商实体渠道的不断下沉而加速发展。农村电商有助于农村资源配置的合理化，不断优化农村市场环境，实现农村农业的可持续发展。目前，农产品供过于求与供给不足问题阶段性并存，质量安全、标准和产业化程度较低等问题存在于农产品上行过程中，且存在农村电商服务站点存活率低，农村市场公共服务功能不完善、不健全的现象。笔者在长沙市连续两年进行了农村电商项目验收，发现375个农村电商村级服务站点自主盈利能力偏弱，乡镇一级物流节点盈利标准尚未达到，且县区级农村电商运营中心公共服务功能实质性内容缺乏。在湖南省内最发达的长沙尚且如此，在湘西等欠发达地区农村电商市场发展更是才初露头角。

因此电子商务进农村综合示范工程的深入实施、具有广泛性的农村电子商务发展基础设施的积极建设、农产品电商平台和乡村电商服务站点的建设与电商产业园的发展都成了迫切需要实现的目标。通过建设现代农业产业园、现代农业科技园和现代农业创业园和一体式田园综合体，搭建农产品质量安全追溯管理信息平台、农兽药基础数据平台、重点农产品市场信息平台和新型农业经营主体信息直报平台，来推进"三园一体四平台"的建设，加强农商互联，密切产销衔接，发展"农超""农社""农企""农校"等产销对接的新型流通业态。加快建立农产品电商发展所需的标准体系，大力研发绿色智能农产品供应链核心技术，重点培育农业现代供应链主体。积极应用与普及农村电商领域所必需的互联网、移动网、物联网、大数据、云计算、区块链及人工智能等新兴技术，创建良好的市场环境，为乡村振兴打好坚实的基础。

3.1.3.3 赋能产业集聚发展

通过打造集约高效生产空间，延长产业链，增强产业关联度，创新产业发展模式，农村电商成为品牌商家、县域产业、家庭农户利益联结的核心，推动着农村一二三产业的交叉融合。电商的发展会沿着销售端向供应链一直到产业链对产业进行改造，带动各类生产性服务业和配套产业的发展。如在农村顺势而生的专业美工摄影类电商服务公司，仓储、加工、包装、物流等行业也随即迅速发展。在浙江、江苏已经出现了"淘宝村"集群发展的现象，如浙江义乌、江苏沙集等区域都实现了农村电子商务的全区域覆盖。而中西部地区农村电商发展正处于初始阶段，农村电子商务发展各自为政，产业集群和集聚效应未实现，同时农村电商的空间溢出效应也未能充分释放。

以中西部地区独特的历史文化和先天的资源优势为基础,有序利用优势特色资源,开展优势特色产业。建设富有鲜明特色、集聚地区优势、充满市场竞争力的特色农产品优势区,标准化生产基地、加工基地、仓储物流基地的建设,科技支撑体系、品牌与市场营销体系、质量控制体系的完善,依托农村电商发展建立利益联结紧密的建设运行机制,对于特色农产品优势区形成特色农业产业集群不可或缺。农业产业集群源头动力依赖于农村电商的发展,加快培育农商产业联盟、农业产业化联合体等新型产业链主体,打造一批产加销一体的全产业链农村电商集群。

通过加快一批"农字号"电商特色小镇的培育,对有条件的地区建设培育特色商贸小镇,实现农村电商发展与新型城镇化的有机结合。壮大新产业新业态,充分发挥农村电商的流量入口功能,大力发展乡村休闲农业、乡村旅游、森林康养等多元化乡村产业,推进农业、林业与旅游、文化、康养等产业深度融合,通过农村电商的模式创新促进一二三产业有机融合。同时创新体制机制,打破存在于农村电商发展过程中的区域壁垒,实现农村电商的空间溢出,建立良好的创新模仿示范机制,推动农村电商集群的快速发展,为乡村振兴奠定产业集群基础。

3.2 电商减贫作用路径

从上述可以发现农村电商通过"增收""节支""赋能"三个层面提升贫困地区经济活力,增加贫困地区居民收入,下面从空间、经济、政策三个角度探求电商减贫的作用路径,为巩固脱贫攻坚成果、实现乡村振兴指明方向。

3.2.1 空间路径

结合电商活动突破时空地域的性质,发现空间效应存在于电商减贫效率的直接效应与间接效应之中。由于邻近地区、空间地理及经济地理三个因素对电商减贫效率的空间效应存在影响,笔者主要以这三个因素为基础,分析电商减贫的空间路径,如图 3-5 所示。

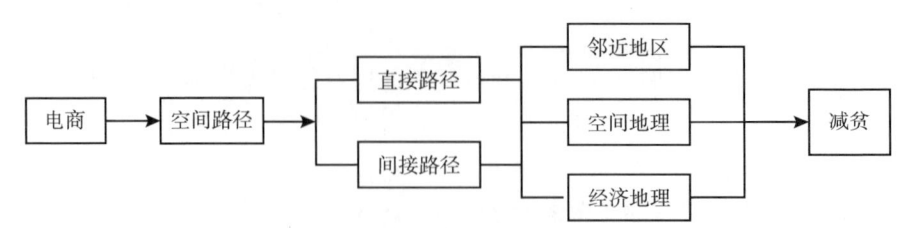

图 3-5 空间作用路径示意

3.2.1.1 直接路径

居民消费潜力因电子商务的出现得到充分释放，电子商务对减贫效率的空间影响体现在两个方面：一方面，通过带动自身及相关产业发展直接作用于减贫效率，这些产业涵盖电子商务、信息产业及相关的快递、物流等行业。农村电商产业的发展引发上下游产业链、配套服务业的快速聚集，促使县域开启农村电商进程，并建立电子商务进农村综合示范县，通过带动各贫困地区积极与淘宝、邮乐购等第三方电商服务平台展开合作，实现农户跨时间、跨空间消费，进而推动快递行业的迅猛发展。另一方面，在农村建立电商站点和农村电商公共服务站，依托电商平台完善信息化物流网络建设，提高贫困地区基础设施水平，使减贫效率得到显著提升，这种效应即直接路径。

在信息时代，人们越来越多地利用碎片化时间，线上线下融合发展的网络购物形式受到广大消费者的青睐，由于各地区电子商务发展极度不平衡（中西部地区，电子商务对经济的拉动作用很小，但总体上电子商务对当地经济增长的拉动作用越来越大），网络消费能够激发消费者的消费潜力从而拉动经济增长，因此，电商发达的地区网络消费对减贫效果产生正向的空间溢出效应。此外，通过电子商务网络，分隔两地的买卖双方可以实现跨越时间和空间的交易，相应地也推动了区域之间的资金、商品、信息等要素自由流动，进而产生空间溢出效应。网络信息发达的地区物流快递企业云集，对道路交通、运输装载设备等基础设施的巨大需求，拉动了当地基础设施建设投资，同时也催生政府和企业积极建设信息平台，加速了数据分析、信息服务、市场咨询等生产性服务的发展和集聚。受到空间溢出的影响，邻近地区的物流、信息平台基础设施建立并逐步完善，从而达到减贫效果。

根据电商减贫的直接路径，电子商务相关产业发展的直接效应，能够有效扩散至贫困地区。因为电子商务跨地域、跨时空的虚拟性，通过作用电子商务相关产业影响减贫效率的直接效应在空间层面上受邻近地区、空间距离及经济地理的影响较小。关于电商减贫效率的空间扩散效应可以概括为以下两点：其一，农村电商产业的发展，带动电商上下游产业链、配套服务业的快速聚集，并不断向其他地区扩散；其二，农民学习借鉴电商创业成功人士的经验，依托淘宝店、微店等网络平台展开农产品销售活动，通过知识溢出和技术溢出实现电商减贫的扩散作用，有利于促进自身及周边其他贫困地区经济发展，进而提升减贫效率。总之，从邻近地区、空间地理以及经济地理三因素进行分析，电商减贫效率在空间层面均可以通过直接路径实现。

3.2.1.2 间接路径

电子商务的间接路径效应主要体现在两个方面：一方面，电子商务对于非电子商务部门产业发展的带动作用间接实现了减贫效率的提高，对于农业而言，农村电商的发展解决了农户与消费者因信息不对称而带来的农产品挤压和滞销的问题，推动了本地特色产业的"线上产业带"和集聚形态的"淘宝村"形成，衔接农产品的产与销，刺激农村居民消费，引导农业生产。另一方面，"互联网+""电子商务+"作为新业态带动了众多非电子商务部门的传统行业转型，衍生并推动了网络直播和快递外卖等新兴产业的发展，增加第三产业比重，充分利用闲散资源发展电子商务以促进贫困地区经济的发展，提高减贫效率。

对于电商减贫的间接路径而言，电子商务通过带动上下游产业的发展，间接作用于贫困地区。电商减贫的间接效应在一定程度上具有虚拟性和实体性，因此电商减贫空间效应会受到空间地理和经济地理的双重影响。首先，考虑邻近地区影响因素。"淘宝村"的出现为许多家庭提供了就业和创业机会，农村居民通过开设网店增加居民收入，提高居民消费能力并实现消费升级，实现减贫致富，拉动地区经济增长，且对邻近地区的经济产生空间溢出效应，而邻近地区通过知识溢出形成示范作用，提高居民的发展意识，有效破解贫困地区的"信息孤岛效应"。作为电子商务进农村典型产物的"淘宝村"和"淘宝镇"具有地理聚集形态，在空间上呈现明显的阶梯状，"淘宝村"的数量从东部沿海地区向西部内陆地区递减，且"淘宝村"的集群效应向周边地区扩散，提高周边地区的减贫效率，因此，电商减贫效率间接效应具有空间扩散作用。其次，考虑空间距离影响因素，电子商务减贫效应在不同空间距离下空间扩散力逐渐转变成空间回波。新古典经济学认为在完全竞争的市场条件下，知识溢出是完全的，但从空间的角度出发，知识溢出效应的效果受经济主体的异质性与交流方式的差异影响（王耿佳和戴鹏，2015；张帆，2016）。最后，考虑到经济地理影响因素，贫困地区由于缺乏资本、物流和技术等要素支撑导致电商减贫的间接效应不显著。由于电子商务具有网络外部性和跨区域性，居民纷纷效仿建立网上消费和网上销售等电商平台，消除信息不对称减少其交易成本，产生空间溢出从而促进邻近地区经济增长，提高减贫效率。因而电商减贫会通过其空间回波效应将电商效应积聚于沿海等经济发达地区，而这一空间回波效应来源于电商的间接效用，比如在中西部经济偏落后地区淘宝还尚未进入发展阶段，而在经济发达地带"淘宝村"发展迅速。总而言之，电商减贫的效应传播可以通过空间地理和经济地理两种方式，但效应的传播力度会随着地理距离的增加而减弱，并向空间回波效应靠拢。

3.2.2 经济路径

各地区往往为了更好地实现电商减贫，从根本上解决问题，不仅会给予直接的资金扶持和融资贷款支持，还会注重提升人力资本水平，不断完善物流体系等，从改变贫困居民的落后思想和提升能力方面着手。我们发现电商通过财政投入路径、人力资本路径、物流路径和金融路径对农村减贫具有重要作用，如图3-6所示。

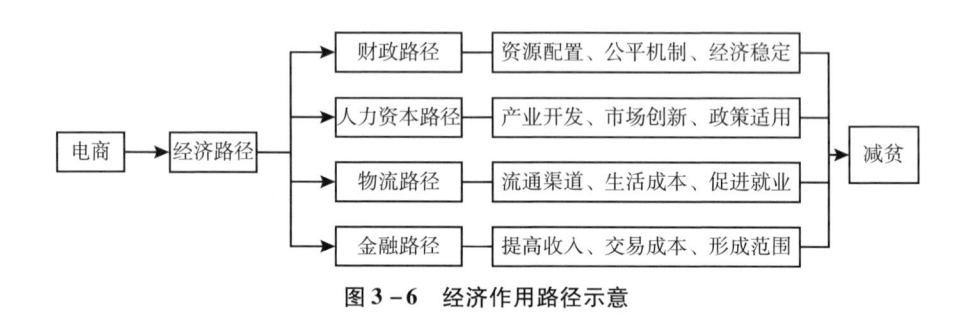

图3-6 经济作用路径示意

3.2.2.1 财政路径

财政支出作为电子商务发展的重要经济基础，对于现代农村减贫具有重要作用。传统的研究更多认为财政投入会深刻影响电子商务发展，但近些年农村电商发展模式无一不体现政府的支柱作用，如遂昌模式和通榆模式等，可见，政府在电商减贫建设中一直扮演着主体角色。在电子商务还未发展到一定规模前，政府通常是通过现金与物资输送的方式实现其支撑作用，但基于这种形式的政府支持，效果往往会受到空间位置和地区发展水平的约束，随着电子商务的迅速发展，政府方方面面的投入也急剧增加，在此条件下一系列新兴的电商扶贫模式出现。主要表现为：第一，当地产业通过与电子商务的紧密联系可实现自身产业的多样化建设，可以通过增加线上运营模式，增加其运营渠道，并逐渐衍生出专业大户、家庭农场、农民合作社、农业企业等新型农业经营主体，他们大多利用当地特色产业优势发展农产品电商上行，进而要求政府整合使用财政投入，为新型农业经营主体搭建农产品交易平台、培育专业的电子商务运营人才以及构建完善的物流设施体系，在增加政府财政支出的同时，有效提升财政资金使用效率。第二，电子商务发展吸引了众多电商巨头入驻农村，拓展农村业务，抢占农村市场，为地方政府提供了大量优秀的项目，电子商务不仅能解决贫困地区就业问题而且能通过多个渠道增加低收入人群的收入水平，同时也增加了政府的财政投入，还为贫困地区争取中央财政资金以及省区市相关支持资金提供了重要渠道，进而要求政府对当地基础设施建设、物流运输平台建设等加大投资力度，增加了政府对各产业的财政投入（鲁钊阳，2018）。

政府的财政投入最终都是为了促进经济的发展，减少或消除贫困，可通过转移支付和社会保障等手段为低收入人群提供最低生活保障。电子商务通过促进产业发展和市场多样化，增加政府部门的财政投入力度，减贫资金作为财政投入的一部分，会有所提升，为减贫工作提供更有力的保障。政府财政投入的减贫路径主要有三个方面：首先，减贫资金作为产业资本投入，可以优化资源配置，促进地区资本形成，打破贫困恶性循环。纳克斯（Nurkse，1953）提出，正是资本的缺乏带来了发展中国家的人口、地区贫困恶性循环的困境，具体表现为"农村资源生产率较低—农民收入水平较低—农民和农村储蓄能力低—资本短缺—农村资源生产率低"。而财政资源的投入可以打破某个环节，改变循环过程，摆脱发展困境。其次，公共财政投入可实现收入再分配和公共服务均等化。政府拨放的减贫资金带有公共物品属性，因此在贫困地区它可以一定程度象征着公平和扶贫效率。在中国减贫中，各级政府需要扮演强有力的领导角色以及开展行之有效的公共管理（崔景华等，2018）。张全红（2010）实证结果显示：长期内农村减贫资金提高了贫困人口的收入水平和收入分配公平程度。最后，政府介入电子商务的发展并应用于减贫工作中，可在一定程度上保障经济稳定，促进地区可持续发展。尽管在减贫政策制定上发展中国家还存在诸多问题亟须解决，但在某种程度上公共性的财政支出在促进经济稳定和可持续发展方面仍是政府致力于减少贫困的重要政策工具（Moreno-Dodson and Wodon，2008）。

3.2.2.2 人力资本路径

经济的发展取决于人的质量，而不取决于自然资源或者经济资本的多少，这一观点由美国学者舒尔兹在1960年美国经济学会上题为"人力资本——一个经济学家的观点"的演说中提出。舒尔兹认为贫困地区落后的根本原因是人力资本的落后而非经济资源的落后，因而亟须强化国家地区的教育事业解决人力资本落后的问题，教育事业的发展在经济可持续发展过程中具有重要影响作用。20世纪80年代，中国学者王小强和白南风（1986）提出了包括改变取向、新经验、公共事务参与、效率感、见识、创业冲动、风险承受、计划性等8个指标的"进取心量表"来测量人的素质，通过测量诸多指标得到研究结果，贫困地区人口的素质特征为：创业思维弱，易满足，抗风险能力弱，抗压和承受困难能力弱，缺乏冒险精神；独立性和自主思维能力弱，依赖思想以及认命观念严重；思想封建固化，对新事物的接受能力弱，缺乏勇气且不擅长打破现状和传统习惯，倾向于安于现状；等等。因此，在一系列研究实验下学者们总结出人口素质的低下才是这些地区贫困且落后的根本原因。

人力资本是由人的数量以及质量的决定的，属于非物质类资本，人的水平能力和素质是决定国家或地区能否富裕发达的关键因素，思维方式的提升以及知识能力的硬化才是提升经济水平的驱动力。依靠电子商务的发展，原来受落后思想禁锢以及低教育水平影响的贫困地区居民的主动性思维和接受新事物的能力得到大幅提升，在电子商务的迅速发展下，居民对现代化信息技术的应用水平得到飞速提升，其思维方式得到大幅转变。主要表现为：其一，电子商务发展通过引进先进的思想和技术，推动贫困地区农村居民挣脱传统思想的束缚，接受和吸纳互联网信息科学技术等新事物，为农村居民学习和受教育提供更多的机会，培育具有科学文化素质、掌握现代农业生产技能、具备一定经营管理能力的"新农人"，从而整体提升贫困地区的人力资本水平。比如电子商务发展对于那些因子女上学致贫的减贫对象，可通过提高其勤劳减贫致富的自信心和应对各种风险的能力，帮助其提升人力资本、提高自我发展能力，从而阻断贫困代际传递。其二，电子商务极大地提升了外地务工农民返乡创业的积极性。一方面，电子商务的发展有效疏通了农产品流通渠道，大量产业项目向农村转移，推动了"小生产"对接"大市场"，农村优质资源和城市消费市场得到有效连接，借助这个机会，返乡的农民工可以获得大批就业岗位，并且扩宽了务工农民的市场机遇，促进农民增收的效果明显；另一方面，农民工因了解城市需求，又熟悉网络等现代手段，且在农村有田有地有社会资本，返乡创业就能享受城乡联动的红利。总之，电子商务发展对人力资本的影响是直接而深刻的。

贫困的可行性理论表明，人力资本是缓解贫困的关键。教育作为提高人口质量和人力资本规模的突破口被赋予了减贫的预期价值，教育扶贫的必要性由此体现。接受教育、提高素质与发展经济，三者是充分且必要的关系（曾天山，2016）。人力资本可通过以下三种途径提升减贫效率：首先，人力资本的发展可以培育新型农民，提升其产业开发能力和综合素质，通过学习专业知识和成功经验，充分挖掘当地的可开发资源，比如旅游产业、特产农产品等，形成由电子商务驱动的地方特色产业新生态，为当地贫困户带来大量创业机会、促进了地区经济增长。而就业市场的发展、人均收入的增加、公共建设和社会保障制度的完善与发展等往往会伴随着社会经济增长而出现，因此各地区可以从社会的方方面面、从社会各层面降低贫困程度，达到减贫的效果。其次，电子商务的发展为地区引进先进的思想和技术，从而促进了人力资本的强化。这些先进技术和思想的学习和借鉴通过促进人力资本的发展可以提升农村市场创新能力，使其不再局限于传统的思维方式和生产方式，在农产品生产方面，利用先进的科学技术提升生产率，从而提升农村居民收入水平、促进经济增长。最后，人力资本的发展促进知识多样性，提升农村地区信息获取能力、政策适应力和抵御风险能力，从而让贫困地区能够通过对发展时势和政策制度的及时把握来对抗外部冲击，最大化利用政策助力提升经济稳定性。国家对贫困地区出台了一系列扶贫优惠政策，针对贷款、农村用地、财政补贴等方方面面都投入大量人力和物力，为其提供援助和助力。这些优惠政策的实施使得贫困群体可以结合自身和当地情况，在充分了解政策制度的前提下，因地制宜依托政府提倡并提供支持的战略性项目，从而实现减贫脱贫。

3.2.2.3 物流路径

考虑到农村的现实条件，农村电商最关键、最复杂的环节便是物流，物流是影响农村电商发展的要点。目前驱动电子商务迅速发展的因素有两个，一个是价格优势，另一个是便利度，也就是说可实现门到门的送货服务。价格优势主要来源于线下经营向线上经营的转变，使得门面店铺费用被取消，经营成本大幅下降，后者便利度的实现便是考量农村电商物流建设水平的因素。相对完善的物流体系是农村电商发展的基础保障，同时物流业的发展也必然带动以快递业为主的一系列就业市场的发展。在农村电商的交易活动中，绝大部分的商品都需要依赖物流配送，从而拉动了物流需求的增加。农村电商的发展需要物流，而物流的实现需要配送。

1. "农产品进城"方面。

农产品进城涉及物流的诸多环节，如仓储、运输、配送等。农产品物流具有以下特点：首先，生鲜类农产品由于含水量高，极易受损，保质期短，对生存环境要求严格；其次，为了维持生鲜农产品的口感和品质，通常要对蔬菜瓜果类的生鲜产品做冷藏保鲜处理，而畜禽肉类农产品为了保障其可食性和安全性则需要冷藏、冷冻等抑菌处理（卢迎春等，2015）。应建立科学系统的现代农业物流配送系统，提高农产品的安全性、到达的及时性以及达到客户满意水平。同时，高效的物流体系还能实现农产品价值最大化，从而提高农业生产整体效益，最大化实现现代农业的商品价值，最大程度节省农产品的物流及其他成本费用，保障贫困人群的收入水平。

农产品不仅仅只是由于其自身特点而存在问题，在流通领域，农产品还陷入产销困境。农产品流通环节多、渠道长、成本高，使得农产品价格上涨。在农产品优质高效生产和农产品多样化消费的推动下，农产品流通面积越来越大，流通的物理距离也越来越远。农产品从起点的产地物流到中间的中转物流，再到终端的销地物流。产销一体化物流模式目前是农产品流通的新类型，这种整合可以是农资通过承包契约与贫困农户结合，或投资建立农业生产基地，也可以是农产品加工企业建立自己的物流运输渠道和销售渠道，或与一些专业的营销公司联合，与农民组建合作社，共同投资农产品加工或销售（王静，2012）。通过对农产品物流市场的细分，使农产品物流主体的市场分工明确，相互配合，实现物流企业流通过程的产业化、集约化，打通物流产业链，便可降低流通环节成本，使流通渠道更为畅通。陇南市依托18个县乡电子商务服务中心，加快农民与服务商的合作，开展网上购物、供销、运输配送，减少中间环节，促进网上销售与传统销售双向联动发展。以顺通物流园区为基础，逐步建立城乡区域物流配送体系建设，提高货物中转配送速度，增设快递网点，建设快递物流区，发展农产品冷藏物流配送体系，提供农产品保鲜运输服务，更好地推进农产品"卖"的步伐，打通了农民发展渠道，促进了减贫致富的步伐（马合肥，2016）。陇南模式在提高物流配送效率和完善物流配送体系的基础上，扩大农产品交易规模，拓宽优质农产品的销售渠道，保障贫困地区优质农产品的销路畅通无阻。

在此方面，还有农村物流"最后一公里"的问题。由于物流"最后一公里"最大的特点是与末端顾客直接接触，这意味着决策者在提供末端配送服务时，要着重考虑顾客行为特征（张锦和陈义友，2015）。当消费者从网上订购农产品后，因运输距离远、中间环节多，消费者收到商品的时间大大延长，会给消费者留下不好的印象，并使消费者产生对农村电子商务活动不认同或厌恶的心理，这样下次就会避开农村网站了。而科学高效的物流体系会减少中间运输环节，缩短消费者的收货时间，提升顾客服务质量，实现老客户回购农产品，增加贫困人口收入。

2. 在"消费品下乡"方面。

由于大量电子商务物流企业开始瞄准农村市场，一方面贫困户通过互联网购买生产过程中所需的农产品、原材料等原材料。这种快捷便捷的物流，可以保证农业生产的顺利进行，节省生产准备时间，降低农业生产经营成本。另一方面，贫困户在购买生活必需品时，都是上网的，我们可以通过各种产品的选择获得比实体店更优惠的价格。我们在国内也可以很容易买到国货，提高了贫困农民的实际购买力，降低了贫困户的生活成本。

3. 在"促进农村社会发展"方面。

随着电子商务扶贫开发的推进，农村物流、网络、公路等配套设施将逐步完善，形成良性循环；村级以上电子商务物流站可为贫困户提供农村信息服务，开辟销售渠道，帮助贫困户开辟和拓展网上销售渠道，为贫困户提供网上购销服务，增加就业。它不仅解决了物流企业的招工、留人、维修等问题，而且为一些贫困户提供了一定数量的劳动力，使他们能够自食其力。同时，物流体系的完善使部分农产品的生产更加规范，满足物流专业化的需要，也可以提高产品附加值，促进农村经济的发展。

3.2.2.4 金融路径

金融发展促进了本地区经济发展，经济发展通过增收、节支和赋能的方式保证了农民通过电商表现出"先富带动后富"的涓滴效应，促进了农村地区的贫困缓减。

首先，金融路径调节增收对电商减贫效应之间关系的作用。一方面，金融机构向贫困地区居民提供存贷款、保险等服务，贫困户可利用获得的金融服务进行农业生产投资，进而向当地农村电商企业供应农产品，提高收入水平而摆脱贫困；金融机构对具有减贫性质的电商企业提供多元融资渠道，利用云计算和大数据技术对电商企业进行信用评估、贷款支付、风险控制等，扩大电商企业规模，促进优质电商企业健康发展，提高贫困户的预期收入，减少贫困。金融为农村电商企业提供资金来源，扩大企业规模，促进贫困人口就业，提高贫困户的收入水平，实现减少并最终消除贫困（杨云龙等，2016）。另一方面，由于高额的金融服务获得成本，贫困户的金融资产主要是银行存款，农业贷款也仅仅只能解决温饱问题，对电商发展并无益处，更多的是"输血式"减贫，不具有可持续性，贫困户的收入也无法增加，拉大贫困户和非贫困户的收入差距，在一定程度上抵消掉电商减贫效果。

其次，金融路径的调控节支对电商减贫效应之间关系的作用。一方面，金融机构通过与电子商务平台的合作，加大对贫困地区新增第三方支付业务的拓展力度，推出电子商务平台商品的分期消费贷款产品，依托ICT技术降低交易成本，如湖南省炎陵县"金融服务站+互联网+电商"减贫模式借助现代化支付结算工具，提供多样化支付服务，打破支付瓶颈，保证资金安全，支持黄桃产业发展，减少现金交易不便（王小洪等，2017）。另一方面，金融机构与电子商务企业合作建设贫困地区涉农金融电子商务数据库，对电子商务信息和金融信息进行数据处理，解决贫困户滞销农产品产销信息不对称的问题产品，降低了贫困户的产销决策成本。

最后，电子商务减贫效果之间的关系由金融路径进行调节。贫困户获得金融服务时可进行自我投资，即把资金用于网络基础教育、电商技能培训等用途，提高人力资本水平，有助于增加贫困户的发展能力，缓解能力贫困，对电商企业发展与减贫效果都有一定益处。村级金融扶贫服务站与电商扶贫服务站的有机结合，有效将贫困户、小商贩和批发商连接起来，为整合农村电商线上线下交易、支付和管理资源提供了资金扶持，构建集消费、销售、支付、缴费于一体的农村电商金融生态圈，实现可持续脱贫。

金融发展的初期，在金融支持体系和市场不完善，金融水平低、发展慢的条件下，部分贫困地区金融机构的态度消极，电商企业意识薄弱，资金和贷款盲目配置，这些都在一定程度上削弱了电子商务对扶贫的作用。首先，在金融市场不完善的情况下，贫困地区经济发展水平较低，多数金融机构对电子商务扶贫资金缺乏热情，电子商务扶贫资金来源单一。同时，自然风险、市场风险等不确定因素充斥农产品生产销售的各个环节，可能面临着巨大的资金缺口，这将在一定程度上制约着农村电子商务企业的发展，进而影响电子商务扶贫效果。同时，在贫困地区，由于金融准入成本高，贫困户可能无法获得金融服务，特别是在金融市场不完善的情况下。此时，资金没有进入电子商务企业等高效部门，这使得资金配置没有达到最优水平，导致贫困户收入减少。此外，考虑到贫困地区一些金融机构服务意识不强，贫困地区银行对电商企业的认知浅薄，地方银行对农村电子商务的市场容量、发展潜力和增长速度缺乏了解，看待农村电商仍然采用传统的金融思维，导致了农村电商的借贷和投资的困难度大大增加，很大程度上对农村电子商务的发展起到了阻碍作用，进而使得农村电商的扶贫效果受到影响。最后，贫困地区为完成政府的贷款任务，金融机构盲目支持，忽视了电子商务企业的资金支持和协调促进作用，而只注重弥补资金缺口，缺乏把握产品和产品的潜在发展能力。另外，地方银行贷款是贫困地区融资主要渠道。由于当地银行网点少，自主性差，信贷额度小，难以充分发挥金融对电子商务扶贫的支持作用。因此，在金融发展初期，当金融发展水平低而缓慢时，金融发展水平抑制了电子商务在扶贫中的积极作用。

社会金融体系相对发达、金融市场完善，那么农产品生产销售贷款对于贫困户来说可以相对轻松地获得，有利于贫困户为电商企业提供优质农产品，增加了贫困人口的收入，缩减了贫困差距，有机结合了"三农"目标的"资金流""物流""信息流"，实现了进一步的扶贫。根据巴纳吉等（Banerjee et al.，1993）的观点，在金融和信贷市场愈发完善的情况下，一些贫困户也可以在人力资本上进行投资，以提高收入水平，缩小总收入差距，缩小收入分配差距。金融机构与电子商务企业深度融合，对地方特色农产品的品牌标准、物流运输效率和电商运作水平的提高有显著的作用，也促进了贫困地区产业的结构升级，提高了农产品的专业化水平。与此同时，金融作为连接资本与产业的桥梁，贫困地区电子商务的供需缺口随着金融发展水平的提高而得到了满足，实现电子商务收入增长，从节约、支出、赋能三个方面提高扶贫效果。因此，当金融发展水平较高时，金融发展水平反过来又增强了电子商务在扶贫中的积极作用，实现金融路径发展促进经济提升与电商减贫。

3.2.3 政策路径

自进入新常态以来，作为推动农村经济进入高质量发展阶段的重要手段，电子商务政策也为经济发展注入了新的强大动力。但农村县域经济的发展仍然较为缓慢，产业结构单一、财政收支失衡、资金匮乏、基础设施不完、人才基础薄弱等问题仍然存在，尤其体现在贫困地区，县域经济亟须新动力、新突破，如图3-7所示。

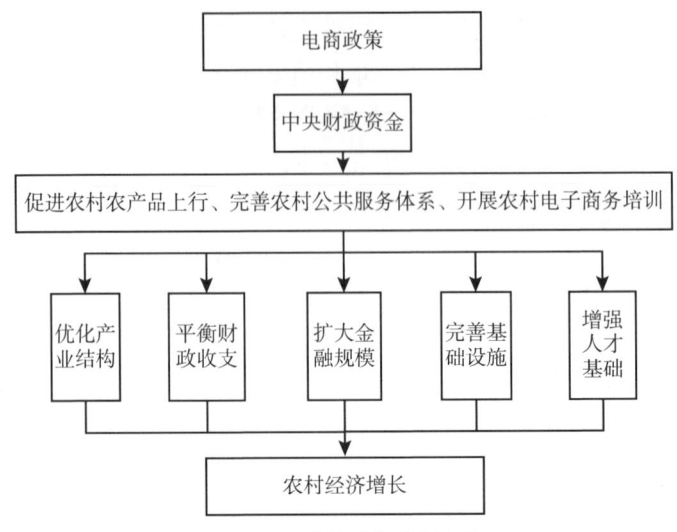

图3-7 政策路径分析框架

3.2.3.1 电商示范城市政策与电商综合示范县政策

为了促进农村电子商务和农村物流的发展，政府的政策支持和引导十分重要。提升城市竞争优势的新途径之一是创建国家级电子商务示范城市。电子商务在优化资源配置、优化产业结构、促进就业方面的作用需要得到充分的发挥。突破城市地理空间和资源的限制，需要利用电子商务的作用，以促进区域电商快速发展，进而使得城市的经济影响力和辐射力得以提高。

政府引导与支持是县域电商发展的关键性因素，因此，2014～2018年，财政部、商务部和国务院扶贫开发办实施电商综合示范工作，连续确立了五批电商综合示范县，旨在加大对示范县的扶持来引导农村综合示范县工作，发展农村电子商务，聚焦精准减贫，促进县域经济增长。电商综合示范县政策以资源禀赋和市场需求为立足点，以物流基础、网络平台、特色产业发展水平作为政策的考察指标，以一批电子商务进农村综合示范县作为示范，使农村电商的示范作用得以发挥，电子商务对农村经济的叠加作用得以释放，实现电子商务的可持续发展。

经原国务院扶贫办批准的电子商务扶贫的示范县即为电子商务综合示

范县。这意味着它们可以获得国家和省级政府的各项政策以及资金支持。农村产品升级将得到地方政府的重点推进，农村公共服务体系得以完善，农村电子商务的培训得到发展。首先，信息不对称可以通过电子商务综合示范县而减少，农产品产销对接得以实现，电子商务供应借助电商跨时代的特点得到发展。其次，公共服务体系、政策支持和资源倾斜，对公共服务中心、电子商务服务站和电子商务服务产业园的建立发挥了重要作用，专项资金被用来发展"淘宝村"，使其成为农村互联网"创业创新"、促进就业的重要载体。另外，发展电子商务培训中心，支持大学生自主返乡创业，让电子商务发挥示范作用，着力培育电子商务"新农人"，让电商经济快速发展也是当务之急。总而言之，县域电商发展在致力于农产品上行、完善公共服务设施体系以及建立电商综合示范县开展电商培训的措施下得到了极大的积极促进。

3.2.3.2 政策发展路径

通过发挥电商政策的带动作用，从优化产业结构、平衡财政收支、扩大金融规模、完善基础设施、增强人才基础五个层面，带动农村电商发展，进而促进经济增长。

（1）优化产业结构。囿于农村地区尤其是贫困地区县域经济仍然以农业经济为主，产业结构单一化，第二、第三产业发育不成熟趋势愈加凸显。诸多被评选为电商综合示范区的地方大都拥有一定生态资源或特色产业，电子商务与农村特色产品在电商政策的促进下加速融合，特别是在贫困县，农业增效得以提高，农民的收入得以提升。因此，农产品、农村工业品、乡村旅游和服务产品的电子商务在电商跨时空特征和典范效应中得以提升，也促进了高质量的产业结构发展，产业结构和消费结构得到升级，进而促进了县域经济增长。

（2）平衡财政收支。一方面，电子商务政策鼓励地方政府优先考虑奖励，而不是补贴、贷款和贴息。通过中央财政资金引导，鼓励社会资本参与农村电子商务。要通过财政补贴、财政投入、税收减免等方式，在示范县设立贫困村，为农村特别是贫困村提供差异化服务。另一方面，电子商务政策鼓励财政资金集中用于农产品网络销售和流通体系建设，吸引外资流入，平衡财政收支，促进县域经济增长。

（3）扩大金融规模。电子商务政策为农村特别是贫困县安排小额信贷等金融贷款服务。金融机构帮助企业搭建电子商务平台，农业金融机构支持电子商务贷款，完善农村支付体系，加大信贷支持力度，扶持农村电子商务企业，支持小额贷款，扩大金融规模，促进县域经济增长。

（4）完善基础设施。电子商务政策的目标是建立电子商务公共服务中心和电子商务网站，完善公共服务体系。它有助于突破农村双向物流流通体系，降低农产品流通成本，提高流通效率，进而促进县域经济的发展。

（5）增强人才基础。县域电商促进农村"双创"人才集聚，增强人才基础。人才是经济发展过程中不可或缺的因素之一，也是县域电商经济发展的重要推动力。电子商务政策将财政资金集中于电商人才培训。一方面，电子商务可以吸引大学生返乡创业，强化农村人才基础，提升劳动力质量。另一方面，鼓励农业企业等机构举办电商培训，孵化精通电子商务的"新农人"，利用电子商务渠道大力宣传成功人士，夯实人才基础，带动农村经济发展。

3.3 电商减贫关键因素

从上述可以发现农村电商以空间、经济、政策路径实现脱贫致富，为贫困地区进入乡村振兴指明了方向，下面我们从电商贫困识别、贫困群体减贫意愿以及农产品上行三个电商减贫关键因素深入分析，特别是针对电商减贫的核心环节——农产品电商上行，我们利用不完全契约理论进行数理分析，试图给出最优契约形式。

3.3.1 电商减贫博弈分析

3.3.1.1 电商贫困识别博弈分析

电子商务精准扶贫作为国家精准扶贫十大工程之一，其扶贫目标的实现首先需要解决农村电商精准扶贫对象识别的问题。由于农村电商精准扶贫对象不包括所有贫困对象，而是针对适合农村电商发展的地区，以及适合参与农村电商扶贫的贫困对象。如果对不适合农村电商发展的农村，这将会造成资源的浪费且不能完成脱贫攻坚目标，需转换扶贫方式。因此，在开展农村电商减贫开发的工作中，我们需首先精准识别出符合农村电商发展的地区和贫困对象。虽然扶贫办具有扶贫资源的拥有权和分配权，但是对于该贫困县或贫困村以及该贫困对象是否适合利用电子商务进行减贫致富，以及扶贫资源实际使用效果等信息都难以进行准确的获取和实时的核查。电商企业对于农产品和人才需求具有实际要求，并且贫困对象本身对自己是否适合利用电商进行农产品网络销售具有一定了解,所以在电商精准扶贫识别中务必增加电商企业和贫困对象。

贫困对象电商精准识别过程实际上涉及扶贫办、电商企业与贫困对象之间的三方。因此,我们先建立扶贫办与贫困对象间的演化博弈模型,研究二者之间的关系。

1. 模型假设。

(1) 博弈的参与者。假设电商精准扶贫中贫困对象识别博弈模型中仅有两个参与主体:扶贫办 (A)、贫困对象 (B)。由于两个主体之间对互相的行为策略不够了解,导致双方信息不对称,双方理论行为是有限的。

(2) 博弈的行为策略。对于精准扶贫,扶贫办的目的是完成上级政府工作目标,维护社会福利最大化,解决所属地区贫困人口全面脱贫问题。我们假设只考虑扶贫办对贫困对象进行电商减贫的减贫方式,其有两种策略行为选择:"尽职"和"渎职";贫困对象是指建档立卡的贫困户,但这些贫困对象是否适合通过电商进行帮扶尚不可知,作为有限理性人,其目的是实现个人利益最大化,其有两种策略行为选择:"诚实"和"不诚实"。

(3) 收益矩阵。图3-8显示了扶贫办-贫困对象的博弈收益矩阵。假定政府对扶贫办进行监督,假定贫困对象"诚实"的策略行为包括适合参与电商脱贫和不适合参与电商减贫,其概率分别为 α 和 $1-\alpha$。"不诚实"表明其不适合参与电商减贫,概率为 $1-\alpha$。

		扶贫办	
		尽职	渎职
贫困对象	诚实	$R_B + \alpha R_{B1}$, $R_A + R_G - C_A$	$R_B + \alpha \gamma_1 R_{B1} - \gamma_1 C$, $R_A + \gamma_1 C - F_A$
	不诚实	$R_B - F_B$, $R_A + R_G + F_B - C_A$	$(1-\alpha)\gamma_2 R_{B1} - \gamma_2 C$, $R_A + \gamma_2 C - F_A$

图3-8 扶贫办-贫困对象的博弈收益矩阵

假定扶贫办渎职下放扶贫指标概率为 γ,其中对诚实贫困对象下放的概率为 γ_1,对不诚实贫困对象下放的概率为 γ_2。诚实贫困对象寻租成本为 $\gamma_1 C$,不诚实贫困对象寻租成本为 $\gamma_2 C$。

扶贫办的社会收益为 R_A,若扶贫办选择尽职,则需支出金额为 C_A 的额外监管成本,并会获得金额为 R_G 的政府财政支持 ($R_G > C_A$)。若扶贫办渎职，将会受到上级政府处罚 F_A。贫困对象的收益为 R_B，当其采取"诚实"行为策略时，将会获得 αR_{B1}（扶贫办尽职时）或 $\alpha\gamma_1 R_{B1}$ 的扶贫资源（扶贫办渎职时）。贫困对象采取"不诚实"行为策略时，将会获得 $(1-\alpha)\gamma_2 R_{B1}$ 的扶贫资源（扶贫办渎职时），但若扶贫办尽职，将会发现贫困对象不诚实的行为，并取消对其扶持并进行处罚 F_B。

2. 模型建立与分析。

在群体 A 中，选择采取"尽职"策略的扶贫办比例为 x，则选择"渎职"策略的比例为 $1-x$；在群体 B 中，选择"诚实"策略的贫困对象比例为 y，则选择"不诚实"策略的比例为 $1-y$。

（1）扶贫办主体。扶贫办选择"尽职"策略时的期望收益为：

$$E_{A1} = y(R_A + R_G - C_A) + (1-y)(R_A + R_G + F_B - C_A)$$

扶贫办选择"渎职"策略时的期望收益为：

$$E_{A2} = y(R_A + \gamma_1 C - F_A) + (1-y)(R_A + \gamma_2 C - F_{A1})$$

扶贫办的平均收益为：

$$E_A = xE_{A1} + (1-x)E_{A2}$$

由此构建扶贫办选择"尽职"这一策略的复制者动态方程 $F_A(x)$；为了方便后续讨论和分析，设 $G_A(y)$ 为群体中策略比例 y 的函数，此时扶贫办的复制者动态方程为：

$$F_A(x) = \frac{dx}{dt} = x(E_{A1} - E_A) = x(1-x)(E_{A1} - E_{A2}) = x(1-x)G_A(y)$$

$$G_A(y) = R_G + F_B + F_{A1} - C_A - r_2 C - y(F_B + F_{A1} - F_A - r_2 C + r_1 C)$$

(3 - 1)

①若 $y = \dfrac{R_G + F_B + F_{A1} - C_A - r_2 C}{F_B + F_{A1} - F_A - r_2 C + r_1 C}$，则 $F_A(x) = 0$，这意味着所有水平均为维稳状态，即此时策略选择占比无法随时间推移而改变。由于经济学意义中存在这样的关系，即 $F_B + F_{A1} - F_A - r_2 C + r_1 C > 0$，那么等式右边的式子只有 $F_B + F_{A1} - F_A - r_2 C + r_1 C \geq 0$ 时才成立。

②若 $y \neq \dfrac{R_G + F_B + F_{A1} - C_A - r_2 C}{F_B + F_{A1} - F_A - r_2 C + r_1 C}$，令 $F_A(x) = 0$，可得 $x_1 = 0$，$x_2 = 1$ 是两个稳定点。

对 $F_A(x)$ 求导得：

$$F_A'(x) = (1-2x)[R_G + F_B + F_{A1} - C_A - r_2 C - y(F_B + F_{A1} - F_A - r_2 C + r_1 C)]$$

a. 当 $y > \dfrac{R_G + F_B + F_{A1} - C_A - r_2 C}{F_B + F_{A1} - F_A - r_2 C + r_1 C}$ 时，$F_A'(x)\big|_{x=0} > 0$，$F_A'(x)\big|_{x=0} < 0$，

则 $x=1$ 是稳定点。

b. 当 $y < \dfrac{R_G + F_B + F_{A1} - C_A - r_2 C}{F_B + F_{A1} - F_A - r_2 C + r_1 C}$ 时，$F'_A(x)|_{x=0} < 0$，$F'_A(x)|_{x=0} > 0$，则 $x=0$ 是稳定点。

该情况说明扶贫办决策的演化博弈状态与贫困对象决策相关。同时，我们可以看到 $\dfrac{R_G + F_B + F_{A1} - C_A - r_2 C}{F_B + F_{A1} - F_A - r_2 C + r_1 C}$ 越小（即 R_G 越小，C_A 越大，F_A 越小，$r_1 C$ 越大），扶贫办决策越趋向于尽职。

扶贫办尽职所获得的政府财政支持越大，政府对扶贫办渎职行为的惩罚越大，扶贫办尽职所付出的额外监管成本越小，以及寻租成本越高，扶贫办越趋向于尽职。

（2）贫困对象主体。贫困对象选择"诚实"时的期望收益为：

$$E_{B1} = x(R_B + \alpha R_{B1}) + (1-x)(R_B + \alpha \gamma_1 R_{B1})$$

贫困对象选择"不诚实"时的期望收益为：

$$E_{B2} = x(R_B - F_B) + (1-x)[(1-\alpha)\gamma_2 R_{B1} - \gamma_2 C]$$

贫困对象集体的平均期望收益为：

$$E_B = y E_{B1} + (1-y) E_{B2}$$

由此构建贫困对象选择诚实这一策略的复制者动态方程 $F_B(y)$；便于后续讨论和分析，设 $G_B(x)$ 为群体中策略比例 x 的函数，此时贫困对象的复制者动态方程为：

$$F_B(y) = \frac{dy}{dt} = y(E_{B1} - E_B) = y(1-y)(E_{B1} - E_{B2}) = y(1-y)G_B(x)$$

$$G_B(x) = [(1-\gamma_1)x\alpha - (x\alpha - x - \alpha + 1)\gamma_2] R_{B1} + x F_B + (1-x)(R_B + \gamma_2 C)$$

$$(3-2)$$

①若 $x = \dfrac{\gamma_2 R_{B1} - R_B - \alpha\gamma_1 R_{B1} - \alpha\gamma_2 R_{B1} - \gamma_2 C}{(\alpha + \gamma_2 - \alpha\gamma_1 - \alpha\gamma_2)R_{B1} + F_B - \gamma_2 C}$，则 $F_B(y) = 0$，这意味着所有水平均为维稳状态，即此时策略选择占比无法随时间的推移而改变。

②若 $x \neq \dfrac{\gamma_2 R_{B1} - R_B - \alpha\gamma_1 R_{B1} - \alpha\gamma_2 R_{B1} - \gamma_2 C}{(\alpha + \gamma_2 - \alpha\gamma_1 - \alpha\gamma_2)R_{B1} + F_B - \gamma_2 C}$，令 $F_B(y) = 0$，可得 $y_1 = 0$，$y_2 = 1$ 是两个稳定点。

对 $F_B(y)$ 求导得：

$$F'_B(y) = (1-2y)\{[(1-\gamma_1)x\alpha - (x\alpha - x - \alpha + 1)\gamma_2]R_{B1} + x F_B + (1-x)(R_B + \gamma_2 C)\}$$

a. 当 $x > \dfrac{\gamma_2 R_{B1} - R_B - \alpha\gamma_1 R_{B1} - \alpha\gamma_2 R_{B1} - \gamma_2 C}{(\alpha + \gamma_2 - \alpha\gamma_1 - \alpha\gamma_2)R_{B1} + F_B - \gamma_2 C}$ 时，$F'_B(y)|_{x=0} > 0$，

$F'_B(y)|_{x=1} < 0$，则 $y=1$ 是稳定点。

b. 当 $x < \dfrac{\gamma_2 R_{B1} - R_B - \alpha\gamma_1 R_{B1} - \alpha\gamma_2 R_{B1} - \gamma_2 C}{(\alpha + \gamma_2 - \alpha\gamma_1 - \alpha\gamma_2) R_{B1} + F_B - \gamma_2 C}$ 时，$F'_B(y)|_{y=0} < 0$，$F'_B(y)|_{y=1} > 0$，则 $y=0$ 是稳定点。

该情况说明贫困对象决策的演化博弈状态与扶贫办的决策相关。同时我们可以看出 $\dfrac{\gamma_2 R_{B1} - R_B - \alpha\gamma_1 R_{B1} - \alpha\gamma_2 R_{B1} - \gamma_2 C}{(\alpha + \gamma_2 - \alpha\gamma_1 - \alpha\gamma_2) R_{B1} + F_B - \gamma_2 C}$ 越小（即 R_{B1} 越大，F_B 越大，寻租成本越小），贫困对象更倾向选择"诚实"策略行为。

3.3.1.2 贫困主体减贫意愿博弈分析

我们通过演化博弈分析了电商精准扶贫识别中相关利益主体的演化博弈分析以及农产品上行质量问题的演化博弈分析。但在电商减贫过程中，帮扶主体的减贫意愿如何、贫困对象减贫意愿如何，将直接关乎精准扶贫工作的结果，电商企业作为以盈利为目的的公司，但为体现企业社会责任感，会选择参与到农村精准扶贫中来。

扶贫与减贫意愿问题，主要涉及电商企业以及贫困对象。因此，这里建立了电商企业－贫困对象的演化博弈模型，研究二者之间的关系。

1. 模型假设。

（1）博弈的参与者。假定扶贫与减贫意愿博弈的双方参与人分别为：电商企业（A）和贫困对象（B）。由于电商企业和贫困对象双方信息不对称，因此两者理性行为是有限的。

（2）博弈的行为策略。电商企业的策略空间是"真实扶贫"和"虚假扶贫"；贫困对象的策略空间是"积极减贫"和"消极减贫"。

（3）收益矩阵。假设电商企业收益为 R_A，电商企业选择"真实扶贫"策略时扶贫成本为 C_A，选择"虚假扶贫"策略时扶贫成本为 αC_A（$0 < \alpha < 1$）。政府履行其行政职能，对真实扶贫企业给予 R_{A1} 奖励，对虚假扶贫企业处以 F_A 的惩罚。贫困对象基本收入为 R_B，电商企业给予贫困对象 R_E 资金及技术支持。电商企业－贫困对象的博弈收益矩阵如图 3-9 所示。

当贫困对象采取"积极减贫"策略时，需支付体力和生产成本合为 C_B；当贫困对象采取"消极减贫"策略时，需支付成本为 βC_B（$0 < \beta < 1$），有 λ 概率获得电商企业奖励 λR_E，也有 $1-\lambda$ 概率被处罚 $(1-\lambda)F_B$；电商企业采取"虚假扶贫"策略（同时，贫困对象采取"消极减贫"策略），导致无法完成减贫致富的结果，最终电商企业声誉将会承受 C_S 损失。

		电商企业	
		真实扶贫	虚假扶贫
贫困对象	积极减贫	$R_B + R_E - C_B,$ $R_A + R_{A1} - C_A - R_E$	$R_B - C_B,$ $R_A - F_A - \alpha C_A$
	消极减贫	$R_B + \lambda R_E - (1-\lambda)F_B - \beta C_B,$ $R_A + R_{A1} + (1-\lambda)F_B - C_A - \lambda R_E$	$R_B - \beta C_B,$ $R_A - F_A - C_S - \alpha C_A$

图 3-9 电商企业-贫困对象的博弈收益矩阵

2. 电商企业-贫困对象之间演化博弈模型建立及分析。

在群体 A 中，选择"真实扶贫"策略的电商企业比例为 x，则选择"虚假扶贫"策略的比例为 $1-x$；在群体 B 中，选择"积极减贫"策略的贫困对象比例为 y，则选择消极减贫策略的比例为 $1-y$。

（1）电商企业主体。电商企业选择真实扶贫期望收益为：

$$E_{A1} = y(R_A + R_{A1} - C_A - R_E) + (1-y)[R_A + R_{A1} + (1-\lambda)F_B - C_A - \lambda R_E]$$

电商企业选择虚假扶贫期望收益为：

$$E_{A2} = y(R_A - F_A - \alpha C_A) + (1-y)(R_A - F_A - \alpha C_A - C_S)$$

电商企业的平均收益为：

$$E_A = xE_{A1} + (1-x)E_{A2} \quad (3-3)$$

由此构建电商企业选择"真实扶贫"这一策略的复制者动态方程 $F_A(x)$；为了方便后续讨论和分析，设 $G_A(y)$ 为群体中策略比例为 y 的函数，此时电商企业的复制者动态方程为：

$$F_A(x) = \frac{dx}{dt} = x(E_{A1} - E_A) = x(1-x)(E_{A1} - E_{A2}) = x(1-x)G_A(y)$$

$$G_A(y) = \lambda R_E y + \lambda F_B y + \alpha C_A + C_S + F_A + F_B - \lambda F_B - F_B y - C_A - \lambda R_E - yC_S$$

①若 $y = \dfrac{\lambda R_E + C_A + \lambda F_B - F_A - F_B - C_S - \alpha C_A}{\lambda R_E + \lambda F_B - F_B - C_S}$，则 $F_A(x) = 0$，这意味着所有水平都是稳定状态，即此时策略选择比例不会随着时间的推移而变化。但由于经济学意义中存在这样的关系，即 $\lambda R_E + \lambda F_B - F_B - C_S > 0$，那么等式右边的式子只有 $\lambda R_E + \lambda F_B - F_B - C_S \geq 0$ 时才成立。

②若 $y \neq \dfrac{\lambda R_E + C_A + \lambda F_B - F_A - F_B - C_S - \alpha C_A}{\lambda R_E + \lambda F_B - F_B - C_S}$，令 $F_A(x) = 0$，可得 $x_1 = 0$，$x_2 = 1$ 是两个稳定点。

对 $F_A(x)$ 求导得：

$$F_A'(x) = (1-2x)(\lambda R_E y + \lambda F_B y + \alpha C_A + C_S + F_A + F_B - \lambda F_B - F_B y - C_A - \lambda R_E - y C_S)$$

a. 当 $y > \dfrac{\lambda R_E + C_A + \lambda F_B - F_A - F_B - C_S - \alpha C_A}{\lambda R_E + \lambda F_B - F_B - C_S}$ 时，$F_A'(x)|_{x=0} > 0$，$F_A'(x)|_{x=1} < 0$，则 $x = 1$ 是稳定点。

b. 当 $y < \dfrac{\lambda R_E + C_A + \lambda F_B - F_A - F_B - C_S - \alpha C_A}{\lambda R_E + \lambda F_B - F_B - C_S}$ 时，$F_A'(x)|_{x=0} < 0$，$F_A'(x)|_{x=1} > 0$，则 $x = 0$ 是稳定点。

这种情况说明电商企业决策的演化稳定状态与贫困对象的决策密切相关，同时可以看到 $\dfrac{\lambda R_E + C_A + \lambda F_B - F_A - F_B - C_S - \alpha C_A}{\lambda R_E + \lambda F_B - F_B - C_S}$ 越小时（即 F_A，F_B，C_S，αC_A 越小时），电商企业越倾向于真实减贫。

（2）贫困对象主体。贫困对象选择"积极减贫"策略时的期望收益为：

$$E_{B1} = x(R_B + R_E - C_B) + (1-x)(R_B - C_B)$$

贫困对象选择"消极减贫"策略时的期望收益为：

$$R_{B2} = x[R_B + \lambda R_E - (1-\lambda)F_B - \beta C_B] + (1-x)(R_B - \beta C_B)$$

贫困对象群体的平均期望为：

$$E_B = y E_{B1} + (1-y) E_{B2} \quad (3-4)$$

由此构建贫困对象选择"积极减贫"这一策略的复制者动态方程 $F_B(y)$；便于后续讨论分析，设 $G_B(x)$ 为群体中策略比例 x 的函数，此时贫困对象的复制者动态方程为：

$$F_B(y) = \frac{dy}{dt} = y(E_{B1} - E_B) = y(1-y)(E_{B1} - E_{B2}) = y(1-y)G_B(x)$$

$$G_B(x) = (R_E + F_B - \lambda R_E)x + \beta C_B - C_B - \lambda F_B \quad (3-5)$$

①若 $x = \dfrac{C_B + \lambda F_B - \beta C_B}{R_E + F_B - \lambda R_E}$，则 $F_B(y) = 0$，这意味着所有水平都是稳定状态，即此时策略选择比例不会随时间的推移而变化。

②若 $x \ne \dfrac{C_B + \lambda F_B - \beta C_B}{R_E + F_B - \lambda R_E}$，令 $F_B(y) = 0$，可得 $y_1 = 0$，$y_2 = 1$ 是两个稳定点。

对 $F_B(y)$ 求导得：

$$F_B'(y) = (1-2y)[(R_E + F_B - \lambda R_E)x + \beta C_B - C_B - \lambda F_B]$$

a. 当 $x > \dfrac{C_B + \lambda F_B - \beta C_B}{R_E + F_B - \lambda R_E}$ 时，$F_B'(y)|_{y=0} > 0$，$F_B'(y)|_{y=1} < 0$，则 $y = 1$ 是稳定点。

b. 当 $x < \dfrac{C_B + \lambda F_B - \beta C_B}{R_E + F_B - \lambda R_E}$ 时，$F'_B(y)|_{y=0} < 0$，$F'_B(y)|_{y=1} > 0$，则 $y = 0$ 是稳定点。

这说明贫困对象的演化策略与电商企业决策密切相关，可以看到 $\dfrac{C_B + \lambda F_B - \beta C_B}{R_E + F_B - \lambda R_E}$ 越小（即 R_E 越大，λ 越小，β 越大时），贫困对象越倾向于选择积极减贫。

3.3.1.3 电商上行博弈分析

在农村电商减贫过程中，最为本质性的问题是农产品通过电商上行的问题，只有解决这个问题才能真正实现农村居民的增收，解决农村贫困问题。为了分析农产品上行问题，我们需要解决农产品质量问题，因为安全问题需要摆在第一位。农产品上行质量问题，实际上主要涉及政府、电商平台和贫困对象，因此，这里建立了电商平台-贫困对象的演化博弈模型，研究二者之间的关系。

1. 模型假设。

（1）博弈的参与者。假定农产品上行质量问题博弈的双方参与人分别为：电商平台（A）和贫困对象（B）。由于电商平台和贫困对象双方信息不对称，因此两者理性行为是有限的。

（2）博弈的行为策略。电商平台的策略空间是"高质量标准"和"低质量标准"；贫困对象的策略空间是"高生产质量"和"低生产质量"。

（3）收益矩阵。演化博弈双方的策略选择和动态调整遵循有限理性规则。电商平台收益为 R_A，在低质量标准下进行采购将会节省大量成本，获得额外利润 R_{A1}。若电商平台选择高质量标准进行采购，需支付 C_A 的质量安全投资。但电商平台选择低质量标准，在售后出现农产品安全问题，则需要支付 C_{A1} 的补救成本。假设政府只监管电商平台，政府监管的概率为 α，则政府不监管的概率为 $1-\alpha$。若电商平台选择高质量标准进行采购，将获得 αR_G 的资金补贴，但电商平台存在低质量标准进行采购，则对电商平台处以 αF_G 的罚款。贫困对象的收益为 R_B，若选择高生产质量需支付较高成本 C_B，而选择低生产质量成本降低为 C_{B1}。贫困对象选择高生产质量，将会获得 βR_A 的额外奖励；贫困对象选择低生产质量，电商企业将不会收购其农产品（在电商平台选择高质量标准时）。电商平台-贫困对象的博弈收益矩阵如图3-10所示。

		贫困对象	
		高生产质量	低生产质量
电商平台	高质量标准	$R_A + \alpha R_G - C_A - \beta R_A,$ $R_B + \beta R_A - C_B$	$R_A + \alpha R_G - C_A,$ $- C_{B1}$
	低质量标准	$R_A + R_{A1} - \alpha F_G,$ $R_B - C_B$	$R_A + R_{A1} - \alpha F_G - C_{A1},$ $R_B - C_{B1}$

图 3-10 电商平台-贫困对象的博弈收益矩阵

2. 模型建立与分析。

在群体 A 中，选择高质量标准比例为 x，则选择低质量标准比例为 $1-x$；在群体 B 中，选择高生产质量比例为 y，则选择低生产质量比例为 $1-y$。

（1）电商平台主体。电商平台选择高质量标准期望收益为：

$$E_{A1} = y(R_A + \alpha R_G - C_A - \beta R_A) + (1-y)(R_A + \alpha R_G - C_A)$$

电商平台选择低质量标准期望收益为：

$$E_{A2} = y(R_A + R_{A1} - \alpha F_G) + (1-y)(R_A + R_{A1} - \alpha F_G - C_{A1}) \quad (3-6)$$

电商平台的平均收益为：

$$E_A = xE_{A1} + (1-x)E_{A2} \quad (3-7)$$

由此构建电商平台选择高质量标准这一策略的复制者动态方程 $F_A(x)$；为了方便后续讨论和分析，设 $G_A(y)$ 为群体中策略比例为 y 的函数，此时电商平台的复制者动态方程为：

$$F_A(x) = \frac{dx}{dt} = x(E_{A1} - E_A) = x(1-x)(E_{A1} - E_{A2}) = x(1-x)G_A(y)$$

$$G_A(y) = \alpha R_G + \alpha F_G + C_{A1} - \beta R_A y - C_A - R_{A1} - C_{A1} y \quad (3-8)$$

①若 $y = \dfrac{\alpha R_G + \alpha F_G + C_{A1} - C_A - R_{A1}}{\beta R_A + C_{A1}}$，则 $F_A(x) = 0$，这意味着所有水平均为维稳状态，即此时策略选择占比无法随时间推移而改变。但由于经济学意义中存在这样的关系，即 $\beta R_A + C_{A1} > 0$，那么等式右边的式子只有 $\beta R_A + C_{A1} \geq 0$ 时才成立。

②若 $y \neq \dfrac{\alpha R_G + \alpha F_G + C_{A1} - C_A - R_{A1}}{\beta R_A + C_{A1}}$，令 $F_A(x) = 0$，可得 $x_1 = 0$，$x_2 = 1$ 是两个稳定点。

对 $F_A(x)$ 求导得：

$$F_A'(x) = (1-2x)(\alpha R_G + \alpha F_G + C_{A1} - \beta R_A y - C_A - R_{A1} - C_{A1} y)$$

a. 当 $y < \dfrac{\alpha R_G + \alpha F_G + C_{A1} - C_A - R_{A1}}{\beta R_A + C_{A1}}$ 时，$F'_A(x)|_{x=0} > 0$，$F'_A(x)|_{x=1} < 0$，则 $x = 1$ 是稳定点。

b. 当 $y > \dfrac{\alpha R_G + \alpha F_G + C_{A1} - C_A - R_{A1}}{\beta R_A + C_{A1}}$ 时，$F'_A(x)|_{x=0} < 0$，$F'_A(x)|_{x=1} > 0$，则 $x = 0$ 是稳定点。

这种情况说明电商平台决策的演化稳定状态与贫困对象的决策密切相关。可以看出 $\dfrac{\alpha R_G + \alpha F_G + C_{A1} - C_A - R_{A1}}{\beta R_A + C_{A1}}$ 越大（即 αR_G 越大，αF_G 越大，βR_A 越小，α 越大，β 越小），电商平台越趋向于高质量标准进行采购。

（2）贫困对象主体。贫困对象选择高生产质量期望收益为：

$$E_{B1} = x(R_B + \beta R_A - C_B) + (1 - x)(R_B - C_B) \quad (3-9)$$

贫困对象选择低生产质量期望收益为：

$$R_{B2} = x(-C_{B1}) + (1 - x)(R_B - C_{B1}) \quad (3-10)$$

贫困对象群体的平均期望收益为：

$$E_B = y E_{B1} + (1 - y) E_{B2} \quad (3-11)$$

由此构建贫困对象选择高生产质量这一策略的复制者动态方程 $F_B(y)$；便于后续讨论分析，设 $G_B(x)$ 为群体中策略比例 x 的函数，此时贫困对象的复制者动态方程为：

$$F_B(y) = \dfrac{dy}{dt} = y(E_{B1} - E_B) = y(1-y)(E_{B1} - E_{B2}) = y(1-y) G_B(x)$$

$$G_B(x) = x R_B + x\beta R_A - C_B + C_{B1} \quad (3-12)$$

①若 $x = \dfrac{C_B - C_{B1}}{R_B + \beta R_A}$，则 $F_B(y) = 0$，这意味着所有水平都是稳定状态，即此时策略选择比例不会随时间的推移而变化。

②若 $x \neq \dfrac{C_B - C_{B1}}{R_B + \beta R_A}$，令 $F_B(y) = 0$，可得 $y_1 = 0$，$y_2 = 1$ 是两个稳定点。

对 $F_B(y)$ 求导得：

$$F'_B(y) = (1 - 2y)(x R_B + x\beta R_A - C_B + C_{B1})$$

a. 当 $x > \dfrac{C_B - C_{B1}}{R_B + \beta R_A}$ 时，$F'_B(y)|_{y=0} > 0$，$F'_B(y)|_{y=1} < 0$，则 $y = 1$ 是稳定点。

b. 当 $x < \dfrac{C_B - C_{B1}}{R_B + \beta R_A}$ 时，$F'_B(y)|_{y=0} < 0$，$F'_B(y)|_{y=1} > 0$，则 $y = 0$ 是稳定点。

这说明贫困对象的演化策略与电商平台决策密切相关,可以看到 $\frac{C_B - C_{B1}}{R_B + \beta R_A}$ 越小（即 βR_A 越大,β 越大）,贫困对象越倾向于选择高生产质量。

3.3.2 电商减贫最优契约

《乡村振兴战略规划（2018—2022 年）》明确指出,农业是国民经济的基础。现代农业生产体系和管理体制的建设,有利于促进农业从增产向质量的转变,为现代经济体系的建设奠定坚实的基础。《电子商务"十三五"发展规划》中,针对农村电商发展提出"打通双向流通渠道,促进农林产品、农林地区加工品进城,方便农资和消费品下乡"的方针,即解决"农产品上行"和"工业品下行"问题。近年来网络在农村的普及和电商巨头抢占农村市场等一系列行动,工业品下降趋势发展迅速,但农产品上涨趋势受农村发展条件制约,一直没有突破。农产品上行渠道中,最常见的契约农业——"订单农业"模式 2018 年首次写入中央一号文件。契约类型作为以销定产的重要手段,使得交易的成本减少,区域产业结构的调整得到引导,农产品的产销对称性提高,农业经济发展速度和效率大大提升。可对于实际操作,高违规率伴随着契约的不稳定性和市场风险而出现,农户和采购企业进一步受到了损害。因此,研究农产品上行电商契约中最优生产效率的实现条件,对解决电商减贫问题具有关键性的现实意义。

中国现有的农产品上行电商模式可归纳为四类:第一类是"农户＋社交自媒体",农民以社交关系为依托,借助网络媒体如微信、微博、抖音等社交媒体工具,展示图片、视频或者直播,吸引粉丝进行互动,利用基于粉丝群体的连带关注和社区效应,实现了社交到交易的转变。社交媒体平台的大量用户使农产品信息得以大大曝光。第二类则是"农民＋自建网站＋买家"。一些具有一定文化素养,并且掌握电子商务操作以及现代农业生产技能,具有一定管理能力的人,在政策支持下,逐步转变观念,建立起合作社或家庭农场,建立网站,依托电商渠道进行大市场营销,农户可以在自建网站上搜寻采购商并签订交易契约。第三类是"农户＋电商企业",这种模式是现在比较常见的农产品上行模式,如阿里巴巴、京东等电商企业都在农村地区设立服务站点,但农产品电商由于高成本、低效率等原因发展缓慢。在此模式中,农户与电商企业达成合作,农户负责生产出高质量和标准化农产品,电商企业依托巨大的平台优势和专业化服务统一运营,极大解放了农户作为生产者的积极性。第四类则是"农户＋政府委托采购商",为保证农民的利益权利,政府搭建起农产品交易平台。只要农民能够生产出优质的农产品,政府就帮助其在市场上寻找买家,并为收购方提供政府补贴等一系列优惠政策,并和农民签订长期契约以保护农产品,开拓农产品的推广渠道。这四种模式极大满足了市场买卖的需求。在农产品电子商务契约中并不考虑物流成本的支出,因为往往大多数物流都是由第三方物流企业承包。

对于农业契约的研究,学者们从多个角度进行了分析。关于农业契约对农户产生的影响,主要有三种观点:其一是认为农业契约对农户有积极的影响。契约农业提高了农民的土地生产效率、技术效率和总产出,推动小农生产向现代化农业加快转变,相应地,农民福利、生产效率和供应链效率也明显提高,甚至有助于缓解农户风险厌恶程度对技术采纳行为的抑制作用。侯晶等(2018)利用江苏省的实验数据,检验了订单农业对低收入农户收入的影响。其二是支持契约农业有两面性。斯温认为,契约农业的积极性是提高生产率和农民收入以及就业,但消极面是它也是资本主义积累剥削的方式。政府干预有两方面:一方面,一些未指明的情况会在契约不完整情况下出现,会诱发贸易条件的谈判和经济扭曲,在这方面政府干预是正当的;另一方面,一些当事人不可避免地会在完全契约的次优选择无法出现时留下自由裁量权。缔约方最好增加正式契约的不完全来平衡自由裁量权和限制机会主义。其实在某些方面,简单契约不完整实际上是最好的。另外,当契约各主体之间进行重复博弈时,他们将形成长期关系,非正式激励随之产生。这种激励在管理绩效方面往往比正式激励更为有效,进而影响当事人的自由裁量权。此时,政府如果进行干预会带来负面效应。其三是支持契约农业对农户有条件性作用力。契约的积极影响只有当市场价格下降时才显著。市场价格波动大尤其是上升时,契约的收益效应相反,减弱甚至产生负面影响。此时,退耕还林是增加农民收入的最好选择。

农业契约效率问题上,已有研究主要从多种模式下契约效率的比较及影响因素等方面展开分析。大多学者认为,现实中传统的流通模式仍是主流,但农民偏向于选择契约模式和合作模式。农业产业化背景下,三方书面契约可能是未来发展方向。但是受契约不完全性和市场风险等因素的影响,农业契约在实践过程中,经常面临契约履约率低、合作关系不稳定等问题,严重阻碍了农业产业化的规模化经营和发展。

聂辉华(2013)比较了单周期和双周期下农业产业化模式与其周边模

式的生产效率，该学者认为这些模式都无法实现效率最优；如果贴现率足够低，则"龙头企业+农户"模式可以在多期条件下得到最优效率。涂国平和冷碧滨（2010）从市场风险角度构建了契约稳定性模型，得出结论：契约的稳定和发展得益于利益分配机制、交易成本的降低、强化约束机制和建立声誉机制。契约双方的内心预期等对利益分配有重要影响。社会竞争与平台使用成本支出对契约的选择也会产生重要影响，此外，契约的可实现程度、政策约束也是影响契约稳定程度的主要因素。

以上分析为电子商务渠道下农产品上行契约的复杂性和多样性的进一步认识和研究奠定了基础。然而，从农业契约的角度可知，农产品供应链中交易主体的契约性质不同，抗风险能力、转换信息能力也有差异，而这种差异必然导致各种电子商务契约的本质差异。因此，继续分析不同农产品上行电子商务模式，探讨多类型农产品上行电子商务模式的优缺点和适用范围尤为重要。由于农业特殊性，农业契约具有其自身的不完全性。在农副产品上行的电子商务模式中，"农民+社交媒体"模式属于农民与网络平台市场消费者或采购商之间的一次性契约，也就是市场外包契约；"农户+自建网站+采购商""农民+电子商务企业""农民+政府网站+政府委托采购商"均是农民与企业签订的建立合作关系的长期契约，价格谈判的结果是长期反复博弈的结果，即关系外包契约。这三种模型虽然都是关系型契约，但它们的交易主体特征、违约诱惑和契约稳定性程度均不同，生产效率也不同。为了简化分析过程，我们区分了三种不同的关系契约，即关系契约Ⅰ、关系契约Ⅱ和关系契约Ⅲ。

3.3.2.1 农产品上行电商契约的效率比较

1. 模型设定。

借鉴哈特（Hart，1995）和聂辉华（2013）的关系契约模型，同时结合关系契约理论框架，按照农产品上行渠道中农民同消费者、电子商务企业、采销商以及政府委托的采购商之间的交易方式分成两种农业契约类型：第一，如果农户在社交自媒体自产自销，用自己的资产进入网络平台市场与消费者或采购商签订一次性契约，直接交易，即市场外包契约。第二，如果农户用自己的资产与电商企业、采购商、政府委托采购商签订长期契约，即关系外包契约。在市场外包契约下，平台市场中农户与消费者或采购商之间的定价博弈是一次性的，农户具有绝对的自主权；在关系外包契约下，农户与采购商或电子商务企业之间的定价博弈是长期重复的，博弈的结果关系到剩余产权的分配和双方的议价能力。基于农户在定价博弈中的差异定价权，可以比较不同定价权下的市场外包契约和关系外包契约的效率；同时，基于农户在三种不同的关系外包契约模式下讨价还价能力的差异，可以比较三种模式下关系契约的效率。

假设市场上一个代表性农户（F）、一个代表性采购商（B）、一个代表性电子商务企业（E）和一个代表性的政府委托的采购商（G），它们都是风险中性的①。农户与采购商、电子商务企业和政府委托采购商签订契约，假设农户利用自己的资产②生产农产品③，收购人或者政府委托收购人通过农民自建的网站或者政府设立的网站买卖农产品。电子商务企业通过平台对农产品进行采购、包装和销售。农民签订长期契约后，将农产品出售给关系中的契约当事人，或关系外的其他消费者或购买者。假定农户的努力程度 $a=(a_1, a_2)$，农户在关系内生产高质量农产品 Q_H（低质量农产品 Q_L）的概率是 a_1（$1-a_1$），农户在关系外生产高质量农产品 P_H（低质量农产品 P_L）的概率是 a_2（$1-a_2$）。给定 a，随机变量 Q_i、P_j（其中 $i, j = H, L$）相互独立。令 $\Delta Q = Q_H - Q_L$，$\Delta P = P_H - P_L$。假定 $Q_i > P_j$，也就是说，农户的努力程度具有一定关系专用性④，或者技术优势⑤存在于电商企业、采购商和政府委托采购方中，它督促着农民在契约形成时生产出一些高质量的农产品，也就是说契约双方关系外的价值低于契约双方在契约中的价值。其实，农民手中销售的产品大部分都是需要加工的产品，直接销售或者经过粗略的加工后的产品。采购商或电商企业为了获得更多的利润，对农产品进行大规模的精加工和亮丽的品牌保证，以此来提高农产品的价格以及质量；如果农产品是强调原生态的农作物，比如柑橘等，实行直接就地销售，企业自身拥有规模经济优势，以此为依托，帮助农民解决供需时空匹配的问题，减少了农产品滞销损失，或者在技术方面提供支持，提高农民生产率，生产质量更好的产品。因此，企业交易的关系内价值肯定高于关系外的农户生产农产品价值。假定农户的成本函数为：

$$C(\alpha) = \frac{\alpha_1^2}{2\alpha} + \frac{\alpha_2^2}{2(1-\alpha)}$$

---

① 风险中性是不完全契约建模的标准假设，这是为了隔离风险分担带来的激励问题，以便与完全契约建模区分开来。
② 例如农户的土地。
③ 农户生产的农产品或者是初级农产品，需要进一步加工，或者是可以直接出售的农产品。
④ 参照哈特和莫尔（Hart and Moore, 2008），关系专用性在范围上比资产专用性更广，它包括一些没有事前投资的情况，例如某种时间约束。
⑤ 例如政府可以无条件保护农户利益、采购商或者电商企业具有规模经济或范围经济。

其中，$\alpha \in (0, 1)$，α 和 $1-\alpha$ 分别是农户在关系内和关系外努力的成本系数，α 越大，同样的关系内努力 a_1 带来的负向效用越小，同样的关系外努力 a_2 带来的负向效用越大。成本函数 $C(a)$ 满足凸性条件，即 $C'(a) > 0$，$C''(a) < 0$。这里的 α 可以被认作是农户将农产品转卖给关系外市场的转卖成本，意味着 α 提升时，关系内相对于关系外的努力会更有生产力。α 在某一层面反映了市场结构，也就是说，农产品市场竞争程度越高，农民转售成本越低，反之亦然。由于农产品自身的特点，难以规划价值，以至于 Q_i、P_j 对农民和企业来说是可控的，但无法证实。因此，即使在信息完全对称的情况下，之前农业契约也并不完整。此外，契约双方的信息往往并不对称，这往往会使契约主体的道德风险和逆向选择行为频发。准确来说，道德风险是一个很隐蔽的行为问题。契约当事人行为后果是之后我们可以观察得到的，但行为本身却不是。因此，隐蔽的行为会因为契约主体的行为不可观察而出现，这就会导致契约的失效或者违约。

2. 社会最优。

生产效率比较标准必须建立起来，以便比较各种农产品的电商契约。假设契约的主体能协调他们的行为，社会福利得到优化，即使得农产品的市场价值与企业交易前后投入的努力成本之间差异最小化，则最优契约为下列规划解值：

$$\max W = Q - C = a_1 Q_H + (1 - a_1) Q_L - \frac{a_1^2}{2\alpha} - \frac{a_2^2}{2(1-\alpha)}$$
$$\text{s.t.} \quad C'(a) > 0, \ C''(a) < 0 \qquad (3-13)$$

解出上述目标规划，得到：

$$a_1^* = \alpha \Delta Q, \ a_2^* = 0, \ W^* = \frac{\alpha \Delta Q^2}{2} + Q_L$$

既然存在关系专用性，那么社会最优契约要求农户只在农产品的关系内价值上提供努力，在关系外价值上不提供任何努力，从而实现最大化的福利水平 W^*。下面，我们将依次分析有约束条件下的两种农业契约，并将它们与上述标准对比。

3. 市场外包契约。

农民是传统农民和新农民（专业大户、家庭农场、合作社和企业）的统称。在电商时代，现代社交媒体越来越成为农民进行交易的主要平台。基于微博、微信、直播平台的社交媒体由于具有创新和用户关系网的优势，具有一定公信力，并且可以为消费者提供比较个性化的服务。与此同时，新媒体、流媒体、直播等多元化的推广吸引了"粉丝"进行互动交流，从而实现从交流推广到交易的转变，农产品上行链路中，其扮演着十分重要的角色。

市场外包契约的模式下，最常见的媒介是微博、微信以及直播平台。其中，微博由于用户基数大，成为内容制作者散发消息与粉丝互动的重要平台，极大促进当地农产品的推广。微信的基础是信托零售，汇集了各种渠道的客户，逐渐形成一个农户的专属数据圈，可以进行个性化和专业针对性较强的营销。微信也可以很好地进行客户管理，因为没有中间壁垒的存在，实现了熟人推荐的连带裂变分布。直播平台则以外表光鲜亮丽的达人为形象代表，以名人的品位、眼光以及人气为主导，进行资金选择和营销推广，利用其人气以及影响力，依托大基数的粉丝进行精准营销，让粉丝成为购买力。如某农产品电商平台 B2B 平台挖掘了一些农户作为主播，展示推广以及销售农产品。一次他们可以卖出十几到几十箱的产品。有人送"火箭""飞机"，从几百元到两三千元不等。中国农业服务农业研究院首创的"直播 + 微商"农产品上行链路模式，解决了农户在排水、客户获取、交易过程中的微商问题。目前，共有150多户农民，平均每户30~80元，每天7单，日收入200元左右。通过这一模式，培养了一大批技术娴熟、懂电子商务的新型专业农民，为关心扶贫创收的农民提供了新的思路、新的方法和新的途径。市场外包契约容易扩散和复制，因此市场结构必然充满着竞争。由于对市场外包契约中农户最优规划和总社会福利的考虑，农户在契约中具有自主的定价权，农户自定交易价格 P_j，那么农户效用最大化的最优规划为：

$$\max W^{N1} = P_j - C(a) = P_L - a_2\Delta P - \frac{a_1^2}{2\alpha} - \frac{a_2^2}{2(1-\alpha)}$$
$$\text{s. t.} \quad C'(a) > 0, \ C''(a) < 0 \qquad (3-14)$$

求解可得：

$$a_1^{N1} = 0, \ a_2^{N1} = (1-\alpha)\Delta P, \ W^{N1} = F^{N1} = Q_i - C(a^{N1}) = Q_L - \frac{(1-\alpha)\Delta P^2}{2}$$

此时，由于 $\Delta P > 0$，$\Delta Q > 0$，$W^* > W^{N1}$，由于农户并没有有效改变市场外包契约的外部价值，市场环境激烈，效率的损失难以避免。农民的机会主义行为在市场竞争下可能存在不足，即"敲竹杠"效应，不能使效率最优。一方面，信息不对称必然充斥在农民与消费者之间，因此农民可以主动制定价格。他们可以散发虚假或误导性广告从而扰乱市场价格。由于网络媒体的不真实性，消费者无法真切感受商品，因此网店评价至关重要。农民则可以利用 PS 等新颖独特手段诱导消费者进行消费，或者删除交易差评记录，来提高农产品的价值，借机获利。再者，农民群体中往往在内部激励机制不完善情况下会出现机会主义。例如，政府机关为了定向帮扶某些农户，在没有辨别也没有对产品质量严格把控情况下，直接向贫困户平台下单，这就是严重缺乏激励农产品生产优质农产品的机制；同时，一些如剁椒这样的无规范卫生标准的产品，普通消费者难以辨别产品质量的好坏，于是生产这种产品的农户更加具备机会主义色彩。另一方面，电子商务大大节约了消费者的搜索成本，使得市场竞争更加激烈，消费者可以在各种眼花缭乱的销售中，根据自己的判断，相互比较产品，选择"质优价廉、口碑好"的农产品。再者，消费者群体里自发的良好的口碑传播是对农产品最好的代言，也是农民在一定程度上扩大顾客群体的一种方式，这样会促使农民更加专注于保证农产品质量，在定价时不仅仅考虑眼前利益。但是大多数农民商家内心是善良的，争取做到农产品实价销售、实物质量好、价格低廉，不欺骗消费者。互联网平台市场上充斥着各式各样的商家，在这些商家中必然存在一部分造假贩假商家，他们更加注重短期利益，他们一旦获利便会造成其他农民利益的损失。总的来说，农民在价值关系上的激励还需加强。

此外，由于 $\frac{\partial a_2^{N1}}{\partial \alpha}<0$，也就是说，随着农民转售成本越来越高（可能是由于农产品储存困难或缺乏社交媒体流等），农民的关系外努力程度越来越低，农民的额外关系努力水平越来越接近社会的最优水平，从表面上看，它提高了农民的福利水平，但由于这种模式下农户的关系努力投入为 0，对于整个农产品上游电子商务契约而言，并不能达到社会最优。

农产品上行电子商务模式赋予了电子商务平台以下特点：产品同质化严重。尽管同质化产品可以刺激消费者在无意识浏览中的刚性消费，但决定消费者最终交易结果的是产品价格和消费者的偏好需求，而平台的信誉度和品牌形象也会使消费者选择产生偏差。首先，在社交媒体的营销模式下，农民的交易对象多为关注网页的粉丝。与专业电子商务平台相比，其消费者覆盖面不够广，市场竞争相对激烈。农民群体在社交平台上并没有自身优势。其次，社交自媒体营销个性化程度高，并且早期进入门槛低，但其集群化现象严重。社交自媒体营销多强调客户导向思维，农民群体可以借助粉丝对农产品的关注程度进行产品定位进而准确识别目标客户，获取粉丝关注度，从而促进销售，农户群体在进行电商交易时往往需要花费大量精力与财力对客户进行筛选和维护，这无疑增加了交易成本。最后，与电子商务企业相比，人才素质偏低的农户对市场供求信息的吸收和掌握以及对互联网技术运营方面没有明显竞争力。

命题1：由于契约的不完整性、社交媒体覆盖面小、竞争激烈等因素，价格、平台、技术在市场外包契约下没有优势，无法实现社会最优状态。

4. 关系外包契约：关系契约Ⅰ、关系契约Ⅱ、关系契约Ⅲ。

三大关系契约模式有个共性，电商平台售出农产品，销售的对象是企业而不是农民。市场供求信息会更加精准快速地被企业掌握，而消费者需求又是农产品采购数量的基础。以此为背景，以需求为导向，将农产品市场供给和市场需求高效匹配的契约模式得以形成。传统模式下，农民缺乏对市场需求信息的了解，也缺乏促销推展产品的能力，农产品与市场需求无法联系起来。而这正是电子商务的优势，他们能够精准便捷抓获市场信息，刚好弥补农民的不足。企业利用平台的大数据分析手段，采购高收益率的农产品，使得农产品供应链各主体得以受益。

在关系契约三种模式下，农户与企业之间签订了长期（单期或多期）契约。契约关系建立起来后，企业先付定金s，事后根据农户关系内和关系外价值支付状态依赖奖金b_{ij}，$b_{ij} = m_i + n_j$，其中m_i表示企业根据农户关系内价值支付给农户的状态依赖奖金，n_j表示企业根据农户关系外价值支付给农户的状态依赖奖金，$\Delta m = m_H - m_L$，$\Delta n = n_H - n_L$。只要双方皆遵守契约，那契约关系就一直重复存在，若一方违约，就永久性回到市场外包契约模式。假定每期的贴现率为r，$r \in (0, 1)$。

假定最终的交易价格由合作博弈中的纳什均衡来确定，$\overline{P} = P_j + \lambda(Q_i - P_j)$，$\lambda \in (0, 1)$，$\lambda$代表农户的谈判力或其获得的关系内剩余份额。最优的关系外包契约不仅要考虑到契约双方是否能够履约和履约的条件，还要考虑到是否能达到社会最优化条件。其中社会最优化条件是指最大限度地开发农户的效用水平，契约双方履约条件即指实现效用最大化的机制必须能够实施或激励相容。

关系外包契约使农户实现最强效率的最优规划为：

$$\max W^{N2} = s + a_1 a_2 b_{HH} + a_1(1-a_2) b_{HL} + (1-a_1) a_2 b_{LH} + (1-a_1)(1-a_2) b_{LL} - C(a)$$

$$= s + m_L + a_1 \Delta m + n_L + a_2 \Delta n - \frac{a_1^2}{2\alpha} - \frac{a_2^2}{2(1-\alpha)}$$

$$\text{s.t.} \quad C'(a) > 0, \quad C''(a) < 0 \quad (3-15)$$

求解可得：

$$a_1^{N2} = \alpha \Delta m, \quad a_2^{N2} = (1-\alpha) \Delta n$$

关系契约在限制条件下的福利水平最优化为：

$$W^{N2} = F^{N2} + B^{N2} = F^{N2} + E^{N2} = F^{N2} + G^{N2} = Q_i - C(a^{N2})$$
$$= Q_L + \alpha \Delta Q \Delta m - \frac{1}{2}\alpha \Delta m^2 - \frac{1}{2}(1-\alpha)\Delta n^2 \qquad (3-16)$$

若要达到社会最优效率，需满足：$\Delta m = \Delta Q$，$\Delta n = 0$，使得 $a_1^{N2} = a_1^*$，$a_2^{N2} = a_2^*$。

考虑双方表现情况。如果契约违约率过高，那么企业会选择外包契约。如果市场外包价格 P_j 低于博弈某一时期的奖金 b_{ij}，同时未来博弈中预期收益没有达到预期并低于外包的预期收益时，那么企业会拒绝履约和交付奖金。对农民来说，企业支付的钱没有高于市场外包，那农户无疑会选择违约。农产品若在市场上提高价格，那么其与企业也会以市场外包契约的关系相处。因此，对农民和企业的激励约束如下：

农户： $\quad b_{ij} + \frac{1}{r}F^{N2} \geq P_j + \lambda(Q_i - P_j) + \frac{1}{r}F^{N1} \qquad (3-17)$

采购商： $\quad Q_i - b_{ij} + \frac{1}{r}B^{N2} \geq Q_i - P_j - \lambda(Q_i - P_j) + \frac{1}{r}B^{N1} \qquad (3-18)$

电商企业： $Q_i - b_{ij} + \frac{1}{r}E^{N2} \geq Q_i - P_j - \lambda(Q_i - P_j) + \frac{1}{r}E^{N1} \qquad (3-19)$

政府委托采购商： $Q_i - b_{ij} + \frac{1}{r}G^{N2} \geq Q_i - P_j - \lambda(Q_i - P_j) + \frac{1}{r}G^{N1}$
$$(3-20)$$

式（3-17）、式（3-18）、式（3-19）、式（3-20）左边表示农户（采购商、电商企业、政府委托采购商）遵守契约下的期望收益，右边表示其违约下的期望收益。

由于采购商、电商企业、政府委托采购商与农户签订的契约类型相同且期望收益函数相同，我们在此处仅以采购商为例进行分析，合并式（3-17）和式（3-18）并整理得：

$$\max\{b_{ij} - [\lambda Q_i + (1-\lambda)P_j]\} - \min\{b_{ij} - [\lambda Q_i + (1-\lambda)P_j]\} \leq \frac{1}{r}(W^{N2} - W^{N1})$$
$$(3-21)$$

式（3-21）表明农户收益的波动幅度一定小于贴现后的关系外包契约和市场外包契约总福利差异。代入 b_{ij}，整理得：

$$|\Delta m - \lambda \Delta Q| + |\Delta n - (1-\lambda)\Delta P| \leq \frac{1}{r}(W^{N2} - W^{N1}) \qquad (3-22)$$

将最优效率的优化条件"$\Delta m = \Delta Q$，$\Delta n = 0$"代入得：

$$(1-\lambda)(\Delta Q + \Delta P) \leq \frac{1}{r}\left[\frac{1}{2}\alpha \Delta Q^2 + \frac{1}{2}(1-\alpha)\Delta P^2\right] \qquad (3-23)$$

即在优化条件和履约激励条件约束下,关系外包契约需满足以下条件:

$$r^{N2} \leqslant \bar{r}^{N2} = \frac{\alpha \Delta Q^2 + (1-\alpha) \Delta P^2}{2(1-\lambda)(\Delta Q + \Delta P)} \quad (3-24)$$

命题2:如果 $\Delta m = \Delta Q$, $\Delta n = 0$,且 $r^{N2} \leqslant \bar{r}^{N2}$,那么关系外包契约下的关系契约Ⅰ、关系契约Ⅱ、关系契约Ⅲ三种模式可以实现社会最优效率。

3.3.2.2 四种典型模式效率比较

1. 差异化契约形式下四种典型模式效率比较。

据农产品上游电子商务渠道的市场外包契约、关系契约Ⅰ、关系契约Ⅱ、关系契约Ⅲ的计算结果,以及计算出来的社会最优福利水平,比较了四种模型的生产效率,结果见表3-1。因为关系型契约Ⅰ、关系契约Ⅱ、关系契约Ⅲ的最优函数都是基于关系外包契约模型设立的。在该模型下,农民的努力水平(a)和社会福利水平(W)是相同的,差异仅体现在具体参数值上。因此,本书首先讨论了市场外包契约和关系外包契约,然后比较了三种差异化农产品上游电子商务模式在关系外包契约下的生产效率。

表3-1　　　　　　　差异化契约形式下四种典型模式效率比较

农产品上行电商契约	努力水平(a)	社会福利水平(W)	实现最优条件
社会最优	$a_1^* = \alpha \Delta Q$ $a_2^* = 0$	$W^* = \frac{\alpha \Delta Q^2}{2} + Q_L$	—
市场外包契约	$a_1^{N1} = 0$ $a_2^{N1} = (1-\alpha)\Delta P$	$W^{N1} = Q_L - \frac{1}{2}(1-\alpha)\Delta P^2$	不能实现最优
关系契约Ⅰ 关系契约Ⅱ 关系契约Ⅲ	$a_1^{N2} = \alpha \Delta m$ $a_2^{N2} = (1-\alpha)\Delta n$	$W^{N2} = Q_L + \alpha \Delta Q \Delta m - \frac{1}{2}\alpha \Delta m^2$ $-\frac{1}{2}(1-\alpha)\Delta n^2$	$\Delta m = \Delta Q$ $\Delta n = 0$

从表3-1可以看出,市场外包以及三种关系外包契约的农户努力程度和社会福利并未完全达到社会最优标准。从第四栏的结果来看,市场外包契约无法达到最优,也就是说在市场外包情况下农户生产效率非最优状态,而一定条件下的关系外包可以使农户实现最优效率。主要表现在:

第一,市场外包契约下的农民拥有完全定价权,不可避免的敲诈效应使得这种模式下的社会总福利水平达不到社会最优状态。但是,随着农产品转售成本的增加或市场价格波动的加剧,农民更愿意在关系之外多付出一点努力,这样可以更接近社会最大化的良好福利水平状态。

第二，关系外包契约环境下，由企业提供的状态依赖奖金波动幅度与农户自主争取下的产品价值波动一致，也就是两者都没有机会主义和敲杠杆行为（$\Delta m = \Delta Q$，$\Delta n = 0$），同时契约两方每期博弈的贴现率低于临界值（$r^{N2} \leq \bar{r}^{N2}$），也就是两方时间成本够低、履行契约的机会够大，便可达到最优福利水平；同时，由式（3-12）可以看出，在关系外包契约形成社会最优的条件中：

（1）若 $\Delta Q > \Delta P$，$\frac{\partial \bar{r}}{\partial \alpha} > 0$；若 $\Delta Q < \Delta P$，$\frac{\partial \bar{r}}{\partial \alpha} < 0$。其经济意义可以理解为：农产品电子商务市场竞争激烈，根据蛛网理论，产量变动滞后于价格的变动。价格和产出的变化呈现三种状态：价格和产量的波动一直循环，不会远离均衡点，也不会恢复均衡，形成"封闭型蛛网"；价格和产量的波动逐渐减弱，经济状态趋于均衡，形成"收敛型蛛网"；价格和产量的波动逐步加剧，越来越远离均衡点，形成"发散型蛛网"。其中，第三种状态农民和购买者（电子商务企业）需要承担较大的价格风险；如果是前两种状态，则需要通过周期调整，使得价格产量的波动维持稳定状态，农民和购买者也无疑会受到影响。式（3-24）中价格波动大小（ΔP）与关系内价格波动大小（ΔQ）的关系，对临界贴现率（$\bar{r}$）、转售成本（α）和农户谈判力（λ）都有影响。如果关系内价格波动强于市场价格波动，那么农产品转卖费用和临界折现率同一方向变动；如果关系内价格波动低于外部价格波动范围内，那么农产品转卖费用和临界折现率呈反向变动。

（2）$\frac{\partial \bar{r}}{\partial \lambda} > 0$。其在经济学上的含义可以这样解释：契约两方最本质的就是两者买卖关系，这必然就要要求双方市场力量均衡。尽管农民和企业作为农业承包的主体，从法律上看是平等的，但从市场力量的角度来看，双方权利并不均衡，农民的市场力量远远不如企业，这主要体现在两个方面：其一，农民的市场力量是农业承包的主体，双方在收集信息上的能力差异往往决定了双方在寻找次优合作伙伴的能力。对于企业而言，特别是专业化的电子商务企业，只要产品是可以替代的，找到一个次优的选择即以低于现有契约价格的价格进行交易的农民并不特别困难。相反，农民比较难找到他的次优选择，即以高于现有合同价格的价格形成新的契约的企业。其二，违约后双方的处罚权并不相等。在无限反复的博弈中，针锋相对的策略对于博弈对局双方是最佳的选择。然而，当一方参与者缺乏反抗能力时（农民明显缺乏反抗能力），往往他们最后只能退出并终止合约。在农业产业链中，农户与企业地位的不平等和外部环境的不确定性，影响着双方之间的经济剩余分配，这也直接造成了双方之间的利益差距和冲突。很明显的是，农民如若议价能力越强，临界折扣率越大，在博弈中达成契约的可能性就越高，反之亦然。

命题3：农产品上行电子商务模式的生产效率会受到关系内价格波动幅度和市场价格波动幅度差异性的影响。当关系内价格波动幅度强于市场价格波动幅度时，农产品市场竞争程度反而会更低，而临界折现率会变大，生产效率也会提高；当关系内价格波动幅度小于外部价格波动幅度时，则呈现相反变动。

2. 差异化电商模式下关系外包契约效率比较。

表3-2显示了关系外包契约下三种农产品上行电商模式的差异性。具体地，本书根据各模式对应的契约性质，将 α 和 λ 设定为不同的数值，并在此基础上计算得到可比较的临界贴现率。

表3-2　　　　关系外包契约下三种农产品上行电商模式差异性

农产品上行电商契约	关系契约 I	关系契约 II	关系契约 III
转售成本 α	$\alpha = 0.5$	$\alpha = 0$	$\alpha = 1$
农户谈判力 λ	$\lambda = 0.5$	$\lambda = 0$	$\lambda = 1$
临界贴现率 $\bar{r}^{N2}$	$\bar{r}^{N2} = \dfrac{\Delta Q^2 + \Delta P^2}{2(\Delta Q + \Delta P)}$	$\bar{r}^{N2} = \dfrac{\Delta P^2}{2(\Delta Q + \Delta P)}$	$\bar{r}^{N2} \to +\infty$

（1）三种模式对应的农产品转售成本（α）存在差异。在关系外包契约下，农户根据电商企业或采购商对农产品的要求开展种植生产，并以契约价格售卖给企业或采购商。在这一过程中，农户与企业之间的契约关系可能会受到一系列生产和市场风险因素影响，使得契约中处于强势的一方拒绝履约，弱势的一方为自我保护以对方违约难以追偿为由先行违约。具体地，从生产风险来看，农产品生产过程中可能会受到自然灾害或生态环境变化冲击，导致农产品产量和品质难以得到充分保证。从市场风险来看，农产品交易过程中不可避免会受到市场需求变化、市场价格波动以及企业机会主义行为等不确定性因素影响，导致农产品交易面临较大的市场风险。

而当关系外包契约破裂时，交易双方就回到了市场外包模式，由企业和农户共同承担风险损失。但由于三种农产品上行电商模式下的网络市场结构有所不同，相应的交易风险也有高有低。第一，关系契约 I 模式：农户主要通过自行建立网站开展农产品销售，但网站的用户数量存在一定限制，因而当关系外包契约转向市场外包契约时，需要以一定的时间成本为代价，在这一模式下转售成本相对折中，故本书将此模式对应的转售成本记为0.5。第二，关系契约Ⅱ模式：电商企业具备强大的平台资源优势，能够高效开展市场化运作和专业化运营，带动农产品销售。由于电商行业存在较强的市场竞争，因而由关系外包契约转向市场外包契约时只需较低的转售成本，本书将其记为0。第三，关系契约Ⅲ模式：地方政府部门介入农产品销售，为当地特色农产品建立专门的交易网站，在这一模式下，农户与政府委托的采购商签订合约，具有垄断性质。与之相对应，一般而言，交易价格往往不低于农户预期价格，政府委托的采购商也不会违约。一旦采购商违约，农户就很难再找到愿意以同等预期价格交易的采购商，故本书将"农户+政府网站+政府委托采购商"这一模式下的转售成本取为最高，记为1，但违约率接近于0。

（2）三种模式对应的农户谈判力（λ）存在差异。农业契约的不完全性决定了交易双方会重新根据市场环境变化进行谈判，以确定新的交易条件。在三种不同的关系契约模式下，契约双方市场力量存在不对等，导致各自的谈判力也有强有弱。第一，关系契约Ⅰ模式："新农人"自主运用交易平台开展农产品销售，一方面，能够在最大限度满足企业、采购商的需求；另一方面，也有利于维护农户自身利益。可见，在这一模式下，农户拥有较高的自主选择权，但考虑到市场竞争程度较高，农户不可能拥有完全的自主选择权，故本书将相应的农户谈判力记为0.5。第二，关系契约Ⅱ模式：农户仅负责生产，相应的农产品加工供需及销售均由电商企业承担。尽管电商企业独具的专业化运营服务、信息化平台优势为农产品销售提供了有利条件，但对于契约关系中相对弱势一方的农户而言几乎不具备议价能力，契约双方地位极不平等，故将农户谈判力λ记为0。第三，关系契约Ⅲ模式：为帮助农户尽可能多地销售农产品、实现增收减贫，政府往往以其资金和技术优势为农户搭建农产品交易平台，并为相应的交易背书，为农户寻找可开展长期合作的采购商。在这一契约关系中，农户具备绝对的讨价还价能力，故将其谈判力λ取值为1。可见，若以农户谈判力为判断标准，关系契约Ⅲ＞关系契约Ⅰ＞关系契约Ⅱ。

（3）三种模式对应的临界贴现率（$\bar{r}^{N2}$）存在差异。根据各模式下转售成本α和农户谈判力λ取值，可计算得到相应的临界贴现率$\bar{r}^{N2}$。研究发现，关系契约Ⅲ临界贴现率最大，关系契约Ⅰ次之，关系契约Ⅱ最小。

具体地，相较于关系契约Ⅱ，关系契约Ⅰ中农户与采购商签订长期契约所面临的机会成本更高，即在平台商寻找其他采购商需要花费更多的时间成本。一般而言，关系契约Ⅰ模式多被用于在小范围用户群体中销售储存期较短的生鲜农产品。而关系契约Ⅲ对应的临界贴现率最大，可能的原因在于：基于政府背书，农户与政府委托采购商之间形成稳定的锁定关系，相应的机会成本极高。一旦有一方违约，采购商可能会因此失去政府信任，农户也较难找到以同等契约价格收购的采购商，相应的临界贴现率最高，履约率足够大。

命题4：三种关系外包契约对应的农产品转售成本、农户谈判力和临界贴现率存在一定差异。从 α 来看，关系契约Ⅱ＞关系契约Ⅰ＞关系契约Ⅲ；从 λ 和 $\bar{r}^{N2}$ 来看，关系契约Ⅲ＞关系契约Ⅰ＞关系契约Ⅱ。

综上所述，四种农产品上行模式所对应契约形式和平台特性存在显著差异，因而开展农产品销售时，应根据实际情况选择合适的契约模式。对于易存储、易运输、销售半径较大的农产品，可采用关系契约Ⅱ模式，发挥电商企业资源优势，降低流通成本；对于不易存储、物流成本较高、销售半径较小的农产品，可采用关系契约Ⅰ模式，发挥农户自身的社会关系网络增强农产品影响力；对于受自然灾害冲击较大的农产品，可采用关系契约Ⅲ模式，依靠政府背书机制保障农户权益。另外，可将市场外包契约作为三种关系外包契约的辅助模式，通过网络社交平台推广特色农产品，增加农户收入来源。

3.3.2.3 结论与启示

本章基于关系契约理论，深入考察了农产品上行过程中关系契约Ⅰ、关系契约Ⅱ、关系契约Ⅲ和市场外包契约四种典型模式的生产效率，研究结论如下：首先，"农户＋社交自媒体"模式下，契约具有不完全性特征，社交媒体覆盖面不广，相应的市场竞争程度也较高，导致缺乏技术、平台和价格优势，无法达到社会最优状态；转售成本越高，农户无效努力投入激励越小，越接近于社会最优的关系外努力水平，契约效率也更高。但对于整个农产品上行电商市场而言，依旧难以达到社会最优。其次，在基于关系外包契约的三种农产品上行模式中，不可避免"敲竹杠"效应，导致相应的福利水平难以达到社会最优。但当双方形成契约关系的机会成本足够小，且契约内价格波动逐渐趋近市场价格波动时，社会总福利水平也会随之提升并趋近社会最优。最后，在关系外包契约中，三种农产品上行模式对应的农产品转售成本、农户谈判力、临界贴现率以及生产效率存在明显差异。具体地，关系契约Ⅰ下转售成本最低，其对产品本身的要求也相对较高，农户谈判力相对较弱，导致双方违约概率较大；关系契约Ⅲ下转售成本则最高，农户具备较强的谈判力，违约率也最低，几乎为0。因而在实际农产品销售过程中，应结合农产品自身特征以及四种模式在契约形式、平台特性等方面的差异选择适宜的契约模式。

上述结论均由关系契约模型推导而来，包括一系列假设条件，但从实际情况来看，农户多为风险规避者，若放松农户风险态度假设，农户在各个契约关系中均将不具备优势。因而对于农产品上行主体而言，可考虑从以下两方面着手：

一方面，坚持农民主体地位，提升农户市场实力。首先，大力支持培育和发展家庭农场、合作社等新型农业经营主体，并在此基础上鼓励各主体与小农户建立利益联结机制，帮助农户实现专业化生产，增强自我发展能力。其次，给予农产品生产过程更多技术支持，以提升生产标准化、规范化水平，推动形成生产端规模效应，增强农户在农产品上行中的议价能力，提升社会福利水平。最后，发挥政府保障力量，逐步完善涉农股份合作制企业利润分配机制，如对农户土地经营权入股部分采取特殊保护等。

另一方面，加强农业信息化建设，提高农业风险保障能力。首先，加强新一代信息基础设施建设以拓展信息渠道、提高农业综合信息服务水平，同时鼓励电商龙头企业入驻农村并建立产销衔接的农村服务站点，扩大电子商务进农村覆盖面；其次，加快5G、大数据、物联网等数字技术在农业生产经营中的应用，发展智慧农业，推动实现智能化、精准化；最后，健全包括价格指数保险、农业天气指数保险等在内的农业保险大灾风险分散机制，逐步提高农户风险承担能力。

第4章 电商减贫综合评价

减贫问题一直是国家关注重点，学术界对其研究也如火如荼，因此，对于减贫效果的评价显得格外重要。目前国内外已有诸多学者对贫困程度的测量进行研究，学术界认为主要的测量方法既有单维指标的衡量如贫困人口、农民人均纯收入、贫困发生率等，也有利用 DEA 测度减贫效率，还有贫困广度、贫困聚集指数（周圆圆，2013）、多维贫困指数（Sen，1985；Alkire and Foster，2011）、综合指数法（刘艳华和徐勇，2015；赵莹等，2015）等方法。

4.1 贫困程度衡量——单维指标

目前国内外诸多学者衡量贫困程度的单维指标主要有贫困人口、农民人均纯收入（丁建军和周书应，2018）、贫困发生率（Aaberge et al.，1997；Fang et al.，2002）等，它们一定程度上能够体现贫困程度。

4.1.1 贫困人口

当前中国基准贫困线为 2011 年的 2300 元/年，人均年收入低于 2300 元即视为贫困，相较于 2010 年的 1274 元/年，这一标准提升了 80%。若以此标准计算，当前中国已经实现全面脱贫，绝对贫困人口全部清零。为了更直观地观察用贫困人口衡量的贫困程度的效果，我们将 2011～2018 年 30 个省域贫困人口均值绘制成地图①。

研究发现，东部沿海地区的贫困人口基本小于 165 万人，分别有北京、天津、上海、广东、福建、浙江、江苏、黑龙江、吉林、辽宁、内蒙

---

① 此处及下文地图省略，感兴趣的读者可向笔者索取（电子邮箱：tht_1977@163.com），相关数据来源于历年《中国农村贫困监测报告》。

古、宁夏、青海、重庆，其中一部分是沿海经济发展水平较高地区，一部分是西部内陆较为贫困地区，一方面是由于本身经济增长促使贫困人口较少，另一方面是贫困政策倾斜和资源倾斜促使贫困人口较少。贫困人口较多的地区主要聚集在中部地区，分别有河南、四川、云南、贵州、湖南、广西，就贫困人口单一指标来看，中部内陆地区贫困聚集程度较高。

4.1.2 农村可支配收入

贫困地区农村居民收入保持快速增长，与全国农村平均差距缩小。据国家统计局数据，2019 年贫困地区农村居民人均可支配收入 11567 元，扣除价格因素影响后实际增长 8.0%，比全国农村快 1.8 个百分点。具体地，集中连片特困地区农村居民人均可支配收入达 11443 元，增长 11.5%，国家扶贫开发工作重点县则为 11524 元，增长 12.1%。为了更直观地观察贫困程度，我们以农村居民可支配收入衡量贫困程度，以各省域和 285 个地级市为研究对象，分别绘制其 2011~2018 年农村可支配收入均值地图。

从省域视角来看，在空间上呈现出东部沿海地区农村可支配收入偏高，中部次之，西部偏低的空间阶梯状。也就是说，西部地区贫困程度最高，中部次之，东部沿海地区最低。东部地区 2011~2017 年农村可支配收入均大于 10000 元，中部地区农村可支配收入均值达到 8000~10000 元，西部地区农村居民可支配收入均值小于 8000 元。以农村可支配收入来衡量贫困程度，贫困程度呈现显著的空间阶梯状，贫困程度由东部地区向西部地区逐渐加深。

4.1.3 贫困发生率

据国家统计局统计，2019 年贫困发生率为 0.6%，比上年下降 1.1 个百分点。从省域层面来看，2019 年各省份贫困发生率普遍降至 2.2% 及以下。其中，广西、贵州、云南、西藏、甘肃、青海、新疆 7 个省份贫困发生率在 1%~2.2% 之间，山西、吉林、河南、湖南、四川、陕西、宁夏 7 个省份贫困发生率在 0.5%~1% 之间。

通过计算 2011~2017 年中国 30 个省域（研究不含西藏和港澳台地区）贫困发生率均值发现，我国依然存在由东部向西部地区递减的空间阶梯分布，贫困发生率较高的主要在中西部地区，如新疆、甘肃、云南、贵州、青海、宁夏、山西、陕西、广西等，由于地形地貌、产业资源、基础设施等资源劣势致使贫困发生率较高，而东部地区因自身优势贫困发生率较低。

综上所述,使用贫困人口、农村居民可支配收入以及贫困发生率来衡量贫困程度从一定程度上可以体现贫困程度,但是贫困是一个综合并复杂的问题,使用单维指标衡量贫困程度存在一定不足。

4.2 减贫效率测度——DEA

对于减贫效果的测量,常用 Sen 指数、FGT 指数来衡量贫困,主要从贫困人口减少及贫困人口的收入水平两个方面来反映减贫效果,冯星光和张晓静(2006)对贫困发生率、贫困缺口率、Sen 指数、FGT 指数进行评价,指出使用单一贫困指数测度贫困程度存在一定不足,会导致研究结果显著有偏,现有研究更多地使用减贫效率来测量减贫效果(黄琦和陶建平,2016;龙祖坤等,2015;黄渊基,2017)。基于此,我们结合贫困发生率和贫困人口收入,使用超效率 DEA 方法测度减贫效率 $effi$。

4.2.1 减贫效率测度

4.2.1.1 指标选取

为构建减贫效率指标,需要定义投入和产出变量。对于产出指标体系,减贫是对当地经济的带动和减少贫困户,可将人均 GDP 和非贫困发生率作为衡量减贫效果的产出变量。投入指标体系需选取衡量生产要素的投入变量:农业总产值、农业生产机械化程度(用农业机械总动力数据表示)、村卫生室数、养老机构数①、旅游收入。根据数据可得性,选取 2011~2018 年中国除西藏和港澳台外的 30 个省份为研究对象。

4.2.1.2 数据来源

村卫生室数、养老机构数来源于各年度《中国农村统计年鉴》,农业总产值、农业生产机械化程度、人均 GDP 和国际旅游收入来源于历年《中国统计年鉴》,贫困发生率来源于历年《中国农村贫困监测报告》。采用超效率 DEA 方法利用 DEAP 2.1 软件,计算出 2011~2018 年 30 个省份的减贫效率,见表 4-1。在此基础上,以 0.8、0.3、0.1 为分界点将减贫效率划分为 AA($0.8 \leqslant effi < 1$)、A($0.3 \leqslant effi < 0.8$)、B($0.1 \leqslant effi < 0.3$)、C($0 \leqslant effi < 0.1$)四个等级,处于 AA 等级中表示该地区减贫效率

---

① 因统计口径调整,2018 年起农村养老机构统计范围指等级注册的农村特困人员救助供养机构。

非常高，具有优势支撑，处于 A 等级中表示该地区减贫效率比较高，处于 B 等级中表示该地区减贫效率一般，处于 C 等级中表示该地区减贫效率比较差，有待于继续改善加强。

表 4-1　　2011~2018 年中国省域减贫效率测算结果

省份	2011 年	2012 年	2013 年	2014 年	2015 年	2016 年	2017 年	2018 年	均值	评估结果
北京	0.821	0.831	0.876	0.926	0.928	0.975	1.016	1.353	0.966	AA
天津	1.055	0.977	0.927	0.877	0.853	0.818	0.889	2.094	1.061	AA
河北	0.061	0.059	0.058	0.060	0.067	0.067	0.068	0.074	0.064	C
山西	0.158	0.156	0.152	0.151	0.156	0.253	0.325	0.319	0.209	B
内蒙古	0.229	0.236	0.224	0.226	0.229	0.223	0.191	0.201	0.220	B
辽宁	0.166	0.157	0.156	0.174	0.174	0.199	0.198	0.200	0.178	B
吉林	0.239	0.227	0.218	0.213	0.221	0.234	0.279	0.270	0.238	B
黑龙江	0.166	0.176	0.187	0.191	0.241	0.257	0.257	0.250	0.216	B
上海	1.017	0.988	1.042	0.996	1.003	1.008	1.019	1.000	1.009	AA
江苏	0.131	0.139	0.156	0.157	0.161	0.171	0.183	0.188	0.161	B
浙江	0.183	0.181	0.185	0.189	0.188	0.216	0.213	0.259	0.202	B
安徽	0.146	0.143	0.142	0.143	0.143	0.144	0.145	0.147	0.144	B
福建	0.274	0.353	0.251	0.270	0.265	0.272	0.266	0.335	0.286	B
江西	0.145	0.140	0.214	0.206	0.210	0.206	0.199	0.194	0.189	B
山东	0.069	0.059	0.056	0.060	0.059	0.065	0.070	0.074	0.064	C
河南	0.053	0.056	0.055	0.054	0.062	0.060	0.062	0.056	0.057	C
湖北	0.128	0.124	0.122	0.120	0.119	0.121	0.120	0.119	0.122	B
湖南	0.082	0.083	0.082	0.082	0.083	0.081	0.084	0.087	0.083	C
广东	0.125	0.119	0.116	0.113	0.112	0.119	0.116	0.114	0.117	B
广西	0.128	0.129	0.130	0.151	0.153	0.154	0.183	0.185	0.152	B
海南	0.956	0.945	0.936	0.954	0.985	1.058	1.094	1.043	0.996	AA
重庆	0.354	0.348	0.338	0.328	0.329	0.314	0.307	0.293	0.326	A
四川	0.122	0.116	0.110	0.106	0.107	0.105	0.103	0.101	0.109	B

续表

省份	2011年	2012年	2013年	2014年	2015年	2016年	2017年	2018年	均值	评估结果
贵州	0.175	0.168	0.170	0.168	0.179	0.209	0.202	0.199	0.184	B
云南	0.161	0.152	0.148	0.148	0.167	0.163	0.164	0.169	0.159	B
陕西	0.164	0.158	0.156	0.153	0.156	0.182	0.177	0.175	0.165	B
甘肃	0.274	0.271	0.280	0.499	0.378	0.404	0.432	0.479	0.377	A
青海	1.038	1.026	1.126	1.007	1.062	1.017	0.990	1.143	1.051	AA
宁夏	0.994	1.253	1.036	0.999	0.989	0.998	1.106	1.152	1.066	AA
新疆	0.210	0.213	0.213	0.206	0.245	0.265	0.253	0.268	0.234	B

说明：根据数据可得性，研究对象不含西藏和港澳台地区。
资料来源：笔者利用超效率DEA方法测算得到。

4.2.2 时空差异分析

4.2.2.1 空间维度

为了更好地从空间层面显示30个省域之间减贫效率的差异，笔者利用ArcGIS将2011~2018年30个省域的减贫效率均值绘制出来。观察中国省域减贫效率均值空间分布发现，中国30个省份的综合减贫效率分布很不均匀，存在明显的空间聚集现象。

其中，北京、天津、上海、海南、青海、宁夏6个省域综合减贫效率均大于80%，总的来说其评价等级为AA。出现这种情况可能有两个原因，一方面，本身资源丰富具有较好的发展前景。北京、天津、上海本身发展水平相对较高，人均GDP产出值相对较大且统计上不显示贫困发生率，因此，北京、天津、上海减贫效率高。另一方面，海南、青海、宁夏综合减贫效率非常高，这与实际情况相吻合，海南、青海及宁夏已经拥有多个旅游示范县和电商示范县等减贫渠道，减贫效果显著。甘肃、重庆两个省域综合减贫效率均处于0.3~0.8的区间，总的来说其评价等级为A，减贫效果比较好。甘肃现已构建了独具特色的产业扶贫体系，2019年通过产业实现脱贫的人口达65万人左右，占总脱贫人口的69.5%。[1] 山西、内蒙古、吉林等多个省域综合减贫效率均处于0.1~0.3的区间，总的来说其评价等级为B，减贫效果一般，有待于继续改善减贫措施，在评价等

---

[1] 张智敏、王朋：《2019年甘肃减贫约93.5万人》，载新华社客户端，2020年1月17日。

级为 B 的省域大部分位于中部地区，政府应当利用其优势突破区位限制，加大减贫力度，提高减贫效率。河北、山东、河南和湖南 4 个省域减贫效率较低。整体上来看，中国 30 个省份的综合减贫效率分布很不均匀，地理位置、资本积累等的不同导致整体减贫效率存在差异且极差较大，中西部省份的减贫效率整体较低。

4.2.2.2 时间维度

图 4-1 显示了 2011～2018 年中国省域减贫效率时间分布及等级评价。从时间维度来看，2011～2018 年北京、山西、浙江等省份的减贫效率迅速上升，其中，从 2011～2018 年的减贫效率来看，集聚交通、区位、资源等优势的北京减贫效率呈现稳定递增趋势，并从 2012 年从等级 A 上升到 AA 等级，这也在一定程度上反映了北京经济增长对减贫效率的辐射及带动作用，在 2016 年之前，山西和浙江的减贫效率保持相对稳定，2016 年之后两省均呈现出"井喷式"增长，减贫效率等级由 B 跃升至 A，一方面这可能是因为由互联网催生的旅游减贫、电商减贫等减贫方式日益向农村进军，另一方面可能是国家对减贫的日益重视促使减贫政策与资源向农村深度贫困地区倾斜。

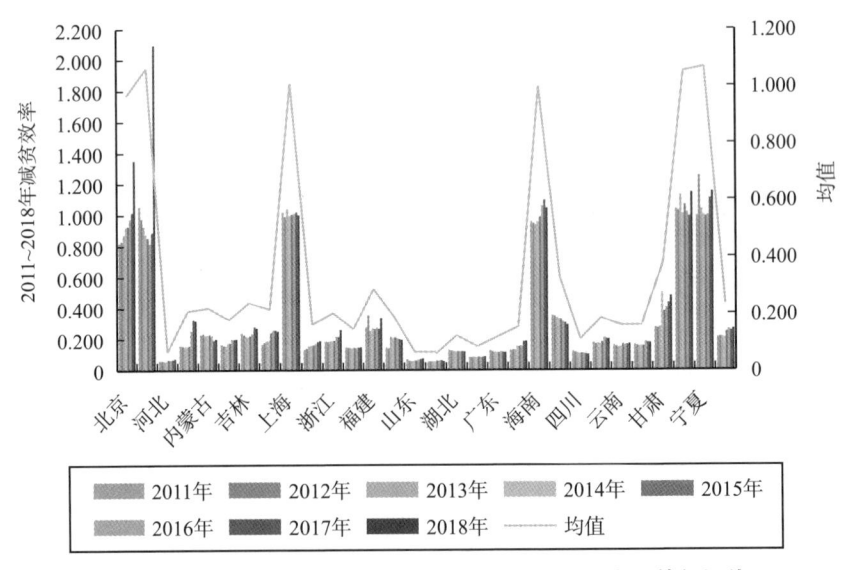

图 4-1 2011～2018 年中国省域减贫效率时间分布及等级评价

从实际情况来看，这与山西和浙江减贫事实相吻合，如山西的"乐村淘模式""粮易模式""武乡模式""静乐模式"等，浙江的"遂昌模式"

"嘉兴模式"等；另外，在国家级电子商务进农村综合示范县和国家级旅游示范县的名单中，山西和浙江均占有比较高的比例。从图4-1中可以看出，河北、黑龙江、江苏、江西、海南、贵州、陕西、新疆等省份的减贫效率逐渐上升，其余省份的减贫效率则保持相对稳定。在此基础上，我们进一步计算得到省域综合减贫效率等级评价，如表4-2所示。

表4-2　　　　　　　　省域综合减贫效率等级评价分析

等级评价	范围	数量（个）	主要省份
AA（非常高）	大于0.8	6	北京、天津、上海、海南、青海、宁夏
A（较高）	0.3~0.8	2	重庆、甘肃
B（一般）	0.1~0.3	18	浙江、江苏、福建、山西、内蒙古、辽宁、吉林、黑龙江、安徽、江西、湖北、广东、广西、四川、云南、贵州、陕西、新疆
C（较低）	0~0.1	4	河北、山东、河南、湖南

从减贫效率评价等级看，综合减贫效率等级为AA的有6个，分别是北京、天津、上海、海南、青海和宁夏，这些省份具有一定的地区或资源优势，减贫效率非常高。综合减贫效率等级为A的有2个，分别是重庆、甘肃，减贫效率发展势态相对比较好。包括浙江、江苏、福建在内的18个省份综合减贫效率等级为B，这些省份以中西部地区居多，表明中西部减贫效率目前处于一般水平，减贫效率有待进一步改善。综合减贫效率等级为C的有4个，分别是河北、山东、河南、湖南，减贫效率低于0.1，这反映中部地区总体减贫效率有待提高，政府在减贫过程中应当着重注意这些地区的贫困发展程度，在减贫政策和减贫资源上有一定程度倾斜。从整体上来看，中国30个省域减贫效率整体呈现出稳步上升趋势，但东中西部减贫效率发展差异仍然较为显著。

4.2.3　区域差异分析

无论是从空间维度还是时间维度来看，中国30个省域的减贫效率大体呈现出中部地区减贫效率相对较高、中西部地区减贫效率相对较低的趋势。为了进一步研究减贫效率的差异，我们从区域视角出发，深入分析东、中、西部地区减贫效率的区域差异。

4.2.3.1 东部地区

图 4-2 显示了 2011~2018 年东部地区减贫效率。可以看出，东部地区综合减贫效率整体偏高，其中 4 个省份综合减贫效率评价等级为 AA，分别为北京、天津、上海、海南，均为经济发展水平比较高的地区，加之其区位优势等因素致使贫困发生率较低，进而促使减贫效率非常高。另外，经济发展地区在空间显示一定的"抱团聚集"发展，促使人力资本、基础设施等要素之间相互流动，产生一定的空间扩散效应，同样地，这种经济空间扩散效应会减缓贫困程度，映射至贫困地区，带动周边贫困地区的经济发展，进而产生较高的减贫效率。

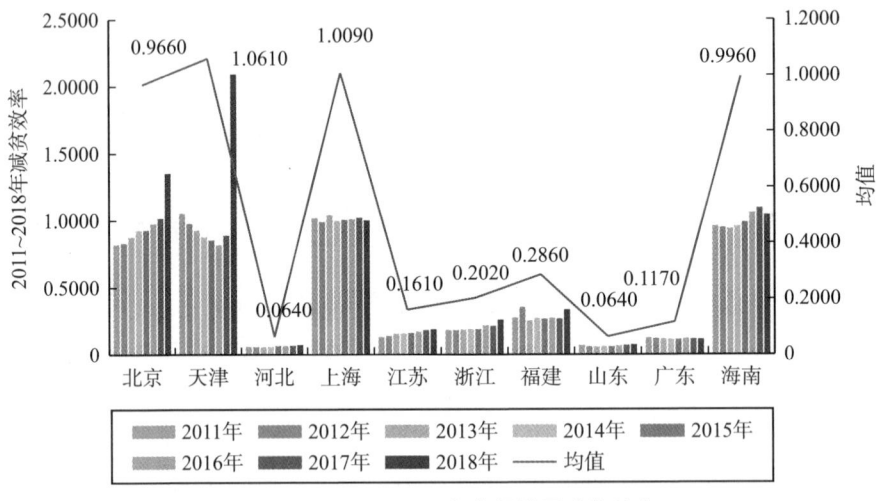

图 4-2 2011~2018 年东部地区减贫效率

另外，在东部地区中存在 5 个省份综合减贫效率评价等级为 B，这反映福建、浙江、江苏、辽宁及广东 5 个省份整体发展较好，减贫效率整体呈现稳步上升状态，除浙江外，其他省份上升效率不高，从实际情况来看，浙江近几年来减贫成效显著，浙江已经产生了多种电商减贫模式，如"遂昌模式"和"嘉兴模式"等，2019 年浙江省的"淘宝村"超过 1500 个，占全国"淘宝村"数量的 36.5%，遥遥领先，减贫效果显著，因此这符合实际事实。最后，在东部地区中存在 2 个综合减贫效率评价等级为 C 的省域，分别是河北和山东，近年减贫政策不断向贫困地区倾斜，河北和山东减贫效果也已经取得了一定的效果，分别拥有"淘宝村"359 个、450 个，分别位居第五、第四位，但从综合减贫效率来看，河北和山东的减贫效率均低于 10%，这可能是因为两地区在电商减贫模式创新有待于继续加强,另外,这也反映了河北和山东内部发展不平衡。整体上来看,中国东部地区的减贫效率呈现 AA 型居多、综合减贫效率稳步增长的势态。

4.2.3.2 中部地区

中部地区受区位因素、交通因素、基础设施因素、产业资源等因素影响,贫困发生率相对较高,在减贫过程当中受到基础设施、地理资源、产业资源等因素限制,电商减贫、旅游减贫等减贫模式的减贫效率相对较低。2011~2018 年中部地区减贫效率如图 4-3 所示。

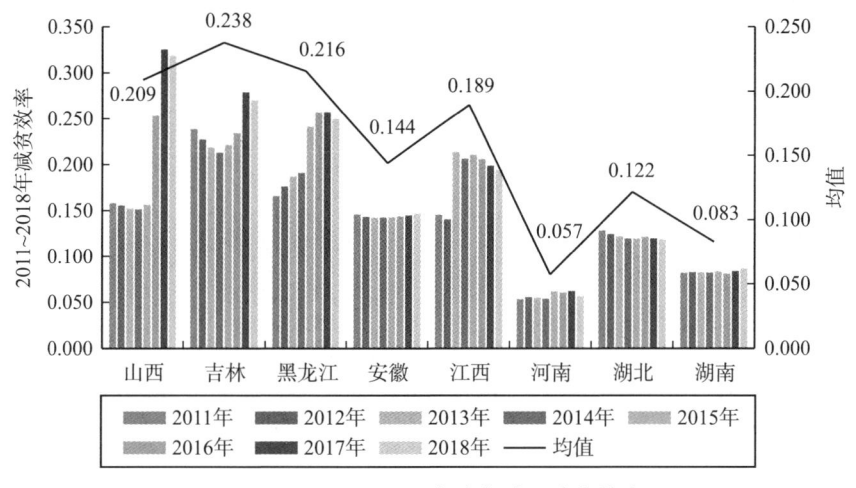

图 4-3 2011~2018 年中部地区减贫效率

从图 4-3 中可以看出,中部地区综合减贫效率普遍处于 B 型,综合减贫效率有待于继续提高,其中无 AA 型和 A 型省域,但存在 6 个综合减贫效率评价等级为 B 的地区,分别为山西、吉林、黑龙江、安徽、江西和湖北,在空间上呈现一定聚集现象,由于地理资源、产业资源等因素限制促使减贫效率较高的地区的优势资源无法向减贫效率较低的地区扩散,但随着电子商务深入渗透于农村地区,具有跨时空地域等典型特点的电子商务突破这一限制,促使中部地区资源要素相互流通,呈现一定聚集趋势,但这种减贫效率有待于进一步完善,政府应当在继续加大电商减贫力度的基础上推动多种减贫模式组合方式作用于贫困地区。另外,中部地区综合减贫效率有 2 个 C 型地区,分别是河南和湖南,从空间视角来看,河南和湖南周边省份减贫效率均存在 A 型和 B 型,但是这种空间扩散受到某种因素的限制没有更好地作用于河南和湖南的减贫效率,因此,政府应当注重打破这两个省份的区域壁垒，更好地吸收其他减贫效率较高地区的资源和经验等。整体上来看，中国中部地区的减贫效率呈现 B 型居多、综合减贫效率一般的势态，有待于继续完善。

4.2.3.3 西部地区

西部地区是农村贫困人口的主要集中地，其多为高原山区，自然条件全国最为恶劣，少数民族也最为集中，贫困发生率最高。这些特征使得西部农村贫困地区的贫困问题具有明显的区域性和复杂性，是地理条件恶劣、交通闭塞、经济落后等多种因素综合作用的结果。2011~2018 年西部地区减贫效率如图 4-4 所示。

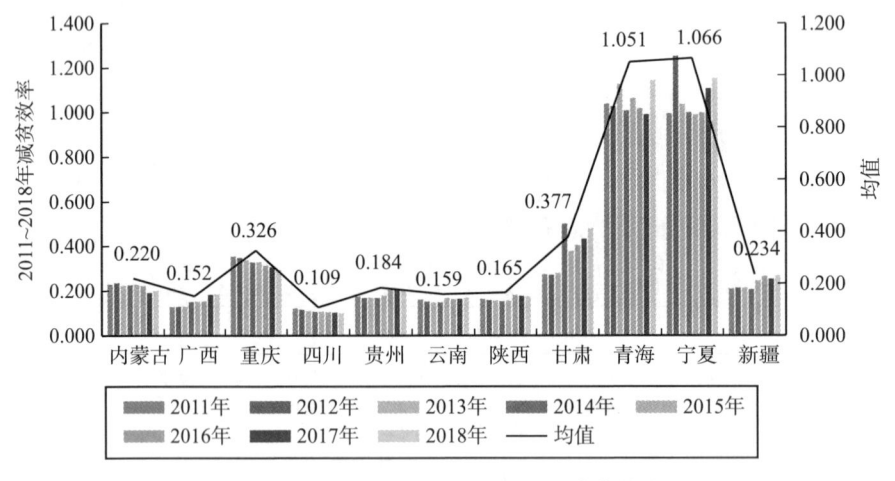

图 4-4 2011~2018 年西部地区减贫效率

从图 4-4 中可以看出，西部地区综合减贫效率等级主要有 AA 型、A 型、B 型，整体减贫效率以 B 型居多，呈现稳步上升势态。西部地区减贫效率等级为 AA 型的有 2 个，分别为青海和宁夏，减贫效果显著。西部地区减贫效率等级为 A 型的有 2 个，分别为重庆和甘肃。西部地区减贫效率等级为 B 型的有 7 个，分别为内蒙古、广西、四川、贵州、云南、陕西和新疆。西部地区先天交通闭塞、地理条件恶劣等因素在一定程度上加大了其减贫工作的难度，但是从综合减贫效率测度结果来看，西部地区整体减贫效果较好，这从一定程度上反映了政府将西部地区作为重点减贫的对象，利用"互联网+精准减贫"等模式对西部地区进行重点扶持，尤其是西部深度贫困地区。这组数据可以看出国家对西部地区扶持效果相对显著，减贫效率整体上呈现稳定增长态势。

综上所述，中国东部地区综合减贫效率以 AA 型为主，减贫效率较高且呈现稳步增长态势；中部地区综合减贫效率以 B 型为主，减贫效率一般，保持稳定增长趋势但增长缓慢；西部地区综合减贫效率主要有 AA 型、A 型、B 型，但以 B 型为主，减贫效率整体比较高。整体上来看，东部地区依然保存自身优势作用于减贫，通过发挥经济空间扩散效应映射至贫困地区，西部地区一直作为减贫重点关注对象，减贫效果非常显著，然而，中部地区减贫效率一般，容易受到减贫政策的忽视，使得减贫效率一般。

4.3 电商减贫质量测度——熵权 TOPSIS

电商减贫作为十大精准脱贫工程之一已被广泛应用于政府、企业和贫困户，理论上电商通过空间、经济、政策三大路径推动贫困户从根本上减贫，然而电商减贫是否真正起作用是我们需要考量的问题，我们在传统 TOPSIS 方法的基础上结合熵权法构建电商减贫质量评价模型，并进一步对其结果进行分析，得到地级市层面电商减贫质量存在的特征和差异。

4.3.1 指标体系构建

鉴于影响电商减贫的因子具有多样性和复杂性特征，为了评价地级市电商减贫质量高低，需对一系列影响电商减贫质量的重要指标进行选取。《中国农村扶贫开发纲要（2011—2020 年）》将脱贫标准拓宽为"两不愁三保障"，即不愁吃、不愁穿，保障义务教育、基本医疗和住房安全。脱贫不仅要解决温饱问题，还需要有教育、医疗、住房等基本保障。考虑到地级市住房、教育数据难以获取，我们并未将其纳入指标体系，而是从经济发展水平、信息发展水平以及生活发展水平三个方面构建电商减贫质量指标体系。其中，"农村居民人均纯收入"的高低能够在一定程度上反映温饱状况，"卫生机构人员数"则一般与农村医疗保障水平成正比。同时，考虑到指标选取的系统性、可比性、代表性和可操作性原则，我们参考杜挺等（2014）的经济综合评价体系，选取 14 个指标来反映 285 个地级市的电商减贫质量高低。具体评价指标见表 4-3，我们的基础数据源于《中国城市统计年鉴》、各省份统计年鉴（2011~2017年）、蚂蚁金服研究院（2011~2014年）、腾讯研究院（2015~2017年）。

表4-3　　　　　　　　电商减贫质量评价指标体系

目标层 A	准则层 B	指标层 C
电商减贫质量	经济发展水平	人均 GDP
		农村居民人均纯收入*
		第一产业占 GDP 比重
		地方财政预算收入
		年末金融机构人民币各项存款余额（亿元）
	信息发展水平	邮政电信业务总收入
		"互联网+"指数**
		移动电话用户数
		互联网宽带接入用户数
		城市年末实有道路面积
	生活发展水平	卫生机构人员数
		建成区绿化覆盖率
		生活垃圾无害化处理率
		污水处理厂集中处理率

说明：*以2011~2013年农村居民人均纯收入替代农村居民人均可支配收入，下同。**2011~2014年"互联网+"指数用互联网消费水平替代。

4.3.2 电商减贫质量测度

4.3.2.1 熵权 TOPSIS 法

熵权 TOPSIS 法综合了熵权法和 TOPSIS 两种方法的优点，是对传统 TOPSIS 法的改进，计算简便、对样本量要求不大，其原理在于：第一，通过熵权法确定权数；第二，通过 TOPSIS 法测度最优、最劣方案，并计算各评价对象与最优、最劣方案的距离（相对接近程度），进行评价排序。本书利用熵权 TOPSIS 法的相关运算理念及方法，构建电商减贫质量评价模型。

4.3.2.2 熵权 TOPSIS 法运算步骤

(1) 构建判断矩阵：

$$X = (x_{ij})_{m \times n}, \ (i = 1, 2, \cdots, m; j = 1, 2, \cdots, n) \quad (4-1)$$

(2) 归一化处理：

$$x'_{ij} = \frac{x_{ij}}{x_{\max}} \quad (4-2)$$

(3) 确定评价指标的熵 H_i：

$$H_j = -\frac{1}{\ln m} \sum_{i=1}^{m} p_{ij} \ln p_{ij} \quad (4-3)$$

其中，$p_{ij} = x'_{ij} \Big/ \sum_{i=1}^{m} x'_{ij}$。

(4) 确定指标 j 的权重：

$$w_j = \frac{1 - H_j}{\sum_{j=1}^{n} (1 - H_j)} \quad (4-4)$$

其中，$w \in [0, 1]$，且 $\sum_{j=1}^{n} w_j = 1$。

(5) 计算加权矩阵：

$$R = (r_{ij})_{m \times n}, \ r_{ij} = w_j \times x'_{ij}, \ (i = 1, 2, \cdots, m; j = 1, 2, \cdots, n)$$

$$(4-5)$$

(6) 确定理想解 S_j^+ 和负理想解 S_j^-：

$$S_j^+ = \max(r_{1j}, r_{2j}, \cdots, r_{nj}), \ S_j^- = \min(r_{1j}, r_{2j}, \cdots, r_{nj}) \quad (4-6)$$

(7) 运用欧氏距离公式，计算各评价对象的评价指标向量到理想解 S_j^+ 和负理想解 S_j^- 的距离：

$$D_i^+ = \sqrt{\sum_{j=1}^{n} (S_j^+ - r_{ij})^2}, (i = 1, 2, \cdots, m) \quad (4-7)$$

(8) 计算综合评价指数：

$$C_i = \frac{D_i^-}{D_i^+ + D_i^-}, \ C_i \in [0, 1] \quad (4-8)$$

其中，C_i 值越大，评价对象的综合评价越好。

4.3.2.3 电商减贫质量评价结果分析

本书基于电商减贫质量评价模型，根据式 (4-4)、式 (4-5) 和式 (4-6)，计算得到各指标对应的权重、正理想解及负理想解。由于篇幅限制，本书仅列出 2011 年各指标正理想解及负理想解，如表 4-4 所示。

根据式 (4-8) 计算出 285 个城市与正理想方案的相对接近程度

(C_i),最终测度出各地级市的电商减贫质量。研究发现,2011~2017年,电商减贫质量显著提高。

表4-4　　各指标的权重和理想解

指标	权重	正理想解	负理想解	指标	权重	正理想解	负理想解
人均地区生产总值	0.034194732	0.0073	0.0003	移动电话用户数	0.07520944	0.0220	0.0003
农村居民人均纯收入	0.012906054	0.0021	0.0002	互联网宽带接入用户数	0.147097364	0.1009	0.0002
第一产业占地区生产总值比重	0.041074077	0.0077	5.99948E-05	城市年末实有道路面积	0.106365893	0.0282	0.0002
地方财政预算收入	0.17906772	0.1024	0.0002	卫生机构人员数	0.065518872	0.0229	0.0003
年末金融机构人民币各项存款余额	0.195013431	0.1214	0.0003	建成区绿化覆盖率	0.014156508	0.0070	6.68483E-06
邮政电信业务总收入	0.111990194	0.0501	0.0002	生活垃圾无害化处理率	0.008216385	0.0004	6.16612E-05
"互联网+"指数	0.003543475	0.0005	0.0001	污水处理厂集中处理率	0.005645855	0.0006	7.70591E-05

在熵权分析的基础上按照TOPSIS法计算电商减贫质量得分C_i,其中电商减贫质量与理想解D_i^+的距离越小越好,而与负理想解D_i^-的距离越大越好。应用Stata 14对C_i进行描述性统计分析,结果显示中国285个城市间电商减贫质量水平差异显著,变异系数为1.45,属于高强度空间变异;偏度大于5,属于高度右偏分布,峰度则表现出尖峰分布,说明中国285个城市电商减贫质量存在显著的两极分化和区域差异。表4-5显示了电商减贫质量前十城市理想解的欧氏距离。

表4-5　　电商减贫质量前十城市理想解的欧氏距离

城市	D_i^+	D_i^-	C_i	排名
北京	0.068618655	0.166972894	0.708738896	1
上海	0.070479585	0.159389181	0.693392077	2
重庆	0.115090426	0.120467305	0.511413081	3
广州	0.125730342	0.080580294	0.390577507	4

续表

城市	D_i^+	D_i^-	C_i	排名
天津	0.145509894	0.064317416	0.306525476	5
苏州	0.151024186	0.053131267	0.260249069	6
杭州	0.152854038	0.04855647	0.241082107	7
成都	0.156244641	0.049515082	0.240645163	8
南京	0.160338098	0.046078601	0.223230975	9
武汉	0.161438267	0.042372085	0.207899573	10

从表 4-5 中可以看出，2017 年电商减贫质量排在前十的均为一线和新一线城市，其中电商减贫质量大于 0.5 的只有北京、上海、重庆，其余均在 0.5 以下。

从图 4-5 中可以看出，2017 年电商减贫质量普遍偏低，排名前十城市中大部分电商减贫质量在 0.5 以下，只有北京、上海、重庆三市电商减贫质量大于 0.5。进一步地，我们计算得到电商减贫质量后十城市理想解的欧氏距离，如表 4-6 所示。

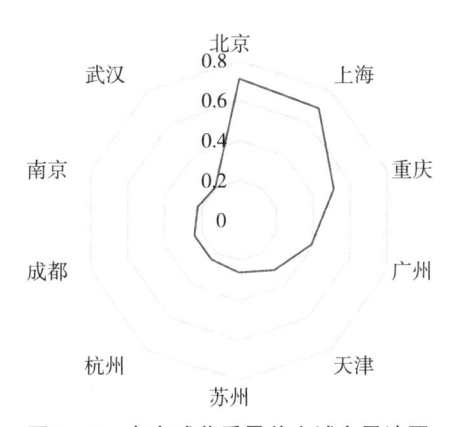

图 4-5 电商减贫质量前十城市雷达图

表 4-6　　　　电商减贫质量后十城市理想解的欧氏距离

城市	D_i^+	D_i^-	C_i
铜川	0.198393525	0.00215287	0.010735022
金昌	0.198722445	0.002454178	0.012199121
七台河	0.198142321	0.002471787	0.012321103
鹰潭	0.197839039	0.002614655	0.013043686

续表

城市	D_i^+	D_i^-	C_i
白银	0.198021248	0.002629831	0.013106488
张家界	0.197905214	0.002716302	0.013539435
拉萨	0.197301089	0.002723871	0.013617656
白山	0.197535021	0.002912351	0.014529255
中卫	0.198593773	0.002992568	0.014845093
石嘴山	0.197920141	0.002987565	0.014870336

从表4-6中可以看出，电商减贫质量排在后十的均为西北、东北或山区城市，其中甘肃有2个城市，分别是金昌、白银；宁夏有2个城市，分别为中卫、石嘴山；陕西有1个城市，为铜川；黑龙江有1个城市，为七台河；江西有1个城市，为鹰潭；湖南有1个城市，为张家界；西藏有1个城市，为拉萨，吉林有1个城市，为白山。电商减贫质量后十城市雷达图如图4-6所示。

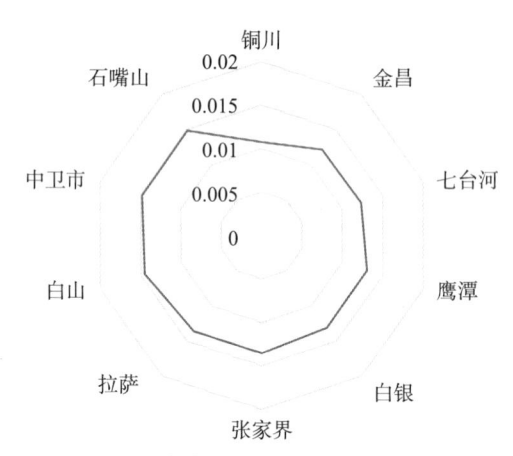

图4-6 电商减贫质量后十城市雷达图

从图4-6中可以看出，2017年电商减贫质量排名后十的城市中，大部分电商减贫质量在0.012~0.016之间。按2017年的C_i大小降序排序发现，电商减贫质量位于前列的城市是北京、上海、重庆、广州、天津、苏州、杭州、成都、南京、武汉，在7年中变化不大，主要因为以上10个城市交通物流发达，基础设施完善，人民生活水平高，电商减贫质量位于前列；但排名靠后的城市在7年间变化较为显著，2017年C_i得分的后10

名依次是铜川、金昌、七台河、鹰潭、白银、张家界、拉萨、白山、中卫、石嘴山，缺少电商专业人才。

通过对这两年 C_i 得分的排名动态分析可知，在 7 年里有北京、天津、忻州、上海、南通、杭州、金华、淮北、滁州、惠州、金昌共 11 个城市排名保持不变，其主要分布在信息发展水平靠前的地区，分布在排名前 10 的有北京、上海、天津、杭州共 4 个城市；有 126 个城市排名上升，主要分布在中东部地区；有 148 个城市排名下降。其中，电商减贫质量上升最快的 5 个城市是来宾、河池、雅安、三亚、内江；电商减贫质量下降最快的 5 个城市是晋城、黑河、丹东、克拉玛依、双鸭山。

4.3.3 区域差异分析

从不同区域来看，东中西部电商减贫质量存在较大差异，且呈现出"东西部高、中部低"的特征。其中电商减贫质量平均得分为东部（0.083）＞西部（0.045）＞中部（0.038）。

4.3.3.1 东部地区

表 4-7 汇报了东部地区电商减贫质量分布情况。可以看出，电商减贫质量前 100 名城市中，东部地区城市占据 61 位，东部城市电商减贫质量普遍较高，电商减贫质量主要分布于 0.05~0.2 之间。主要原因是东部城市经济发展水平以及信息发展水平较高，基础设施完善，农村物流成本相对中西部城市偏低，物流集散度相对中西部城市更集聚。

表 4-7　　　　　东部地区电商减贫质量分布

城市	电商减贫质量	排名	城市	电商减贫质量	排名	城市	电商减贫质量	排名
北京	0.708738896	1	东莞	0.188956456	12	福州	0.141140374	22
上海	0.693392077	2	宁波	0.176816402	13	济南	0.13572122	23
广州	0.390577507	4	沈阳	0.16666947	14	温州	0.124688842	25
天津	0.306525476	5	青岛	0.165834765	15	石家庄	0.116856693	26
苏州	0.260249069	6	无锡	0.162183056	16	南通	0.102348197	31
杭州	0.241082107	7	大连	0.154541744	19	厦门	0.099643534	32
南京	0.223230975	9	佛山	0.141631113	21	泉州	0.094547446	35

续表

城市	电商减贫质量	排名	城市	电商减贫质量	排名	城市	电商减贫质量	排名
潍坊	0.093906185	36	沧州	0.048964599	74	梅州	0.029132221	158
常州	0.092998033	37	东营	0.048829627	76	衢州	0.02908005	159
烟台	0.092353647	38	廊坊	0.047536036	77	日照	0.028872808	161
唐山	0.091654714	39	泰安	0.046597347	79	南平	0.02878034	162
台州	0.082916931	40	海口	0.046077713	80	舟山	0.027814457	172
绍兴	0.080957961	41	连云港	0.045942164	81	承德	0.027758483	174
金华	0.079629489	42	湖州	0.045241929	82	朝阳	0.027044281	177
徐州	0.079455438	43	威海	0.043871732	84	龙岩	0.026974747	178
临沂	0.078794143	44	枣庄	0.043346631	85	莆田	0.026584677	181
湛江	0.077842161	45	邢台	0.042270771	89	抚顺	0.026450628	183
保定	0.075914204	46	漳州	0.040980882	91	辽阳	0.026328259	185
嘉兴	0.074356427	48	秦皇岛	0.040316061	95	三明	0.026110402	188
惠州	0.067373703	50	聊城	0.04016229	96	云浮	0.025416097	194
邯郸	0.066533124	51	鞍山	0.038446617	104	清远	0.025019843	196
淄博	0.066064901	52	德州	0.037205885	109	本溪	0.024965255	197
盐城	0.065679703	53	滨州	0.03670627	111	韶关	0.024816717	198
济宁	0.065271379	55	丹东	0.036654106	112	丽水	0.024654016	201
扬州	0.063474645	56	宁德	0.035275655	121	阜新	0.023675853	210
珠海	0.062357014	57	宿迁	0.035241399	122	莱芜	0.023193134	212
中山	0.061663223	58	张家口	0.034619181	126	阳江	0.02275455	218
肇庆	0.058335199	62	茂名	0.034431828	127	葫芦岛	0.022609158	222
汕头	0.056682665	64	锦州	0.034236892	128	潮州	0.019128969	247
泰州	0.053780646	66	揭阳	0.032786882	134	河源	0.018722573	253
江门	0.052488639	67	营口	0.031060472	145	汕尾	0.018201274	256
菏泽	0.04994309	71	衡水	0.030524511	148	三亚	0.017513729	261
镇江	0.049482766	72	盘锦	0.029649683	155			
淮安	0.049397169	73	铁岭	0.029360504	156			

4.3.3.2 中部地区

表4-8汇报了中部地区电商减贫质量分布情况。可以看出，电商减贫质量前100名城市中，中部地区城市占据21位，中部城市电商减贫质量偏中等。电商减贫质量主要分布于0.02~0.1之间。

表4-8 中部地区电商减贫质量分布

城市	电商减贫质量	排名	城市	电商减贫质量	排名	城市	电商减贫质量	排名
武汉	0.207899573	10	襄阳	0.038856635	101	安庆	0.031408278	140
哈尔滨	0.204328256	11	新乡	0.038842274	102	六安	0.031349356	141
郑州	0.144308022	20	安阳	0.038654773	103	开封	0.031167968	143
长沙	0.128171065	24	商丘	0.038062576	106	宿州	0.031144545	144
长春	0.11322663	27	株洲	0.037887379	107	焦作	0.030219471	149
合肥	0.113212945	28	阜阳	0.037761375	108	郴州	0.02985996	151
晋城	0.098953168	33	大同	0.036742816	110	长治	0.029795529	153
太原	0.097453701	34	荆州	0.036538217	114	佳木斯	0.029700385	154
南昌	0.075185822	47	周口	0.036313653	115	伊春	0.028734636	163
衡阳	0.065379269	54	蚌埠	0.036263861	116	滁州	0.028307056	164
大庆	0.059842355	60	驻马店	0.036245792	117	牡丹江	0.02827542	165
洛阳	0.058670232	61	齐齐哈尔	0.035558025	118	许昌	0.02827148	166
南阳	0.052438092	68	信阳	0.035520123	119	亳州	0.028224408	167
芜湖	0.048847264	75	临汾	0.035496385	120	晋中	0.028160347	168
绥化	0.044002767	83	湘潭	0.03475932	124	吉安	0.028030813	169
运城	0.042716443	86	九江	0.033972569	129	宜春	0.027988264	170
赣州	0.042413905	88	上饶	0.03362077	131	四平	0.027803145	173
吉林	0.041118978	90	黄冈	0.033360114	132	双鸭山	0.027267209	176
常德	0.040860994	92	岳阳	0.033033464	133	马鞍山	0.026781291	179
邵阳	0.039891956	98	平顶山	0.032719843	135	益阳	0.026563062	182
黑河	0.039812521	99	孝感	0.032604457	137	怀化	0.02639106	184
宜昌	0.039601859	100	吕梁	0.031482289	139	十堰	0.025606133	189

续表

城市	电商减贫质量	排名	城市	电商减贫质量	排名	城市	电商减贫质量	排名
永州	0.025573294	191	咸宁	0.021860592	230	白城	0.018103051	258
鸡西	0.025546701	192	濮阳	0.021470021	232	阳泉	0.017463177	262
抚州	0.025315788	195	朔州	0.019616649	242	池州	0.017261513	265
松原	0.024723448	200	铜陵	0.019325094	244	萍乡	0.01678589	266
黄石	0.024296736	204	通化	0.0191862	245	鹤壁	0.015854954	269
鹤岗	0.024127339	206	随州	0.019166514	246	辽源	0.015169104	274
娄底	0.023686388	209	漯河	0.018922963	249	白山	0.014529256	278
淮南	0.022912791	214	鄂州	0.018834468	250	张家界	0.013539435	280
忻州	0.022763949	217	黄山	0.01880296	251	鹰潭	0.013043685	282
荆门	0.022415841	225	三门峡	0.018757138	252	七台河	0.012321102	283
新余	0.022119392	226	淮北	0.018670099	254			
宣城	0.02188486	229	景德镇	0.018147861	257			

4.3.3.3 西部地区

表4-9汇报了西部地区电商减贫质量分布情况。可以看出，电商减贫质量前100名城市中，西部地区城市仅占据17位，西部城市电商减贫质量普遍偏低，但西部地区重庆、成都两城市却跻身全国前十。

我们从单维指标、超效率DEA方法、熵权TOPSIS方法多种维度方法分别测度了中国贫困程度、减贫效率、电商减贫质量，发现减贫效率和电商减贫质量分布不均匀，省域层面减贫效率均存在明显的空间集聚现象，地级市层面电商减贫质量存在显著的两极分化和区域差异。但不论是减贫效率还是电商减贫质量，东中西部存在较大的区域差异，东部地区和西部地区的减贫效率和电商减贫质量较高，而中部地区的减贫效率和电商减贫质量一般，主要原因可能是东部地区通过发挥经济空间扩散效应映射至贫困地区而减贫，西部地区通过发挥减贫政策效应而减贫，而中部地区易受减贫政策的忽视，其减贫效率和电商减贫质量一般。

表 4-9　　　　　　　　西部地区电商减贫质量分布

城市	电商减贫质量	排名	城市	电商减贫质量	排名	城市	电商减贫质量	排名
重庆	0.511413081	3	宝鸡	0.029242756	157	自贡	0.020925116	235
成都	0.240645163	8	达州	0.029058507	160	内江	0.020568321	236
西安	0.161537734	17	呼伦贝尔	0.027919947	171	乌兰察布	0.020500281	237
南宁	0.154909048	18	泸州	0.027569183	175	广安	0.020470707	238
昆明	0.112769169	29	宜宾	0.02675674	180	陇南	0.020357031	239
乌鲁木齐	0.103641512	30	乐山	0.02629511	186	固原	0.020245188	240
鄂尔多斯	0.068647511	49	临沧	0.026118377	187	昭通	0.019675442	241
贵阳	0.060132507	59	保山	0.025577567	190	天水	0.019431248	243
钦州	0.057026097	63	思茅	0.025418541	193	安康	0.019100881	248
兰州	0.053791179	65	汉中	0.024740983	199	梧州	0.018461904	255
包头	0.051845831	69	崇左	0.024554091	202	平凉	0.01803157	259
呼和浩特	0.050635559	70	延安	0.024416307	203	攀枝花	0.017842522	260
赤峰	0.047136094	78	遂宁	0.024134036	205	丽江	0.017437685	263
榆林	0.042582815	87	资阳	0.023922017	207	商洛	0.017399839	264
遵义	0.040832251	93	北海	0.023915486	208	防城港	0.01666653	267
绵阳	0.040374786	94	眉山	0.023212174	211	雅安	0.015994074	268
桂林	0.039953871	97	贵港	0.023147067	213	酒泉	0.015570532	270
柳州	0.038142162	105	巴中	0.022845073	215	庆阳	0.0155061	271
通辽	0.036588194	113	百色	0.022775678	216	六盘水	0.015451959	272
西宁	0.034828266	123	河池	0.022732753	219	吴忠	0.015261675	273
南充	0.034668949	125	张掖	0.022726692	220	安顺	0.014901836	275
银川	0.033761523	130	定西	0.02268049	221	石嘴山	0.014870334	276
渭南	0.032675175	136	玉溪	0.022554101	223	中卫	0.014845095	277
曲靖	0.031681188	138	广元	0.022496965	224	拉萨	0.013617654	279
咸阳	0.031259602	142	贺州	0.022022332	227	白银	0.013106488	281
克拉玛依	0.030721337	146	乌海	0.021933292	228	金昌	0.012199119	284
巴彦淖尔	0.030640314	147	嘉峪关	0.021808595	231	铜川	0.01073502	285
德阳	0.030123346	150	武威	0.021367071	233			
玉林	0.029820918	152	来宾	0.021113492	234			

第 5 章 电商减贫空间效应

由前文得到的减贫效率和电商减贫质量可知,中国的减贫效率和电商减贫质量存在明显的空间集聚和区域空间不均衡现象。为此,我们进一步从空间层面考察电商减贫效率,通过构建空间杜宾模型考察电商减贫的空间扩散效应和空间菲德效应。

5.1 电商减贫空间扩散效应

电商发展能够帮助农村贫困地区突破本地资源的限制,整合聚集人才、资金等外部资源,是带动贫困地区经济发展、助力全面实现脱贫的重要抓手。现阶段,电商减贫开发工作已逐渐深入农村贫困地区,以农村淘宝、拼多多、云集等为代表的电商平台也逐渐将业务下沉至农村市场,成为农户连接大市场的重要载体,农村电商市场规模不断扩大,一大批电商示范县、"淘宝村"兴起。2014 年,我国开始实施电子商务进农村示范工程项目,截至 2019 年共建设 1016 个农村电商示范县[①],分布在 737 个国家级贫困县。同时,"淘宝村"数量迅速增加,截至 2019 年全国共有 4310 个"淘宝村",而由"淘宝村"带动的就业机会数量就达到了 683 万。[②] 由电商发展带动的农产品上行也取得明显成效,农村网络零售额从 2014 年的 5064 亿元上升至 2019 年的 1.7 万亿元[③],扩大了 8.4 倍。在这一过程中,电商对农村贫困的空间作用不可忽视。表 5-1 显示了各省份贫困发生率(2018 年)及"淘宝村"数量(2019 年),更为直观地反映了农村电商与农村贫困之间的空间关联。

[①] 数据源于中华人民共和国商务部公布的历年《电子商务进农村综合示范县名单》。
[②] 数据源于阿里研究院《中国淘宝村研究报告(2019)》。
[③] 数据源于中华人民共和国商务部网站。

表 5-1 2018 年中国各省份贫困发生率及 2019 年
中国各省份"淘宝村"数量

地区	贫困发生率（%）	淘宝村数量（个）	地区	贫困发生率（%）	淘宝村数量（个）	地区	贫困发生率（%）	淘宝村数量（个）
北京	—	11	浙江	—	1573	海南	1.3	—
天津	—	14	安徽	1.3	13	重庆	0.6	3
河北	1.1	359	福建	—	318	四川	1.4	6
山西	3.0	2	江西	1.8	19	贵州	5.0	2
内蒙古	1.0	—	山东	—	450	云南	4.8	1
辽宁	1.1	11	河南	2.1	75	陕西	3.1	2
吉林	1.8	4	湖北	1.6	22	甘肃	5.8	—
黑龙江	1.4	1	湖南	1.8	6	青海	2.6	—
上海	—	—	广东	—	798	宁夏	2.2	1
江苏	—	615	广西	3.3	3	新疆	5.7	1

说明：2019 年各省份贫困发生率数据没有完全公布，故采用 2018 年数据作为替代；北京、天津、上海、浙江、江苏、广东、山东的贫困发生率数值太小，统计上不显示，故将其贫困发生率标为"—"；另外，2018 年海南、内蒙古、甘肃、青海、上海暂未设立"淘宝村"，故将其"淘宝村"数量标为"—"。

资料来源：《中国农村贫困监测报告 2019》和阿里研究院。

结合表 5-1 发现，从贫困空间分布来看，中国贫困发生率呈现出明显的空间分异特征。具体地，东南沿海地区贫困发生率最低，如北京、天津、上海、江苏等省份已全面实现脱贫；中部地区贫困呈集聚分布，但与西部地区相比，贫困程度较低，而以新疆、西藏、甘肃、云南等省份为代表的西部地区则呈现明显的深度贫困集聚现象。从"淘宝村"空间分布来看，与贫困空间分布相反，"淘宝村"多集聚于经济较为发达的沿海地区，浙江、广东和江苏"淘宝村"数量最多，合计占比超过 69.3%，而中西部地区"淘宝村"数量、密度均有所下降。

特别地，我们发现"淘宝村"与贫困发生率在空间上的分布呈现出明显的"胡焕庸线"[①] 地理特征，这也从侧面反映了将空间因素纳入电商减贫效应分析，来考察电商减贫空间效应的重要性。

---

① "胡焕庸线"是沿黑龙江省黑河向西南延伸至云南省腾冲并呈现 45° 倾斜的一条直线，与 400 毫米等降水量线重合的特性使胡焕庸线东南侧地狭人稠而西北侧地广人稀。

5.1.1 理论基础

电子商务作为一种基于互联网信息技术的线上商务活动，具有明显的网络外部性特征。具体地，电子商务可通过知识外溢和消费增长效应带动本地经济增长，促使邻近地区产生间接效应。

5.1.1.1 知识外溢

知识外溢是指知识接收者将获得的知识进行整合加工，与自有知识融合后产生知识创新。新古典经济学认为在完全竞争的市场条件下，知识溢出是完全的，但从空间角度来看，知识溢出并非一成不变的常量。一般而言，知识传播距离越长，扩散成本也越高，这意味着现实情形下信息扩散与知识流动之间存在绝对意义上的显著差异（夏扬和陈嘉伟，2015）。不仅如此，知识溢出效果还会受到经济主体的影响（王耿佳和戴鹏，2015；张帆，2016）。具体而言，经济主体不同，所产生的知识溢出效果也不同。电子商务所具备的网络外部性使得在开展电子商务活动的过程中，邻近地区很容易通过知识外溢获取外界信息，形成示范效应，纷纷效仿建立线上消费和线上销售等电商平台，消除信息不对称，减少交易成本，产生空间溢出从而促进邻近地区经济增长，提高减贫效率。

5.1.1.2 消费增长效应

电子商务发展在极大程度上刺激了消费需求，带动消费增长，其对减贫效率的空间影响主要体现在以下两个方面。一方面，由电商发展带来的消费增长效应直接驱动经济增长，促使电商减贫产生正向的空间溢出效应。在信息化时代，网络购物受到广大消费者青睐，网络消费对经济增长的拉动作用越来越大，电商发达地区网络消费对减贫效果具有正向的空间溢出效应。另一方面，由电商交易活动开展带来的各类要素流动间接驱动产生空间溢出效应。在电商网络中，交易活动十分频繁，这势必会带来各类要素的相互流动，产生空间溢出效应。在网络信息发达的地区，当地物流快递企业云集，促进数据分析、信息服务、市场咨询等生产性服务发展和集聚。受到空间溢出效应的影响，邻近地区的物流、信息平台基础设施等逐步完善，从而达到减贫效果，即电商减贫存在正向的空间溢出效应。

5.1.2 实证检验

5.1.2.1 构建空间权重矩阵

在考察电商减贫的空间效应前，必须构建空间权重矩阵。具体地，本书构建了邻接空间、地理距离、经济地理三种权重矩阵展开分析。

1. 邻接空间权重。

根据各地理单元是否"相邻"来设置邻接空间权重，相邻取值为1，否则取值为0，具体如下：

$$W_{ij} = \begin{cases} 1, & \text{区域} i \text{与区域} j \text{相邻} \\ 0, & \text{区域} i \text{与区域} j \text{不相邻} \end{cases} \quad (i \neq j) \quad (5-1)$$

2. 地理距离权重。

在地理矩阵中，距离决定了空间效应的大小。一般而言，各空间单元之间距离越近，空间效应越强，记区域 i 与区域 j 的距离为 d，该权重矩阵的元素定义如下：

$$W_{ij} = \frac{1}{d_{ij}} \quad (5-2)$$

3. 经济地理权重。

从经济学属性的角度来看，区域单元的经济发展水平等因素会使空间单元存在交互影响，以地区间的人均GDP的差额作为测度经济距离的指标，该权重矩阵的元素定义如下：

$$W_{ij} = \frac{1}{\overline{Y}_i - \overline{Y}_j} \quad (5-3)$$

为减弱外在因素影响，本书对各矩阵进行了标准化处理。

5.1.2.2 空间自相关性检验

全局莫兰（Moran's I）主要用来分析总体在空间上的自相关程度，能够较为直观地反映空间集聚和交互情况，计算方法如下：

$$\text{Moran's I} = \frac{\sum_{i=1}^{n} \sum_{j=1}^{n} W_{ij} (x_i - \bar{x})(x_j - \bar{x})}{S^2 \sum_{i=1}^{n} \sum_{j=1}^{n} W_{ij}} \quad (5-4)$$

其中，$S^2 = \dfrac{\sum_{i=1}^{n}(x_i - \bar{x})^2}{n}$ 为样本方差，$\bar{x}$ 是所有样本的均值，S^2 代表样本的方差，W_{ij} 是单元 i 和 j 的空间关系测度。

利用全局莫兰检验2013～2017年中国30个省份（研究不含西藏和港澳台地区）减贫效率的空间自相关性后发现，无论在哪个权重下，减贫效应都存在明显的空间相关性。[①] 因而必须将空间因素引入模型进行分析。

---

① 由于我们篇幅限制，结果未详细列出。

进一步地，本书利用莫兰散点图进行局部空间相关性分析，以考察减贫效率的局部空间特征（图略）。

在地理距离权重矩阵下，减贫效率空间自相关性较弱，而在邻接空间和经济地理权重下则表现出明显的空间自相关性。电子商务具有跨越时间、距离等特点，相应地，电商发展带来的减贫效应也存在明显的跨越空间地理特征。在三种权重矩阵下，位于第一象限的省域减贫效率表现为高减贫效率的省域被高减贫效率的省域包围，即高高聚集；位于第二象限省域的电子商务基础设施体系和物流设施落后于沿海地区，其减贫效率表现为低减贫效率的省域被高减贫效率的省域包围，呈现低高聚集；位于第三象限的省域减贫效率表现为低减贫效率的省域被低减贫效率的省域包围，呈现低低聚集；位于第四象限省域的减贫效率呈现高低聚集，主要是由于这些省份周边地区的贫困发生率高。

5.1.2.3　空间计量模型设计

由前文的空间自相关检验可知，减贫效率空间自相关特征明显，若使用 OLS 进行估计存在一定偏差，故本书将因变量和自变量的空间效应考虑在内，构建空间杜宾模型分析电商减贫的空间效应。具体地，利用豪斯曼检验确定固定效应或随机效应模型后，系统分析其总效应、直接效应和间接效应，得到最优结果。

1. 空间误差模型。

考虑到空间依赖性可能通过误差项来体现，即一些遗漏变量或不可观测的因素可能存在空间相关性，本书构建空间误差模型加以检验，模型形式如下：

$$y = X\beta + u$$
$$u = \rho W u + \varepsilon \qquad (5-5)$$

其中，ρ、W、u、ε 分别为空间误差系数、空间权重矩阵、随机误差项向量、随机误差项。

2. 空间杜宾模型。

借鉴已有文献研究及实践经验，本书选取电子商务和贫困的关键影响因素作为解释变量。为减弱异方差的影响，对所有解释变量均取对数，同时，为了使实证结果更为可靠，实证分析过程中还删掉了具有离群值和数据缺漏值的西藏。实证过程中使用的数据皆来源于相关年份《中国统计年鉴》《中国农村统计年鉴》，数据来源准确、可靠。通过将自变量和因变量的空间相关因素加入面板回归模型中，建立空间杜宾面板模型：

$$efficiency_{it} = \rho W_i efficiency_{it} + \beta \ln X_i + \theta W_i \ln Z_i + u_i + \varepsilon_{it} \quad (5-6)$$

其中，$i=1$，…，n；$t=1$，…，n。

（1）被解释变量：$efficiency$ 为减贫效率。

（2）核心解释变量：Z_i 为核心解释变量，其中 e 为电子商务销售额，$index$ 为网络消费水平。

（3）系列控制变量：X_i 表示一系列控制变量的集合，$kuaidi$ 表示人均快递业务量，$asset$ 表示社会固定总资产，$youdian$ 表示邮电业务总量（亿元），$jinrong$ 表示金融发展水平，用银行业金融机构各项贷款余额（亿元）/年末人口数（万人）表示，$pcgdp$ 表示人均地区生产总值，$caizheng$ 表示为人均公共财政支出，用一般预算支出/年末人口数（万人）表示。$\ln X$ 表示对所有控制变量取对数，W_i 则是衡量各地区之间相关程度的空间权重矩阵。另外，ρ 为空间自相关回归系数，$\rho \neq 0$ 时被解释变量和解释变量的空间依赖由 $\rho W_i efficiency_{it}$ 和 $\theta W_i \ln Z_i$ 反映；u_i、ε_{it} 分别为地区固定效应和随机误差项。电子商务作为一种依托互联网信息技术的新型商务活动，能够跨越时间、空间距离，作用于减贫并产生空间效应。变量的描述性统计见表 5-2。

表 5-2　　　　　　　　　变量的描述性统计

变量	样本量	均值	标准差	最小值	最大值
$efficiency$	120	0.4213333	0.3455648	0.12	1.46
lne	120	7.114575	1.418422	3.446808	9.775375
$lnindex$	120	4.625498	0.2288505	4.154655	5.278727
$kuaidi$	120	12.86317	21.07891	0.69	107.55
$lnasset$	120	9.546737	0.7174233	7.766879	10.88412
$lnyoudian$	120	6.315491	0.8212202	4.211535	8.384525
$lnjinrong$	120	11.03167	0.5498946	10.1257	12.58904
$lnpcgdp$	120	10.78998	0.3964629	10.04979	11.68012
$lncaizheng$	120	9.322687	0.3683655	8.687815	10.29159

5.1.3 实证结果与分析

本书在前文构建的空间杜宾模型的基础上，利用 Stata 软件测度电商减贫的空间效应。在估计空间效应前，采用豪斯曼检验判断应使用固定效应模型还是随机效应模型。为检验实证结果的可靠程度，本书分别从全国、东中西地区两个层面进行分析，并列出了各权重矩阵下的固定效应和随机效应估计结果。

5.1.3.1 全国层面

首先从全国层面即 30 个省份实证分析电商减贫的空间效应，相应的估计结果如表 5-3、表 5-4 所示。

表 5-3　　　　　　　　　空间杜宾估计结果

变量	邻接空间权重（模型1）FE	邻接空间权重（模型1）RE	地理距离权重（模型2）FE	地理距离权重（模型2）RE	经济地理权重（模型3）FE	经济地理权重（模型3）RE
lne	-0.001417 (-0.28)	-0.0032875 (-0.29)	0.0052494 (0.79)	-0.0023206 (-0.3)	0.0058472 (1.15)	0.0009204 (0.11)
ln*index*	0.1439042 (0.63)	-0.0432674 (-0.23)	0.3135267 (0.96)	0.1200123 (0.42)	0.4083206* (1.66)	0.5631442*** (2.9)
ln*caizheng*	-0.0759217 (-0.48)	0.3155362** (2.1)	-0.0306579 (-0.19)	0.3337046*** (3.25)	0.0288196 (0.58)	0.3396871*** (4.26)
ln*asset*	0.0180363 (0.31)	-0.2643389*** (-3.38)	0.013968 (0.26)	-0.2102065*** (-3.08)	—	—
ln*jinrong*	-0.0045188 (-0.03)	0.0162818 (0.18)	-0.0222699 (-0.1)	0.0372441 (0.43)	—	—
ln*pcgdp*	0.0024185 (0.01)	0.2614627** (2.31)	0.002668 (0.01)	0.2314282* (1.83)	—	—
kuaidi	-0.000019 (-0.02)	-0.0018712 (-1.6)	0.0002031 (0.17)	-0.0010436 (-0.73)	—	—
ln*youdian*	—	—	—	—	0.1654506* (1.89)	-0.202509*** (-3.31)
常数项	—	-0.0743714 (-0.03)	—	3.634871 (0.92)	—	-4.154652*** (-5.22)

续表

变量	邻接空间权重（模型1） FE	邻接空间权重（模型1） RE	地理距离权重（模型2） FE	地理距离权重（模型2） RE	经济地理权重（模型3） FE	经济地理权重（模型3） RE
$W \times \ln e$	0.0283895 (1.22)	0.0197124 (1.01)	0.1281184** (1.75)	0.0622561 (1.09)	0.1166193*** (3.28)	0.01234 (0.37)
$W \times \ln index$	-0.2339205 (-0.75)	-0.075821 (-0.27)	-0.9474656 (-1.37)	-0.6121643 (-0.85)	—	—
$W \times kuaidi$	0.0046268* (1.83)	0.0053819** (2.19)	0.0095872*** (2.6)	0.00617* (1.76)	—	—
$W \times \ln caizheng$	-0.1145926 (-0.74)	-0.2769522*** (-2.82)	-0.642196*** (-3.04)	-0.5732329*** (-3.39)	—	—
$W \times \ln youdian$	—	—	—	—	-0.377567*** (-3.19)	-0.0022284 (-0.04)
ρ	-0.0195138 (-0.18)	0.0829672 (0.89)	-0.681586*** (-2.61)	-0.2726277 (-1.11)	-0.3479042** (-2.2)	0.0062245 (0.04)
Huasman	213.79		7.85		48.6	

说明：括号内为z值，***、**、*分别表示1%、5%、10%的显著性水平。

表5-4　　　　　　　　　　　空间误差估计结果

变量	邻接空间权重（模型4） FE	邻接空间权重（模型4） RE	地理距离权重（模型5） FE	地理距离权重（模型5） RE	经济地理权重（模型6） FE	经济地理权重（模型6） RE
$\ln e$	0.001291 (0.21)	0.0007879 (0.11)	0.0074548 (0.98)	0.0023773 (0.39)	0.0021152 (0.27)	0.0030398 (0.39)
$\ln index$	0.3637254 (1.52)	0.5549801*** (3.32)	0.3926214* (1.95)	0.5550637*** (3.66)	0.3499565 (1.33)	0.5517426*** (3.21)
$\ln caizheng$	0.2265693** (2.59)	0.352524*** (4.65)	0.2581788*** (4.5)	0.3320236*** (5.29)	0.2158154* (2.11)	0.3549856*** (4.44)
$\ln youdian$	-0.0973973* (-1.85)	-0.1919542*** (-4.08)	-0.140266*** (-3.4)	-0.1855474*** (-4.9)	-0.0872865 (-1.21)	-0.196944*** (-3.95)
常数项	—	-4.225639*** (-4.96)	—	-4.08644*** (-4.97)	—	-4.217996*** (-4.83)
lambda	-0.1850352 (-1.54)	-0.1406341 (-1.47)	-1.069446** (-2.46)	-1.037293*** (-3.98)	0.0191477 (0.06)	-0.0986426 (-0.46)
Huasman	20.96		36.58		12.10	

说明：括号内为z值，***、**、*分别表示1%、5%、10%的显著性水平。

由表 5-3 估计结果可知,在空间杜宾模型中,不管在何种空间权重下,豪斯曼检验都显示接受固定效应而拒绝随机效应,因此我们主要从邻接空间权重、地理距离权重、经济地理权重三种不同的权重下分析电子商务发展水平的直接效应和空间效应。结合表 5-4 发现,利用空间误差模型进行估计的结果显示,仅在地理空间权重下电商减贫效应比较显著。总的来看,在邻接空间权重下,不管是在空间杜宾模型还是空间误差模型,ρ 值和 lambda 均不显著,表明电子商务在相邻地区的空间效应较弱,还需进一步分析;在地理距离权重下,空间杜宾模型和空间误差模型下的电子商务对减贫效率的空间作用均比较显著,且空间杜宾模型下的固定效应优于空间误差模型下的固定效应;在经济地理权重下,空间杜宾模型下电子商务对减贫效率的空间溢出效应显著而空间误差模型下的空间溢出效应不显著。因此,利用空间杜宾模型考察电商减贫的直接效应和空间效应,综合考虑电子商务作用于减贫的理论基础和电子商务对减贫效应的空间杜宾检验后,发现电子商务发展水平对减贫效率的作用力度在地理距离权重、经济地理权重下比较显著,因此我们主要分析这两种空间权重下的固定效应估计结果。

在地理距离权重且不加入空间异质性的情况下,电商减贫的直接效应为正,其系数为 0.0052494,表明电子商务每增长 1%,电子商务直接促使当地减贫效率提高 0.0052%,但不显著。从网络消费水平来看,网络消费水平指数直接效应为正,其系数为 0.3135267,表明网络消费水平每提高 1%,电子商务直接促使当地减贫效率提高 0.3135%,但不显著。总的来说,电子商务直接促进了当地减贫效率的发挥,但这一作用仍不显著;将空间因素加入模型进行估计后发现,电商减贫空间效应显著为正,其系数为 0.1281184,表明电子商务每增长 1%,电子商务间接促使邻近地区减贫效率提高 0.12812%。从网络消费水平来看,网络消费水平指数空间效应为负,其系数 -0.9474656,表明网络消费水平每增加 1%,电子商务直接促使当地减贫效率降低 0.94747%,但这种负向效应不显著。可见,电商减贫存在明显的正向空间溢出效应,即电子商务发展不仅有助于当地经济发展,而且还能够打破地域空间的限制,带动邻近地区的发展,进而减少贫困发生率,实现减贫正向效应跨越时空、地理溢出至邻近地区。

在经济地理权重且不考虑空间异质性的情况下,电商减贫的直接效应为正,但不显著,其系数为 0.0058472,即电子商务销售额每增长 1%,

当地减贫效率提高 0.0058%。从网络消费水平来看，网络消费水平指数的直接效应在 10%的显著性水平下显著为正，其系数为 0.4083206，表明网络消费水平每增加 1%，电子商务直接促使当地减贫效率提高 0.4083%。总的来说，电子商务对当地减贫效率存在正向直接促进作用，尤其体现在网络消费层面；考虑空间因素后，电商减贫的空间效应显著为正，其系数为 0.1166193，表明电子商务每增长 1%，电子商务间接促使邻近地区减贫效率提高 0.1166%。由此可知，电子商务发展不仅对当地经济有促进作用，而且对邻近贫困地区经济同样有带动作用。电子商务具有跨地域、跨空间障碍的特征，本地电商减贫效应得到发挥的同时，相应的知识、技术要素也逐渐向邻近贫困地区扩散，农户获取知识信息后，将其深度运用于农业生产经营活动中，扩大就业创业，实现脱贫致富。

5.1.3.2 东中西部地区层面

由于贫困呈现明显的聚集且贫困程度在空间上呈现由西向东阶梯递减趋势，因此从区域层面出发对农村电商减贫进行深入研究尤为重要。基于空间杜宾模型，本书利用 Stata 软件分析得到东部地区和中西部地区电商减贫的空间效应，结果见表 5-5。

表 5-5　　　　　　　　　分地区空间杜宾估计结果

变量	邻接空间权重（模型7） 东部地区（FE）	邻接空间权重（模型7） 中西部地区（FE）	地理距离权重（模型8） 东部地区（FE）	地理距离权重（模型8） 中西部地区（FE）	经济地理权重（模型9） 东部地区（FE）	经济地理权重（模型9） 中西部地区（FE）
lne	-0.037986 (-0.63)	-0.0044924 (-0.64)	-0.0378385 (-0.54)	0.0006956 (0.11)	-0.0492785 (-0.72)	-0.0009354 (-0.17)
$lnindex$	0.742515*** (2.82)	-0.3624848*** (-2.72)	0.8119448** (2.41)	-0.2623333** (-2.13)	0.8940399** (2.43)	-0.202909 (-1.52)
$lnasset$	0.0431905 (1.28)	—	-0.0276968 (-1.45)	—	-0.0402965* (-1.85)	—
$lnyoudian$	0.0805746 (0.62)	0.2261633 (1.09)	0.2284582 (1.62)	0.1865285 (0.98)	0.2403287* (1.69)	0.1472575 (1.04)
$kuaidi$	—	0.0009182 (0.25)	—	-0.0032598 (-0.73)	—	-0.0032136 (-0.84)

续表

变量	邻接空间权重（模型7）		地理距离权重（模型8）		经济地理权重（模型9）	
	东部地区（FE）	中西部地区（FE）	东部地区（FE）	中西部地区（FE）	东部地区（FE）	中西部地区（FE）
lnjinrong	0.883730 *** (2.82)	-0.0764787 (-0.82)	1.244531 *** (3.95)	-0.0608114 (-0.56)	1.303392 *** (3.88)	-0.0250623 (-0.24)
$W \times$ lne	-0.160512 ** (-1.99)	0.0363544 ** (1.98)	-0.2882363 * (-1.75)	0.1093103 *** (3.4)	-0.3493571 * (-1.81)	0.0702411 ** (2.49)
$W \times$ lnindex	-0.0191348 (-0.06)	0.1889896 (0.71)	1.025174 (1.17)	0.5830469 (0.9)	1.440898 (1.55)	0.2449378 (0.45)
$W \times$ lnyoudain	-0.415215 *** (-3.39)	-0.2404129 (-1.12)	-0.665304 *** (-4.55)	-0.3287113 (-1.64)	-0.691940 *** (-4.31)	-0.2350985 (-1.51)
rho	-0.335096 *** (-3.14)	-0.1301735 (-1.35)	-0.726164 *** (-2.73)	-0.9109397 *** (-2.66)	-0.757610 *** (-2.6)	-0.555965 *** (-4.67)

说明：括号内为 z 值，***、**、* 分别表示1%、5%、10%的显著性水平。

在空间杜宾模型中，不管在何种空间权重下，豪斯曼检验都显示接受固定效应拒绝随机效应，因而本书主要基于固定效应模型分析不同权重矩阵下东部地区和中西部地区电商减贫的直接效应、空间效应及其差异。研究表明，在利用邻接空间权重进行估计且不考虑空间因素的情形下，东部地区和中西部地区的电子商务销售额均为负值，且均不显著，其系数分别为-0.037986、-0.0044924。从网络消费指数看，东部地区的网络消费指数在1%的显著性水平下对减贫效率存在正向直接效应，其系数为0.742515，表明网络消费水平每增加1%，电子商务直接促使当地减贫效率提高0.7425%；而中西部地区网络消费指数在1%的显著性水平下对减贫效率存在负向直接效应，其系数为-0.3624848，表明网络消费水平每增加1%，电子商务直接促使当地减贫效率降低0.3625%。在考虑空间邻近因素下，东部地区的电子商务发展水平在5%的显著性水平下对邻近地区减贫效率存在负向抑制作用，电子商务每增加1%，电子商务促使邻近地区减贫效率降低0.1605%。与此相反的是，中西部地区的电子商务发展水平在5%的显著性水平下对邻近地区减贫效率存在正向促进作用，电子商务每增加1%，电子商务促使邻近地区减贫效率提高0.0363%。网络消费水平在东部地区和中西部地区对减贫效率的作用并不显著。

在地理距离权重下，在不考虑空间层面的情况下，东部地区和中西部地区的电子商务销售额均为负值，且均不显著，其系数分别为 -0.0378385、0.0006956。从网络消费指数看，东部地区的网络消费指数在 5% 的显著性水平下对减贫效率存在正向直接效应，其系数为 0.8119448，表明网络消费水平每增加 1%，电子商务直接促使当地减贫效率提高 0.8119%；而中西部地区网络消费指数在 1% 的显著性水平下对减贫效率存在负向直接效应，其系数为 -0.2623333，表明网络消费水平每增加 1%，电子商务直接促使当地减贫效率降低 0.2623%。在考虑空间邻近因素下，东部地区的电子商务发展水平在 5% 的显著性水平下对邻近地区减贫效率存在负向抑制作用，电子商务每增加 1%，电子商务促使邻近地区减贫效率降低 0.2882%。与此相反的是，中西部地区的电子商务发展水平在 1% 的显著性水平下对邻近地区减贫效率存在正向促进作用，电子商务每增加 1%，电子商务促使邻近地区减贫效率提高 0.1093%。网络消费水平在东部地区和中西部地区对减贫效率的作用并不显著。

在经济地理权重下，在不考虑空间层面的情况下，东部地区和中西部地区的电子商务销售额均为负值，且均不显著，其系数分别为 -0.0492785、-0.0009354。从网络消费指数看，东部地区的网络消费指数在 5% 的显著性水平下对减贫效率存在正向直接效应，其系数为 0.8940399，表明网络消费水平每增加 1%，电子商务直接促使当地减贫效率提高 0.8940%；而中西部地区网络消费指数对减贫效率存在负向直接效应但效果不显著，其系数为 -0.202909，表明网络消费水平每增加 1%，电子商务直接促使当地减贫效率降低 0.2029%。在考虑空间邻近因素下，东部地区的电子商务发展水平在 5% 的显著性水平下对邻近地区减贫效率存在负向抑制作用，电子商务每增加 1%，电子商务促使邻近地区减贫效率降低 0.34936%。与此相反的是，中西部地区的电子商务发展水平在 1% 的显著性水平下对邻近地区减贫效率存在正向促进作用，电子商务每增加 1%，电子商务促使邻近地区减贫效率提高 0.0702%。网络消费水平在东部地区和中西部地区对减贫效率的作用并不显著。

从整体上来看，主要有以下两个结论：第一，东部地区电商发展对当地减贫效率存在正向直接效应，对邻近地区存在负向空间效应；第二，中西部地区电商发展对减贫效率存在负的直接效应，对邻近地区存在正向空间效应。这可能是由于东部地区均为沿海城市，其经济发展相对比较发达，因此电子商务应用率相对较高，电商基础设施相对完善促使当地贫困率减少，进而正向作用于减贫效率。从空间层面来看，东部地区电商发展具有显著的空间回波效应，即东部地区经济发展的同时会吸收周围地区的要素资源，使得相关要素资源流向中心地区；中西部地区电子商务发展对减贫效率存在一定的抑制作用，这可能是由于电子商务在农村贫困地区发展不够成熟，发展电子商务所需的信息技术、知识引领型人才、基础设施等在农村贫困地区还未得到完全实现；从空间层面来看，中西部地区电商发展对邻近贫困地区存在正向空间效应。这可能是由于在中西部地区整体发展水平相对较落后，贫困村主要聚集在中西部地区，电子商务对邻近贫困地区产生了明显的空间扩散效应，即经济较为发达地区对邻近地区存在较强的辐射带动作用，通过将要素资源向外扩张至周围较低级地区，帮助周围地区发挥"资源红利"实现后发增长。

5.2 电商减贫空间菲德效应

农村电商存在明显的空间集聚现象。随着各大电商主体下沉渗透至农村地区，以新农人、农村淘宝为代表的"农村淘宝"项目逐渐在农村开展并取得较大成效，带动了一大批农户脱贫致富，一大批"淘宝村"也随之兴起。这些由电商减贫催生的"淘宝村"在空间分布上存在明显的空间阶梯特征，突出表现为以江浙沪为核心向周围邻近地区扩散。从既有文献研究来看，学者一致认为电子商务对于减贫有积极的影响。一方面，电子商务能够打破传统商务活动中的时间、空间限制，带动贫困地区农户依托电商平台实现联产品、联设施、联市场，最终帮助农户拓展农产品经营渠道，实现跨时间、跨地域的农产品产销对接。另一方面，农村电商产业发展的同时也带动了一系列相关上下游产业链、配套服务业快速集聚，电子商务逐渐与农业、制造业、服务业等产业关联融合，成为驱动经济增长的重要动力，助力农户实现增收减贫。

在既有研究的基础上，电商减贫仍有待进一步深入研究，具体体现在以下两个方面：第一，电子商务对农村贫困的作用机制如何？除直接带动电子商务相关产业发展以改善贫困状况外，是否存在带动非电子商务产业发展的间接效应？第二，鉴于农村电子商务和贫困分布均具有明显的空间集聚特征，那么电商减贫的直接效应和间接效应是否存在空间效应？实际上，电商减贫在很大程度上通过互联网这一信息中介将减贫影响力逐渐扩散至各个地区。同时,空间计量(Lin and Kwan,2016)、分位数回归(Wang et al.,2013)、动态面板数据(单德朋等,2015)等计量方法的日渐完善也为研究电商减贫空间效应提供了实证工具。基于此,借鉴桂黄宝(2014)、华锐和庄子银(2017)的做法,构建菲德空间杜宾模型实证测度电商减贫的直接效应、间接效应,并进一步探究电商减贫的空间效应。

5.2.1 模型构建

5.2.1.1 电商减贫效应分解

电子商务发展有助于减贫效率的发挥。具体地,电子商务主要通过技术外溢和知识外溢带动电子商务部门和非电子商务部门的发展,以促进贫困地区经济发展,提高减贫效率。与之相对应,可将电子商务减贫效应分解为直接和间接效应。从直接效应来看,电子商务能够带动自身相关产业发展而直接作用于减贫,如电子商务、物流、等信息产业。从间接效应来看,"互联网+""电子商务+"作为新业态带动了众多非电子商务部门的传统行业转型,充分调动社会闲散资源促进贫困地区发展,提高减贫效率。

5.2.1.2 修正菲德模型

基于以上分析,我们选用菲德的两部门模型,从直接效应和间接效应两个渠道分析电子商务的发展对减贫效率的影响。已有学者研究多将菲德模型运用于考察出口、教育、研发、流通产业等领域的外溢作用(唐志,2007;钱争鸣和邓明,2008;雷权勇,2014;张波,2016;华锐,2018),本书则在此基础上,将电子商务这一信息因素引入菲德模型加以修正,分析电商减贫的菲德效应,即电子商务对贫困作用的直接效应和间接效应。

假设经济体中只有电子商务部门 E、非电子商务部门 N 两个部门。考虑到电子商务发展和减贫效率的发挥均需要以良好的技术、资本和物流环境为基础(韩雷和张磊,2016),本书在模型中引入了技术、资本和物流等因素,具体表达式如下:

$$effi = E + N \tag{5-7}$$

$$E = E(K_E, D_E, A_E) \tag{5-8}$$

$$N = N(K_N, D_N, A_N, E) \tag{5-9}$$

其中,effi 为减贫效率,N 为非电子商务部门对减贫所作出的贡献,E 则为电子商务部门所作贡献。K、D、A 分别为资本存量、物流水平、技术环境，K_E、D_E、A_E 表示将单位资本、物流和技术环境配置给电子商务部门，K_N、D_N、A_N 则表示将单位资本、物流和技术环境配置给非电子商务部门。各变量之间满足如下关系：$K = K_E + K_N$，$D = D_E + D_N$，$A = A_E + A_N$。同时借鉴布鲁诺（Bruno，1964）的研究，假定各变量满足如下条件：

$$\frac{\partial E/\partial K_E}{\partial N/\partial K_N} = \frac{\partial E/\partial D_E}{\partial N/\partial D_N} = \frac{\partial E/\partial A_E}{\partial N/\partial A_N} = \alpha + 1 \tag{5-10}$$

其中，α 表示生产率差异之比。$\partial E/\partial K_E$、$\partial N/\partial K_N$、$\partial E/\partial D_E$、$\partial N/\partial D_N$ 和 $\partial E/\partial A_E$、$\partial N/\partial A_N$ 分别是电子商务部门与非电子商务部门对资产、物流及技术环境的边际产量，对式（5-7）、式（5-8）、式（5-9）求全微分，可得：

$$\frac{\mathrm{d}effi}{\mathrm{d}t} = \frac{\mathrm{d}E}{\mathrm{d}t} + \frac{\mathrm{d}N}{\mathrm{d}t} \tag{5-11}$$

$$\frac{\mathrm{d}E}{\mathrm{d}t} = \frac{\partial E}{\partial K_E} \times \frac{\mathrm{d}K_E}{\mathrm{d}t} + \frac{\partial E}{\partial D_E} \times \frac{\mathrm{d}D_E}{\mathrm{d}t} + \frac{\partial N}{\partial A_E} \times \frac{\mathrm{d}A_E}{\mathrm{d}t} \tag{5-12}$$

$$\frac{\mathrm{d}N}{\mathrm{d}t} = \frac{\partial N}{\partial K_N} \times \frac{\mathrm{d}K_N}{\mathrm{d}t} + \frac{\partial N}{\partial D_N} \times \frac{\mathrm{d}D_N}{\mathrm{d}t} + \frac{\partial N}{\partial A_E} \times \frac{\mathrm{d}A_E}{\mathrm{d}t} + \frac{\partial N}{\partial E} \times \frac{\partial E}{\partial t} \tag{5-13}$$

将式（5-12）、式（5-13）代入式（5-11），并结合式（5-10）整理得：

$$\frac{\mathrm{d}effi}{\mathrm{d}t} = \frac{\partial N}{\partial K_N} \times \frac{\mathrm{d}K_N}{\mathrm{d}t} + \frac{\partial N}{\partial D_N} \times \frac{\mathrm{d}D_N}{\mathrm{d}t} + \frac{\partial E}{\partial A_E} \times \frac{\mathrm{d}A_E}{\mathrm{d}t} + \frac{\alpha}{\alpha+1} \times \frac{\mathrm{d}E}{\mathrm{d}t} + \frac{\partial N}{\partial E} \times \frac{\partial E}{\mathrm{d}t} \tag{5-14}$$

为使研究更加科学、可行，本书借鉴包群（2003）的研究，假定电子商务部门对非电子商务部门的弹性 δ 为一个常量，且满足 $N = N(K_N, D_N, A_N, E) = E^{\delta} g(K_N, D_N A_N)$，$\delta$ 的值代表电子商务部门 E 对非电子商务部门 N 的带动作用的大小。

对式（5-14）两边同时除以 $effi$，得到：

$$\frac{\mathrm{d}effi}{effi} = \frac{\partial N}{\partial K_N} \times \frac{K}{effi} \times \frac{\mathrm{d}K}{K} + \frac{\partial N}{\partial D_N} \times \frac{D}{effi} \times \frac{\mathrm{d}D}{D} + \frac{\partial N}{\partial A_N} \times \frac{A}{effi}$$

$$\times \frac{\mathrm{d}A}{A} + \left(\frac{\alpha}{\alpha+1} - \delta\right)\frac{E}{effi} \times \frac{\mathrm{d}E}{E} + \delta \frac{\mathrm{d}E}{E} \tag{5-15}$$

进一步有：

$$\frac{\mathrm{d}effi}{effi} = \frac{\partial N}{\partial K_N} \times \frac{\mathrm{d}K}{effi} + \frac{\partial N}{\partial D_N} \times \frac{\mathrm{d}D}{effi} + \frac{\partial N}{\partial A_N} \times \frac{\mathrm{d}A}{effi} + \left(\frac{\alpha}{\alpha+1} - \delta\right)\frac{E}{effi} \times \frac{\mathrm{d}E}{E} + \delta \frac{\mathrm{d}E}{E} \tag{5-16}$$

由式（5-16）可知，$\frac{E}{effi} \times \frac{dE}{E}$ 为电子商务对减贫效率的直接效应，而 $\frac{\alpha}{\alpha+1} - \delta$ 表示电子商务减贫直接效应的测量，$\frac{dE}{E}$ 表示电子商务对减贫效率的间接效应，而 δ 表示电商减贫间接效应的测量。

5.2.2 变量选取与描述性统计

贫困人口分布往往具有明显的空间不均衡特征，而电子商务能够通过知识外溢、技术外溢等途径打破地域空间的限制，具有空间传导效应。相应地，在考察电商减贫效应时必须考虑空间异质性。本书借鉴安瑟兰（Anselin，1988）的做法，对菲德模型进行修正，并将菲德思想引入空间杜宾模型，构建菲德空间杜宾模型展开分析。

考虑到减贫效率存在显著的空间自相关，本书基于最大似然法构建空间杜宾模型，并采用豪斯曼检验选择固定效应或随机效应模型，具体模型形式如下：

$$g_{effi_{it}} = \rho \sum_{i=1}^{n} W_{ij} g_{effi_{it}} + \beta_i X_i + \delta W_i X_i + u_i + \gamma_t + \varepsilon_{it} \quad (5-17)$$

（1）被解释变量 g_{effi} 为减贫效率增长率，减贫效率由超效率 DEA 测算得到。

（2）主要解释变量包括直接效应 $g_Z = \frac{dE}{E} \times \frac{E}{effi}$、间接效应 $g_J = \frac{dE}{E}$。

（3）控制变量 X 包括资本、物流基础和技术环境的增长率，分别用 g_{K_i}、g_{D_i}、g_{A_i} 表示，计算方法为 $g_K = \frac{dK}{K}$、$g_D = \frac{dD}{D}$、$g_A = \frac{dA}{A}$。对于资本 K，本书借鉴钟麦英和汤兵勇（2012）的研究，以全社会固定投资总额的增长率来衡量；对于物流基础 D，以人均快递业务量来衡量；技术环境 A 则用域名数的增长率来表示。

本书基于 2013~2017 年[①]省际面板数据，实证分析电商减贫的菲德效应。另外，为使实证结果更为可靠、稳健，本书剔除了数据缺失、离群值较多的西藏这一样本，也不含港澳台地区。具体地，本书利用超效率 DEA 方法测算得到减贫效率，其余数据均源于历年《中国统计年鉴》。变量含义及描述性统计结果如表 5-6 所示。

[①] 《中国统计年鉴》中电子商务交易额省域层面数据从 2013 年开始统计。

表 5-6　　　　　　　　变量含义及描述性统计结果

符号	因素层	指标	均值	标准差	最小值	最大值
g_{effi}	—	减贫效率增长率	0.0384	0.1455	-0.3099	1.1528
g_K	资本	全社会固定资产增长率	0.0916	0.1298	-0.6265	0.2373
g_D	物流	人均快递业务量增长率	0.4224	0.1893	0.0008	1.0257
g_A	技术环境	域名数增长率	0.3695	0.5286	-0.6714	2.7521
g_Z	直接效应	$\frac{dE}{E} \times \frac{E}{effi}$	0.2794	0.5811	-0.9521	3.8559
g_J	间接效应	$\frac{dE}{E}$	0.4297	1.1207	-0.6989	9.6573

5.2.3　实证分析

5.2.3.1　实证结果分析

基于以上模型设定、变量选取，本书进一步利用 Stata 软件实证测度电商减贫的空间效应。在表 5-7 中，我们汇报了邻接空间、地理距离和经济地理三种矩阵权重下的固定效应和随机效应估计结果。

表 5-7　　　　　　　　空间杜宾模型回归结果

变量	邻接空间权重 模型 (5-10) FE	邻接空间权重 模型 (5-10) RE	地理距离权重 模型 (5-11) FE	地理距离权重 模型 (5-11) RE	经济地理权重 模型 (5-12) FE	经济地理权重 模型 (5-12) RE
g_K	0.1218638 (1.02)	0.0067609 (0.07)	0.1584368 (1.35)	-0.0071378 (-0.07)	0.1504545 (1.21)	-0.0100419 (-0.10)
g_D	0.1657767** (2.23)	0.1069432 (1.51)	0.0877202 (0.97)	0.0486068 (0.62)	0.1107282 (1.27)	0.0601696 (0.79)
g_A	-0.0439937* (-1.70)	-0.0232411 (-0.91)	-0.0073636 (-0.26)	-0.0209706 (-0.76)	-0.0122934 (-0.42)	-0.0176644 (-0.64)
g_Z	0.017795 (0.53)	-0.0039201 (-0.18)	0.0517278 (1.48)	-0.0010467 (-0.05)	0.021132 (0.62)	-0.0101335 (-0.45)
g_J	0.0187218 (1.56)	0.0097553 (0.82)	-0.0133056 (-1.01)	0.0005957 (0.05)	0.0000929 (0.01)	-0.0012016 (-0.1)

续表

变量	邻接空间权重 模型（5-10）		地理距离权重 模型（5-11）		经济地理权重 模型（5-12）	
	FE	RE	FE	RE	FE	RE
$W \times g_Z$	0.0394306 (0.92)	0.0206338 (0.78)	0.6112739** (2.26)	0.1668529 (0.84)	0.2075164 (1.18)	0.0903927 (0.65)
$W \times g_J$	0.046695** (2.05)	0.0443879** (2.02)	-0.1702152** (-2.27)	-0.0260908 (-0.41)	-0.0847372* (-1.69)	-0.0524206 (-1.11)
ρ	-0.4016298*** (-3.34)	-0.3582049*** (-2.89)	-1.399108*** (-3.93)	-1.395839*** (-3.91)	-0.7439092*** (-2.82)	-0.6807676*** (-2.58)
Log-L	80.1904	67.5757	83.5021	69.9698	77.8704	65.7189
Hausman	45.26		13.76		11.66	

说明：括号内为 z 值，***、**、*分别表示1%、5%、10%的显著性水平。

从表5-7可以看出，ρ 通过了1%的显著性检验，即电子商务对贫困具有显著的空间作用。另外，在不同权重矩阵下，豪斯曼检验均显示应当选择固定效应模型。

5.2.3.2 稳健性检验

为验证模型估计结果的准确性，本书进一步以电子商务采购额作为电商发展的替代变量展开估计，相应的数据均源于历年《中国统计年鉴》，估计结果如表5-8所示。可以发现，替换指标后，回归系数符号、大小与基准回归结果基本一致，说明前文估计结果具有良好的稳健性。

表5-8　　　　　　　　　稳健性检验结果

变量	邻接矩阵权重 模型（5-13）		地理距离权重 模型（5-14）		经济地理权重 模型（5-15）	
	FE	RE	FE	RE	FE	RE
g_K	0.1458102* (1.2)	0.0361914 (0.36)	0.200435 (1.58)	0.0076768 (0.08)	0.2277871* (1.76)	0.0094094 (0.09)
g_D	0.1302755 (1.8)	0.0855635 (1.24)	0.1635107** (2.25)	0.1086765 (1.61)	0.1422791* (1.87)	0.0856067 (1.21)
g_A	-0.0366321 (-1.35)	-0.0138758 (-0.55)	-0.0126951 (-0.44)	-0.0092005 (-0.36)	-0.023432 (-0.78)	-0.0205302 (-0.72)

续表

变量	邻接矩阵权重 模型（5-13）		地理距离权重 模型（5-14）		经济地理权重 模型（5-15）	
	FE	RE	FE	RE	FE	RE
g_Z	-0.0413791 (-0.76)	-0.0232228 (-0.56)	-0.0250267 (-0.46)	-0.0163428 (-0.41)	-0.0144246 (-0.25)	-0.0320712 (-0.78)
g_J	0.0503057** (2.23)	0.027369 (1.34)	0.0383698* (1.78)	0.0217355 (1.1)	0.0246661 (0.95)	0.0195139 (0.93)
$W \times g_Z$	-0.007654 (-0.1)	0.0164509 (0.33)	0.3960319* (1.81)	0.2881236 (1.55)	0.6642289** (1.98)	0.3114204 (1.41)
$W \times g_J$	0.0351922 (0.83)	0.0301935 (0.9)	-0.0624231 (-0.88)	0.0103041 (0.16)	-0.2284562* (-1.85)	-0.0792634 (-0.96)
ρ	-0.386999*** (-3.18)	-0.3644116*** (-2.91)	-1.081964*** (-3.27)	-1.177364*** (-3.48)	-0.6634696** (-2.52)	-0.6484104** (-2.44)
Log-L	79.2659	66.4427	80.6892	68.5609	79.4276	66.2076
Hausman	37.80		28.64		10.93	

说明：括号内为 z 值，***、**、* 分别表示 1%、5%、10% 的显著性水平。

具体地，基于邻接权重的估计结果显示：若不考虑空间因素，电商减贫的直接效应和间接效应系数分别为 0.018 和 0.019，但在统计上不显著。说明电子商务可通过直接、间接带动相关产业促进经济发展，继而提升本地与邻近地区减贫效率。若考虑空间因素，无论是直接效应还是间接效应估计结果均表明，电商减贫存在空间扩散效应。从直接效应来看，电子商务每增长 1%，能够直接带动邻近地区减贫效率提升 0.039%，但这一效应并未通过显著性检验。从间接效应来看，电子商务每增长 1%，能够间接带动邻近地区减贫效率提升 0.047%。

基于地理距离权重的估计结果显示：若不考虑空间因素，电子商务的直接效应能够显著带动本地区减贫效率提升，而电子商务的间接效应则对本地减贫效率存在一定抑制作用。这从侧面反映了电商减贫直接效应存在空间扩散效应，电商减贫间接效应则存在空间回波效应。进一步地，我们将空间异质性和空间相关性考虑在内进行分析。研究发现，电子商务每增长 1%，其直接效应能够促使邻近地区减贫效率提高 0.611%，其间接效应则使得邻近地区减贫效率降低 0.170%。

基于经济地理权重的估计结果显示：在不考虑空间因素的情形下，受经济地理因素影响，电子商务的直接效应对本地减贫效率存在空间扩散效应，其间接效应则对本地减贫效率存在空间回波效应。考虑空间异质性、空间相关性后的估计结果，也验证了这一点。具体地，电子商务每增长1%，其直接效应促使邻近地区减贫效率提高0.208%，其间接效应可使邻近地区减贫效率下降0.085%。

　　控制变量方面，研究发现资本变量估计系数为正但不显著，表明电商减贫背景下资本对减贫不存在明显作用；物流基础估计系数显著为正，即物流基础越完善，减贫效率越高；从技术效率来看，其与减贫效率呈负相关关系，与预期相反，可能的解释是电商环境下技术水平相对落后的地区更容易发挥"后发优势"实现脱贫致富。

　　结合豪斯曼检验、Log-L 检验和电子商务活动突破时空地域的性质，对比三种权重下的空间效应估计结果：首先邻接空间下，电商减贫的直接和间接效应都具有空间扩散效应。据此可以推断电子商务以非电子商务产业及自身相关产业为节点，带动邻近地区的经济发展，促进减贫效率提升；其次地理距离下，电商减贫的直接和间接效应分别具有空间扩散效应和空间回波效应。表明减贫效率的间接效应通过非电子商务产业得到提升的作用尚未成熟，同时间接效应的空间扩散力度会随空间距离的增加而减弱，进而转变为空间回波效应；最后经济地理下，电商减贫的直接和间接效应与地理距离权重的情况相同，但间接效应的空间回波效应较小。说明我们想要通过电商减贫的间接效应带动贫困地区的发展，需要相关生产要素予以支撑，如资本、物流和技术等，这与成熟"淘宝村"在沿海地区聚集、萌芽"淘宝村"在中西部地区发展的现实情况相一致。此外，综合从邻接空间权重、地理距离权重和经济地理权重来看，电商减贫效应的直接效应皆为空间扩散效应，并且这种空间扩散程度在考虑邻接空间权重时表现最强。简而言之，实证结论与理论分析结果基本一致。

　　我们分别以邻接空间权重、地理距离权重、经济地理权重对 2013～2017 年中国 30 个省份进行莫兰指数检验，其结论为：减贫效率存在显著的空间自相关性，在此基础上构建修正的菲德模型，将电子商务影响减贫效率的效应划分为两种，包括电子商务部门相关产业发展产生的直接效应和非电子商务部门相关产业发展产生的间接效应，而后再构建空间杜宾模型检验电商减贫的空间扩散效应与空间回波效应。研究表明：第一，空间分布下，减贫效率呈现阶梯特性。第二，邻接空间下，电子商务活动表现出的空间聚集性，有助于电子商务产业与传统产业的迅速发展，并提升减贫效率，带动周边地区发展。第三，地理距离下，电子商务的直接效应具有扩散特性，呈空间阶梯分布，但非电子商务部门的间接效应在不同地理距离下，由经济落后的地区回波至经济发达地区。第四，经济发展因素条件下，电子商务的直接效应会扩散至贫困地区，而电子商务的间接效应则以回波形式驱动贫困地区发展。

为提升电商减贫效率的空间扩散效应，推动乡村振兴发展，政府部门需从四个方面着力：第一，强化认知。从互联网和电子商务发展环境角度，强化企业家、农民对农业发展的认知，发挥电子商务的直接扩散效应，推进电子商务产业发展。第二，体系建设。以电子商务进农村综合示范县及"淘宝村"等政策为核心，健全物流体系建设，完善农村电子商务站点功能，带动乡镇地区与淘宝、邮乐购等第三方电子商务服务平台合作。第三，思想解放。摒弃行政壁垒，消除地方保护主义，促使电子商务融合到各行各业中并深入农村，解决农户信息不对称、农产品产销滞后等问题，着力实现从电商减贫效率间接效应的空间回波到空间扩散效应的转变，并有效利用此空间扩散效应带动经济发展。第四，内生能力。加大贫困地区投资力度，培育贫困地区的内生投资能力，通过电子商务网络外部性带来的发展机遇与技术外溢，打造良好的营商环境，提高减贫效率缩小各地区之间的经济增长差异。

第6章　电商减贫中介效应和调节效应

随着中国电子商务突飞猛进的发展，电商减贫开始出现并广泛应用，2015 年初，国务院扶贫办将电商扶贫列为十大精准扶贫工程之一，电商减贫举措包括网络通信等基础设施建设、平台建设、物流体系构建。各种减贫模式如公共机构电商减贫、农业企业电商减贫、合作社电商减贫、金融机构电商减贫等逐步兴起并渐见成效。

6.1　电商减贫中介效应

电商扶贫与现有扶贫方式最大的区别是电子商务充当着产业间"离合器"，与产业发展、人力资本、财政收支等紧密相连，因此对扶贫产业而言，电子商务很大程度发挥间接效应，即需要在经济发展的中间要素作用下，进而影响扶贫效益。我们主要从财政投入和人力资本两方面，考量其通过电商影响扶贫效率的作用方向及中介路径。一方面，电子商务发展通过促进农村市场多样化为当地特色产业的发展和优质项目的开拓提供渠道和机会，进而提升政府的财政投入力度，同时财政投入因其收入分配效应和决策滞后效应等在不同程度地影响减贫效率；另一方面，电子商务发展使得贫困地区实现与高新技术接轨，改变农户的传统思想和落后的生产方式，提升其人力资本水平，从赋能贫困户着手，实现"能力式扶贫"和"开发式扶贫"，对减贫效率产生正向作用力。下文将构建中介效应概念模型，引入财政投入和人力资本两个中介效应变量，具体探讨电子商务影响农村减贫效率的作用路径和中介效应。

6.1.1　财政投入与电商减贫效率

6.1.1.1　概念模型

路径Ⅰ是电子商务影响财政收入进而作用于减贫效率。首先，电子商务可以引导贫困地区的新型农业主体发展特色产业，形成电子商务平台销售农产品的业务方式，吸引政府企业加快财政资金投入；其次，财政投入可以通过资源配置效率、收入分配公平性、经济发展性和决策执行效率四部分影响减贫效率。中介变量财政投入影响减贫效率过程的作用路径，见图 6-1。

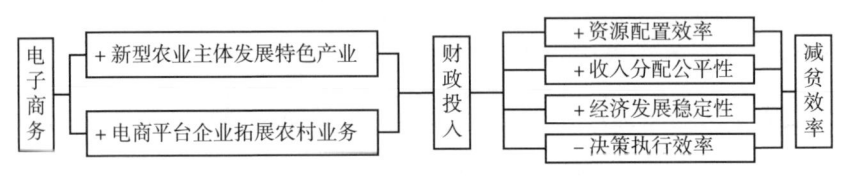

图 6-1 电子商务影响农村减贫效率作用路径 I

说明：图中 + 和 - 分别表示正向影响和负向影响。

在第一个作用路径中，财政投入是一个关键的中介变量。根据社会福利理论，政府为穷人"兜底"的方式有如下选择：转移支付、社会保障等。尽管电子商务通过促进产业发展和市场多样化，增加政府部门的财政投入力度，减贫资金作为财政投入的一部分，会有所提升，为减贫工作提供更有力的保障。但事实上，财政投入的直接性和便捷性并一定促进减贫效应。一方面，由于减贫资金在从上往下发放的过程中会受到时间和政策限制，存在延缓和重复领取的情况，从而不能真正使贫困户受益。减贫资金从政府下拨到最终贫困户或受资助企业手中，存在一定时间差和信息差，并可能具有漏领或重复领取的情况，从而实际执行情况并不能最终确保真正的贫困户受益（王朝阳等，2012；高远东等，2013）。另一方面，贫困户在政府减贫资金的支持下，容易产生强依赖性，使其减贫致富的主动性减弱，自主创业积极性降低，从而违背了扶贫的本意（毛伟等，2013）。上述现实情况可能会造成扶贫效率存在损失，但究其根本原因是财政扶贫资金定向转移支付比重过大，导致贫困县政府公共支出决策权丧失，由此带来滞后效应（赖玥和成天柱，2014）。此外，财政投入的减贫效应与贫困群体特征有关，存在个体异质性（陈国强等，2018）。

综上所述，现阶段的财政收入在电子商务影响农村减贫效率中具有正、反双面效应，但我们猜想财政收入的正向影响强于负向影响，即中介效应整体表现为正向影响。

基于此，我们提出以下两个假设：

H1：财政投入在电子商务与农村减贫效率之间起中介作用。

H2：财政投入在电子商务与农村减贫效率之间的中介效应为正。

6.1.1.2 中介效应检验

根据前面的电商减贫中介效应模型，就财政投入和人力资本在电子商务与减贫效率之间的中介作用进行实证分析。

1. 样本选取与数据说明。

这里选取 2013~2017 年中国 30 个省份作为样本（除西藏和港澳台地区），其中电子商务销售额和财政投入的数据均来源于《中国统计年鉴》，农林牧渔业增加值数据来源于《中国农业年鉴 2014》和《中国统计年鉴》。相关变量的描述性统计结果如表 6-1 所示。

表 6-1　　　　　　　　各变量的总体描述性统计

变量	均值	标准差	最小值	最大值	样本量
$effi$	0.42	0.35	0.12	1.46	120
$sale$	7.11	1.42	3.45	9.78	120
$fina$	8.31	0.53	6.83	9.51	120
$cont$	7.26	1.04	4.73	8.55	120
$agri$	0.11	0.03	0.04	0.19	120

2. 模型设定与变量定义。

借鉴温忠麟等（2004）提出的中介效应检验程序，并结合上述的测度结果，我们拟定三个回归方程整体构成中介效应模型，具体模型如下：

$$effi_{ij} = \alpha_1 + \beta_1 sale_i + \gamma_1 cont_i + \varepsilon_i \tag{6-1}$$

$$fina_i = \alpha_2 + \beta_2 sale_i + \gamma_2 cont_i + \varphi_i \tag{6-2}$$

$$effi_{ij} = \alpha_3 + \beta_3 sale_i + \eta_3 fina_i + \gamma_3 cont_i + \delta_i \tag{6-3}$$

其中，$sale$ 为电子商务销售额。作为《中国电子商务指数测算研究报告》评价体系中的一级指标，电子商务销售额是中国电子商务发展水平的关键衡量指标。且电子商务数值大小受信息基础设施、当地的政策支持、物流发展水平等多重因素的综合影响，其中信息基础设施包含互联网普及率、网站数量等。基于此，使用电子商务销售额衡量中国电子商务发展水平较为准确。

$fina$ 为财政投入。政府在经济建设中，为满足相关事业需求，会将筹集的资金进行分配使用，即政府公共产品的直接投入，因而又称一般公共预算支出。主要分为两部分：第一，中央一般预算支出，包括一般公共服务、国防支出、安全支出，以及调整国民经济结构、协调地区发展、调控宏观支出；第二，地方一般预算支出，包括公共安全支出和地方统筹的各项事业支出等。

cont 为控制变量。选取农村经济增长水平，用农林牧渔业增加值（*agri*）表示。江曙霞和严玉华（2006）指出经济增长可以扩大农村劳动力需求，提升农民生活水平，提高减贫效率。

effi 指前面计算出的减贫效率，下标 i、j 分别表示地区和时间，α_1、α_2、α_3 为截距项，β_1、β_2、β_3、γ_1、γ_2、γ_3、η_3 为相关系数，ε、φ、δ 为误差项。

基于以上模型，我们拟定按照以下步骤进行实证研究：

第一步，检验电子商务是否显著影响减贫效率，若模型系数显著，需进一步检验中介效应，再测算中介变量系数，否则停止中介效应检验；

第二步，检验电子商务对财政投入的影响程度是否显著，并测算其系数；

第三步，如果第二步中系数显著，则将电子商务、财政投入作为自变量，检验其是否显著影响减贫效率，并测算两者的系数；否则进行 Sobel 检验。

具体如图 6-2 所示。

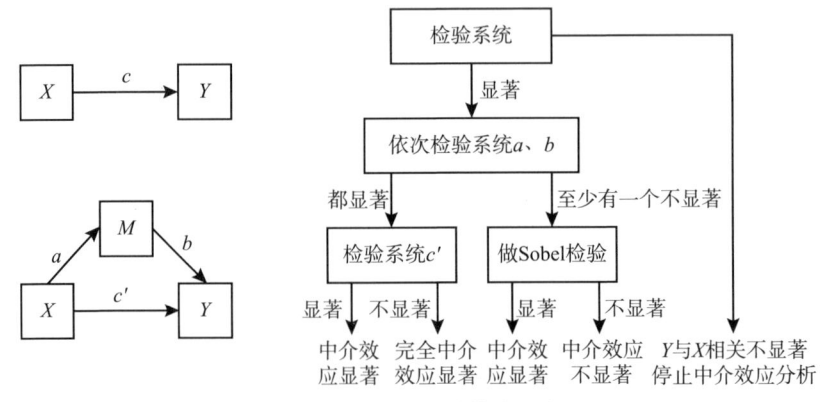

图 6-2 中介效应检验程序

上述设定的三个理论模型分别对应该中介效应检验程序中的三个检验步骤。首先，模型（6-1）中的核心变量系数显著是中介效应检验的必要条件，因此当电子商务与减贫效率回归系数显著时，则继续进行中介效应检验。进一步，检验电子商务对财政投入的解释能力是否显著，即模型（6-2）中电子商务销售额的系数是否显著；最后将核心变量电子商务、中介变量财政投入均视为自变量，与因变量减贫效率进行回归分析，即检验模型（6-3）中电子商务销售额与财政投入的系数是否显著。中介效应检验模型包含两个层面的内容：第一层面，传统逐步回归检验。若模型（6-2）与模型（6-3）的回归系数均显著，则表明中介效应显著；若模型（6-3）的中介变量回归系数显著，而核心变量电子商务的回归系数不显著时，则表明存在完全显著的中介效应。第二层面，若模型（6-2）的回归系数与模型（6-3）的中介变量系数至少存在一个不显著，则无法通过逐步回归得出结论，此时需要构造两个系数的 Sobel 统计量，借助 Sobel 检验识别中介变量能否产生中介效应。

3. 实证结果分析。

（1）单位根检验。通常为降低伪回归的可能性，对样本数据采取平稳性检验。本书选取的为短面板数据，因此通过费雪检验方法对此进行检验。表6-2报告了该面板数据的检验结果，显示均在10%显著水平下拒绝存在单位根的假设。其中，政府财政支农力度（agri）为下文稳健性检验中财政支出的替换变量。

表 6-2　　　　　　　　　　　单位根检验结果

项目	*effi*	*sale*	*fina*	*agri*	*cont*
统计量	2.2306	35.0644	20.6212	16.5354	6.3954
P 值	0.01	0.00	0.00	0.00	0.00

（2）豪斯曼检验[①]。如表6-3所示，通过 F 检验、LM 检验得出固定效应模型和随机效应模型均优于混合回归模型，再根据豪斯曼检验结果，表明固定效应模型相比随机效应模型更稳健。

（3）中介效应检验。为方便研究进行，单独针对财政投入中介变量进行中介效应检验。将样本分为全国（30个省份，样本不含西藏和港澳台地区）、东部地区和中西部地区三个子样本，就财政投入对电子商务与减贫效率的中介作用进行检验。具体结果如表6-4所示。

---

① 为消除异方差，在检验时都对自变量做了取对数处理。

表 6-3　　　　　　　　　　豪斯曼检验结果

变量	OLS	FE	RE
$sale$	0.0444 *** (0.01)	-0.0027 (0.01)	-0.0036 (0.01)
$fina$	-0.1372 *** (0.05)	0.1088 ** (0.05)	0.0138 (0.05)
edu	-0.0162 (0.05)	-0.2520 *** (0.09)	0.0101 (0.06)
add	-0.1470 *** (0.02)	0.0456 (0.05)	-0.1277 *** (0.03)
ret	-0.1815 *** (0.04)	-0.2122 (0.14)	-0.2341 *** (0.05)
inc	0.4658 *** (0.05)	0.3056 * (0.17)	0.4729 *** (0.05)
F 检验	41.95 ***		
LM 检验	191.6 ***		
豪斯曼检验	31.87 ***		

说明：括号内为标准误，*、**、*** 分别表示 10%、5%、1% 的显著性水平。

表 6-4　　　　　　　电子商务对减贫效率的中介作用

区域	项目	财政投入		
		模型 (6-1)	模型 (6-2)	模型 (6-3)
全国	电子商务销售额	0.0402 ** (0.02)	0.2851 *** (0.02)	0.0402 ** (0.02)
	中介变量	—	—	-0.6383 *** (0.04)
	中介效应	中介效应显著		
东部地区	电子商务销售额	0.1416 *** (0.05)	0.4712 *** (0.04)	0.1416 *** (0.05)
	中介变量	—	—	-0.5571 *** (0.08)
	中介效应	中介效应显著		

续表

区域	项目	财政投入		
		模型 (6-1)	模型 (6-2)	模型 (6-3)
中西部地区	电子商务销售额	0.0689*** (0.02)	0.2728*** (0.03)	0.0689*** (0.02)
	中介变量	—	—	-0.45554*** (0.05)
	中介效应	中介效应显著		

说明：括号内为标准误，*、**、***分别表示10%、5%、1%的显著性水平。

从全国、东部地区和中西部地区检验结果得出：电子商务与减贫效率显著正相关，则假设H1成立；电子商务与财政投入呈现显著正相关关系，而财政投入与减贫效率呈现显著负相关关系，财政投入在电子商务与减贫效率之间的中介效应显著为负，此结论与理论猜想恰好相反，则假设H2不成立。说明在电子商务能促进财政投入的体量，但增加财政投入无法有效促进减贫效率，即在电商减贫过程存在电子商务—财政投入—减贫效率这一作用路径，且财政投入的中介效应能产生明显影响。其中，财政投入反作用于电商减贫的可能原因是财政投入这一中介存在冗余，无法发挥其最大化效应，导致整体效率损失。

进一步分析财政投入导致减贫效率损失的原因。我们认为存在两方面的可能性：扶贫资金的使用低效率和贫困标准差异。财政资金使用一般需要经过复杂的程序和流程批准，且不同地区衡量贫困的标准不统一，使得财政扶贫资金分配和管理不合理，从而使得扶贫资金的使用效率偏低。尤其偏远重点贫困区县扶贫资金经过多环节流转层层递减，不足以满足巨大的需求缺口，还存在资金拨付延迟等可能性。虽然电子商务显著促进财政投入，但不合理使用财政扶贫资金会对贫困区的产业建设以及贫困居民增收效果产生不利影响，直接作用于减贫效率的最终效果。一旦财政资金错配，重点贫困区县未得到相应支持，则减贫效率会进一步恶化。

6.1.1.3 稳健性检验

为保证结果具有稳健性，我们使用政府财政支农力度（$agri$）[①]（张兵

[①] 用政府财政支农支出/总支出来表示，其中财政支农支出以各省份各年财政用于农林水事务的总支出来衡量。

等，2015）作为财政投入的替代变量，对其实证进行稳健性检验，详细结果如表6-5所示。由此可见，除系数大小及部分系数显著性存在微小差别外，影响方向基本一致，结论依然成立，说明回归分析和中介效应检验结果稳健。

表6-5　全国电子商务对减贫效率的稳健性检验结果

区域	项目	财政投入		
		模型（6-1）	模型（6-2）	模型（6-3）
全国	电子商务销售额	0.1998 ** （0.03）	-0.0151 *** （0.01）	0.1998 *** （0.03）
	中介变量	—	—	-2.8522 *** （1.03）
	中介效应	中介效应显著		
东部地区	电子商务销售额	0.1864 *** （0.03）	0.0175 *** （0.01）	0.1864 *** （0.03）
	中介变量	—	—	-1.5987 *** （0.59）
	中介效应	中介效应显著		
中西部地区	电子商务销售额	0.0338 * （0.02）	0.0159 *** （0.01）	0.0338 * （0.02）
	中介变量	—	—	-1.4962 *** （0.45）
	中介效应	中介效应显著		

说明：括号内为标准误，*、**、*** 分别表示10%、5%、1%的显著性水平。

6.1.1.4　检验结论

基于财政投入与电商减贫效率的中介效应理论模型及实证分析，我们得出如下结论：

第一，就财政投入的影响而言，无论从东部地区、中西部地区或是从全国范围内看，财政投入对电商减贫效率均具有显著负向中介效应。电子商务虽然能强烈刺激财政投入，但是不合理使用财政减贫资金会对贫困区产业建设、贫困居民增收效果产生直接影响，进而作用于电商减贫效率，造成效率的损失。财政资金无法有效作用于重点贫困区县，则减贫效率损失会进一步恶化。

第二，就财政支出的区域差异看，财政支出对农村减贫效率的影响由东向西呈现阶梯式分布，东部地区的贡献率最大，中部地区居中，西部地区的最弱。其主要原因可能与中国经济发展水平和市场发展程度相关，一般而言东部及沿海地区较发达，市场主体相对完善，扶贫机制也更健全，政府扶贫资金投入能尽快发挥作用并产生效益；相比东部地区，中部地区的政府支出优势更明显，直接作用于减贫进程的同时能有效地刺激地区市场主体投资，引领其他主体共同应对减贫问题，实现"先富带后富"。西部地区客观性依赖财政支出，促使财政支出支配引领市场主体的能力降低，进而导致财政无法充分发挥减贫作用。

为有效提升电商减贫效率，加快实行精准扶贫战略目标，我们结合上述理论及实证分析，提出以下建议供乡村振兴工作参考：

第一，电子商务发展方向。我们认为电子商务扶贫工作应结合产业结构发展，注重电子商务朝市场多样化进行。通过电子商务实现脱贫减贫及经济持续发展，首先政府应熟悉当地情况，及时发现贫困户并因地制宜挖掘特色产业，积极有效而为。若具备发展地方主导产业的条件，应充分鼓励、引导和协助企业统筹发展电商扶贫与地方特色主导产业。

第二，财政支出瞄准机制。健全和完善直接减贫相关财政支出的瞄准机制，直接发挥财政支出的减贫效益，降低不合理财政支出对减贫效率的损失。关注贫困户民生和社会福利机制，增加教育、医疗卫生、就业保障等方面的支出，让财政减贫落到实处，真正惠及穷人。另外，积极推进现有制度，落实农村社会保障体系，全面覆盖新型农村社会养老保险，循序渐进式提升农村低保和"五保"供养标准，并逐步加快城乡统一基本医疗。

第三，公共支出合理决策。政府部门合理运用公共支出决策权，切实促进农村经济的发展。主要包含两层意思：其一，扶贫资金的投入方向和重点。选择高效持续的规划方案，要确保财政扶贫资金用在"刀刃儿"上，实现扶贫资金收益最大化。其二，扶贫资金的发放管理机制。构建合理有效的发放管理机制，缩短资金流通环节，降低中介流转带来的效率损耗。

第四，农村经济着力点。发展高质量、高速度的农村经济有利于充分利用当地劳动力和土地的使用价值，同时有效提升农村居民收入，形成良性循环。一方面，注重现代技术对农业的良好影响，通过扩大基础设施支出，提高农业生产和经营环境；通过学习相关产业的知识，助力当地具有地域特色的优势性产业，形成地区经济支柱。另一方面，发挥农村非农产业的减贫效应，通过建立专项财政资金，鼓励并引导有潜力的农民自主创业，扩大就业实现增收。此外，利用非农产业的优惠扶持，通过减税降费优惠，加大园艺、茶艺、旅游、农产品初级加工业的支持力度。

6.1.2 人力资本与电商减贫效率

6.1.2.1 概念模型

电子商务的发展与扶贫工作的开展都离不开人力资本，鉴于三者之间的紧密联系，我们构建人力资本在电子商务与减贫效率之间的中介效应及作用路径。人力资本在其中的作用机制包括两方面：一方面，发展电子商务会增加对人才的需求和储备，因而政府和企业等主体会注重本地人力资本的培育；另一方面，电子商务有利于外出人才回流，有效增强人力资本强度，并从根源上提升市场创新能力、本地产业开发能力及政策适应能力等，进而作用于减贫效率。具体路径见图6-3。

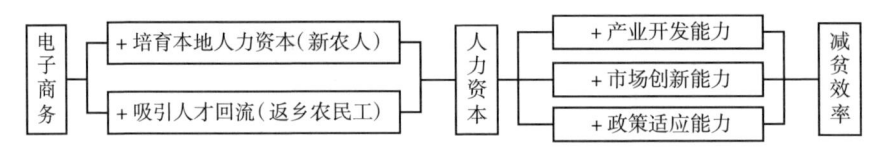

图6-3 电子商务影响农村减贫效率作用路径Ⅱ

说明：图中+和-分别表示正向影响和负向影响。

人力资本是非物质资本，贫困的可行能力理论认为人力资本是贫困地区发展的关键，可通过其产业开发能力和综合素质、提升农村市场创新能力、增强政策适应能力等进阶，帮助贫困地区及时把握最新政策动向和发展机遇，最大化利用政策优势抵御外部经济冲击等风险，提升经济的稳定性，加快减贫效率。基于此，我们提出以下假设：

H3：人力资本在电子商务与农村减贫效率之间起中介作用。

H4：人力资本在电子商务与农村减贫效率之间的中介效应为正。

农村电商减贫效率受多重因素影响，电子商务是其中最具代表性的因素之一。电子商务既可以通过产业、市场多样化影响财政投入，为扶贫工作直接性提供资金支持，也可以通过吸引外部创新性技术和先进思想、激发人力资本投资积极性和投资意愿，为扶贫工作间接提供持续内生增长动力，提升减贫效率。上述章节已讨论过财政投入是该影响路径中介效应的主要因素之一，现重点选择人力资本作为影响电子商务与电商减贫效率关系的中介变量，考察人力资本在电子商务与减贫效率之间的中介效应和作用路径。

6.1.2.2 中介效应检验

根据前面的电商减贫中介效应模型，具体实证分析电子商务通过人力资本中介变量对减贫效率的影响效果。

1. 样本选取与数据说明。

我们以 2013~2017 年中国 30 个省份作为样本（除西藏和港澳台地区），同样电子商务销售额与人力资本的数据直接自《中国统计年鉴》中获得，农林牧渔业增加值数据自《中国农业年鉴（2014）》和《中国统计年鉴》中整理得到。其中，人均受教育年限（$pedu$）为下文稳健性检验中人力资本的替换变量。变量描述性统计结果如表 6-6 所示。

表 6-6　　　　　　各变量的总体描述性统计

变量	均值	标准差	最小值	最大值	样本量
$effi$	0.42	0.35	0.12	1.46	120
$sale$	7.11	1.42	3.45	9.78	120
edu	7.81	0.28	7.06	8.61	120
$cont$	7.26	1.04	4.73	8.55	120
$pedu$	9.17	0.86	7.51	12.30	120

2. 模型设定与变量定义。

同理，我们根据温忠麟等（2004）提出的中介效应检验程序构建中介效应模型，模型包括三个回归方程，具体形式如下：

$$effi_{ij} = \alpha_1 + \beta_1 sale_i + \gamma_1 cont_i + \varepsilon_i \quad (6-4)$$

$$edu_i = \alpha_4 + \beta_4 sale_i + \gamma_4 cont_i + \psi_i \quad (6-5)$$

$$effi_{ij} = \alpha_5 + \beta_5 sale_i + \eta_5 edu_i + \lambda_5 cont_i + \delta_i \quad (6-6)$$

其中，$sale$ 为电子商务销售额。通过该核心解释变量衡量中国电子商务发展水平，也是"中国电子商务指数测算研究报告评价体系"中的关键指标，同时电子商务销售额会考量多重因素的影响，包括互联网、物流水平、当地政策等因素，因此选取该变量具有代表性。

edu 为人力资本存量。由于人力资本存量无法直接观察得到，对其估算方式至今未形成统一标准，但根据文献整理，主要包含成本法、收入法和教育指标法三种测度方法。前两者更准确且有效，但需要一定体量数据，经过大量估算工作及参数选择（如人力资本折旧率、贴现率）等进行测算，该做法很大程度上受主观因素控制，因此实证分析中较少使用这两种方法。则我们采用教育指标法，即使用受教育水平表示人力资本存量，通过每十万人高等教育学校平均在校生数衡量。农村劳动力水平可能会影响电商减贫效率，一般提升劳动力质量和知识水平有利于电商减贫效率提升。通过高校在校生数量反映知识和人才的积累，由此考量村民受教育水平层次对开展减贫工作的影响深度和广度。

$cont$ 为控制变量。根据江曙霞和严玉华（2006）的观点，适当经济增长对贫困具有反作用力，因为合理经济增长能提高就业水平，有效扩大对劳动力的需求，同时提升政府对人民生活水平的把控能力。因而，我们选取农村经济增长水平作为控制变量，用农林牧渔业增加值表示。

$effi$ 指前面计算出的减贫效率，下标 i、j 分别表示地区和时间，α_1、α_4、α_5 为截距项，β_1、β_4、β_5、λ_1、λ_4、λ_5、η_5 为相关系数，ε、ψ、δ 为误差项。

类似于上文的中介效应检验，在此程序中涉及的三个检验步骤分别为模型（6-4）、模型（6-5）和模型（6-6）。

3. 实证结果分析。

（1）单位根检验。为避免时间序列数据引起的伪回归，通常进行平稳性检验。本书选取的为短面板数据，因此采用费雪检验方法对此进行检验。对单位根检验的结果如表 6-7 所示，在 10% 显著水平下均显著拒绝原假设，表明该面板数据不存在单位根。

表 6-7　　　　　　　　单位根检验结果

项目	$effi$	$sale$	edu	$pedu$	$cont$
统计量	2.2306	35.0644	15.9182	22.6763	6.3954
P 值	0.01	0.00	0.00	0.00	0.00

（2）豪斯曼检验[①]。通过对模型进行 F 检验、LM 检验以及豪斯曼检验确定最优模型，结果表明：固定效应模型和随机效应模型均优于混合回归模型，因而我们选取固定效应模型。具体结果如表 6-8 所示。

---

① 为消除异方差，在检验时都对自变量做了取对数处理。

表6-8 豪斯曼检验结果

变量	OLS	FE	RE
sale	0.0400* (0.0293)	0.0171* (0.0115)	0.0226** (0.0118)
edu	0.0353 (0.2051)	-0.4937* (0.2624)	0.0811 (0.1488)
cont	-0.0002*** (0.0248)	0.0001* (0.0001)	-0.0001*** (0.0001)
F检验	52.34***		
LM检验	144.83***		
豪斯曼检验	27.22***		

说明：括号内为标准误，*、**、*** 分别表示10%、5%、1%的显著性水平。

(3) 中介效应检验。为方便研究进行，单独针对人力资本这一中介变量进行中介效应检验。将样本分为全国（30个省份，样本不含西藏及港澳台地区）、东部地区和中西部地区三个子样本，就人力资本对电子商务与减贫效率的中介作用进行回归，具体结果如表6-9所示。

表6-9 电子商务对减贫效率的中介作用

区域	项目	人力资本		
		模型(6-4)	模型(6-5)	模型(6-6)
全国	电子商务销售额	0.0402** (0.02)	0.1006*** (0.01)	0.0402** (0.02)
	中介变量	—	—	0.0183*** (0.07)
	中介效应	中介效应显著		
东部地区	电子商务销售额	0.1416*** (0.05)	0.0813** (0.03)	0.1416*** (0.05)
	中介变量	—	—	0.4062*** (0.09)
	中介效应	中介效应显著		

续表

区域	项目	人力资本		
		模型（6-4）	模型（6-5）	模型（6-6）
中西部地区	电子商务销售额	0.0689*** (0.02)	0.0851*** (0.02)	0.0689*** (0.02)
	中介变量	—	—	-0.0026* (0.08)
	中介效应	中介效应显著		

说明：括号内为标准误，*、**、***分别表示10%、5%、1%的显著性水平。

由表6-9中检验结果可以得出以下结论：

第一，从全国和东部地区层面来看，人力资本与减贫效率显著正相关，且人力资本在电子商务与减贫效率之间的中介效应显著为正，则假设H3和假设H4均成立。说明电子商务能显著影响人力资本，并通过人力资本这一中介变量作用于减贫效率，则通过增加人力资本投入，能有效提高电子商务对减贫效率的促进作用，即在电商减贫过程存在电子商务—人力资本—减贫效率这一作用路径。其中人力资本作用于电商减贫，有效提升减贫效率，最终作用效果表现为积极。

进一步分析，人力资本影响扶贫效率的具体工作。其中，电商减贫工作的首要任务是思想工作，即解放贫困地区居民的思想，提升当地居民对新生事物、先进技术和新生产方式的认知水平及接受能力。电子商务的发展对人力资本的促进作用也会进一步提升减贫效率，这一任务的核心就是通过思想解放教育直接作用于电商减贫效率。劳动力生产率水平与受教育层次相关，一般认定高层次教育人群的劳动生产率水平更高。教育是人类根基事业，具有可持续性和根本性意义，能有效促进扶贫、抑制返贫。

第二，从中西部地区层面来看，电子商务显著促进人力资本，人力资本反作用于减贫效率，则假设H3成立，假设H4不成立。中西部地区人力资本在电子商务与减贫效率之间的中介效应检验表现为负向，说明人力资本在电商扶贫过程中存在效率损失。可能原因是中西部地区处于减贫效率较低等区间，环境异质性等因素阻碍人力资本水平，进而不利于扶贫工作的开展，因此人力资本对电商扶贫效率产生反向影响。

6.1.2.3 稳健性检验

为检验上述结果的稳健性,我们使用替代变量法进行稳健性检验,即采用人均受教育年限($pedu$)①替代每十万人口高等教育学校平均在校生数再次实证回归,其结果如表6-10所示。由此可见,除系数大小及部分系数显著性存在微小差别外,影响方向基本一致,结论依然成立,说明回归分析和中介效应检验结果稳健。

表6-10 全国电子商务对减贫效率的稳健性检验结果

区域	项目	人力资本		
		模型(6-4)	模型(6-5)	模型(6-6)
全国	电子商务销售额	0.1998*** (0.03)	0.3120*** (0.04)	0.1998*** (0.03)
	中介变量	—	—	0.1148*** (0.04)
	中介效应	中介效应显著		
东部地区	电子商务销售额	0.1864*** (0.03)	0.3607*** (0.12)	0.1864*** (0.03)
	中介变量	—	—	0.2320*** (0.03)
	中介效应	中介效应显著		
中西部地区	电子商务销售额	0.0338* (0.02)	0.1070** (0.05)	0.0338* (0.02)
	中介变量	—	—	-0.0162* (0.49)
	中介效应	中介效应显著		

说明:括号内为标准误,*、**、***分别表示10%、5%、1%的显著性水平。

6.1.2.4 检验结论

基于人力资本与电商减贫效率的中介效应理论模型及其实证检验,可以得出以下结论:对于中西部地区人力资本对电商减贫的中介效应为负;

---

① 陈钊等(2004)给出了一个衡量人均教育年限的公式:人均受教育年限=(小学人口×6+初中人口×9+高中人口×12+大专及以上人口×16)/6岁以上总人口。

而对于东部地区和全国层面的中介效应为正。人力资本会受到电商减贫效率差异性的间接效应，这种差异性来源于地区环境异质性的影响。人力资本较高的地区对电商减贫效率的作用强度更大。

为有效提升电商减贫效率，加快实行精准扶贫战略目标，基于以上理论分析和实证验证，我们认为在减贫开发工作中应该注意以下几个方面：

第一，注重引进先进的科学技术，助推教育信息化。通过农业、科研、教育三轮驱动加快教育现代化进程。一方面，建立健全科技示范网络、组织开展各种类型的培训向贫困地区输送科技和管理人才，建立全国农村科普网站、开展科普知识宣传，培育"新农民"。另一方面，实施"贫困地区教育教学资源云覆盖计划"，从基础设施建设开始，加大教育经费投入，实现贫困地区的中小学和教学点宽带网络全覆盖，保障乡村小学与城镇优质教育资源云共享，提高贫困地区的教育质量。

第二，发展电子商务与注重人力资本协同并进。特别是中西部地区，在扶贫工作中，要把激发扶贫对象内在减贫致富的动力放在最重要的位置，调动当地居民投资人力资本的积极性，利用互联网技术和微信等平台，使对扶贫感兴趣的各个领域的专业人员可以为减贫发展贡献自己的智慧和力量。加快电商人才培养，要授之以渔。一是组织有一定基础并热爱电子商务的村民进行初训，帮助他们先从事电子商务，让他们通过电子商务减轻贫困。二是通过政府的优惠政策鼓励和吸引有实践经验的电子商务从业者回家就业，带动贫困地区的农民从事电子商务。三是鼓励即将毕业的大学生返乡创业，邀请年轻的农民工返乡创业，将他们发展成为贫困地区电子商务领袖，促进贫困地区电子商务的发展。四是政府部门通过组织农民工外出培训提高不同层次的农民的电子商务能力，或邀请专家到村里给农民工培训。

第三，加强乡村教师队伍建设，提升教育整体水平。教师是教育事业发展的基石，是提升贫困地区教育质量的关键。虽然近些年贫困地区的师资力量在国家扶持下有所提升，但是仍然存在师资结构失衡、教育水平不足等问题。在这种情况下，需做好以下四方面内容：一是精准匹配贫困地区中小学教师。采用按需派发、按岗聘用的模式，精准教育扶贫，解决师资结构性失衡问题。二是重点加强贫困地区学前班教师队伍建设。实施教师特聘计划，创新师资供给机制，鼓励优势人才资源返乡，补助农村幼儿园教师。三是增补贫困地区教师待遇。全面落实"乡村教师支持计划"，在生活补助、职称评估、培训、晋升等方面优先考虑贫困地区的乡村教师。四是开展有针对性的支教扶贫活动。选派城市优秀教师到偏远贫困地区、革命老区和民族地区农村学校支教，选派城市中小学校长到贫困地区农村学校挂职。协议返聘退休特级教师、高级教师到乡村中小学和幼儿园支教讲学，并给予一定财政补贴。

6.2 电商减贫调节效应

6.2.1 物流基础与电商减贫效率

电子商务的快速发展让电商减贫成为一种新型的扶贫形式。根据2016年国务院扶贫办发布的《关于促进电商精准扶贫的指导意见》显示，电商扶贫已被纳入脱贫攻坚总体部署，只有不断加快农村贫困人口通过电子商务就业创业和增收脱贫的步伐才能推动贫困地区脱贫攻坚进程。物流和金融在电商减贫过程中扮演着重要角色，政府部门、物流公司、各金融机构和电子商务企业都积极探索，如河北省承德市邮政管理局创新推出"邮政+快递+电商"模式，使得邮政、快递、农村电子商务企业实现了协同并进、资源共享的良好局面；中国农业银行甘肃省分行积极探索"金融+电商+信息"模式，利用"E农管家""四融平台"等电商平台精准减贫，同时还借助电商平台普及农业和金融知识，提高农民的素质。从上述案例可以发现，电商减贫效应的大小和方向可以由物流、金融的人为调节来掌控，减贫作用通过带动农村地区农民工的就业，提高贫困人口的收入，推动产业发展来实现。因此在理论层面，我们先建立一个电商减贫的调节效应概念模型；在实证层面，引入物流和金融作为调节变量，运用调节效应模型对电商减贫效应的强弱进行实证分析和检验。

6.2.1.1 概念模型

调节变量和中介变量作为除自变量和因变量以外的第三个变量，经常被人混淆（温忠麟等，2005）。如上文财政投入与电商减贫效应中，电子商务是自变量，减贫效应是因变量，发现电子商务可以通过影响财政收入来影响减贫效应。在调节效应中，我们首先将物流作为调节变量，即电子商务与减贫效应之间关系的方向和作用程度会受物流的影响。若物流的发展无法同步发展，则电商减贫效应就会受到折损；若贫困地区物流水平能同步电子商务的发展，即基础设施完善、运输条件优越，则电商减贫效应就会明显提高。图 6-4 表明这三个变量之间的关系。

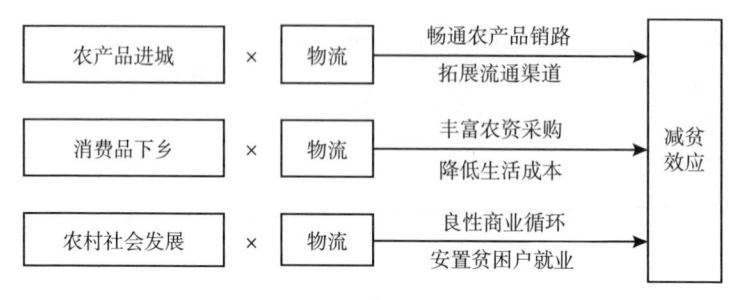

图 6-4 物流基础的调节效应

在农村电子商务发展现阶段，物流在电商减贫过程中具有调节效应，并且猜想物流调节作用表现为正向。基于此，我们提出以下假说：

H5：物流在电子商务与减贫效应之间起调节作用。

H6：物流在电子商务和减贫效应之间起正向调节作用。

我们从省域和地级市两个层面分别对物流调节作用进行实证分析，进而进行比较分析。

6.2.1.2 省域层面调节效应检验

1. 样本选取与数据说明。

我们以中国 30 个省份作为实证样本（除西藏和港澳台地区），选取 2013~2017 年各省份的减贫效应、电子商务销售额、交通运输、仓储和邮政业增加值以及农林牧渔总产值来作为实证的指标。2013~2017 年电子商务销售额数据，交通运输、仓储和邮政业增加值以及农林牧渔总产值指数均来源于《中国统计年鉴》，减贫效率由前文测得。

2. 模型设定与变量定义。

由于考察的所有变量，包括自变量、因变量、控制变量和调节变量均为连续数据，综合温忠麟等（2005）和其他学者的调节效应模型以及检验模型，我们采用层次回归方法检验其调节效应。基于此，拟通过设定四个具体回归方程来构建调节效应模型，模型具体表达如下：

$$effi_{ij} = \beta_1 lncont_{ij} + \varepsilon_{ij} + \alpha_1 \quad (6-7)$$

$$effi_{ij} = \beta_2 lncont_{ij} + \beta_3 lnsale_{ij} + \delta_{ij} + \alpha_2 \quad (6-8)$$

$$effi_{ij} = \beta_4 lncont_{ij} + \beta_5 lnsale_{ij} + \beta_6 lnlog_{ij} + \gamma_{ij} + \alpha_3 \quad (6-9)$$

$$effi_{ij} = \beta_7 lncont_{ij} + \beta_8 lnsale_{ij} + \beta_9 lnlog_{ij} + \beta_{10} lnsale_{ij} \times log_{ij} + \varphi_{ij} + \alpha_4$$

$$(6-10)$$

其中，*sale* 为电子商务销售额。上述内容已详细说明，现不赘述。

log 为物流业是由交通运输业、仓储业和通信业等多种行业组合而来的，因此本节选用交通运输、仓储和邮政业增加值来代表物流的发展情况是较为准确的。

cont 为控制变量选取农村经济增长水平，用农林牧渔业总产值（*agri*）来表示。农林牧渔业是农村的主导产业，在一定程度上能够反映农村地区经济发展水平。

effi 指前面计算出的减贫效应，下标 i、j 分别表示地区和时间，α_1、α_2、α_3、α_4 为截距项，β_1、β_2、β_3、β_4、β_5、β_6、β_7、β_8、β_9、β_{10} 为相关系数，ε、δ、γ、φ 为误差项。

采用层次回归分析，拟按照以下步骤对调节效应进行实证分析：

步骤一：先检验控制变量的影响程度，即就农林牧渔业总产值对减贫效应的影响进行回归分析，并测算其系数；

步骤二：再增加核心自变量电子商务，即就电子商务和控制变量对减贫效应的影响进行回归分析，并测算其系数；

步骤三：再引入物流调节变量，即就电子商务、物流、调节变量三部分对减贫效应的影响进行回归分析，并测算其系数；

步骤四：增加交互项，即中心化之后的电子商务和物流的乘积，再进行回归分析，测得其系数。

在此调节效应检验程序中所涉及的四个检验步骤分别对应模型（6-7）、模型（6-8）、模型（6-9）和模型（6-10）。我们先将自变量电子商务销售额与调节变量物流（交通运输、仓储和邮政业）做中心化处理，然后形成乘积交叉项，用来进行层次回归。将农林牧渔业总产值作为自变量、减贫效应作为因变量，对2个变量进行回归分析得到模型（6-7）；将农林牧渔业总产值、电子商务销售额作为自变量，将减贫效应作为因变量，进行回归分析得到模型（6-8）和各个自变量对因变量的主效应；再将农林牧渔业总产值、电子商务销售额和交通运输、仓储和邮政业作为自变量，减贫效应作为因变量进行回归得到模型（6-9）以及各个主效应；最后，将农林牧渔业总产值，电子商务销售额，交通运输、仓储和邮政业以及电子商务销售额与交通运输、仓储和邮政业的交叉项作为自变量，减贫效应作为因变量，进行回归分析得到模型（6-10），考察调节效应的大小。此时，若乘积项即交互项的系数显著，且可决系数大于前一个模型，则表明调节效应显著。

3. 实证结果分析。

(1) 总体描述。为降低异方差，使结果更稳健，对部分变量做对数处理。变量的描述性统计如表 6-11 所示。

表 6-11　　　　　　　　各变量的总体描述性统计

变量	均值	标准差	最小值	最大值	样本量
$effi$	0.3594	0.3461	0.0496	1.1626	150
$sale$	3061.638	4146.657	31.4	23191.5	150
log	1122.082	776.4946	74.23	3580.94	150
$agri$	3513.19	2322.518	285.1	9549.6	150

(2) 单位根检验。进行单位根检验的原因是避免伪回归。由于使用面板数据属于短面板，采用 Fisher 检验，得到所有变量均通过单位根检验。表 6-12 是单位根检验结果。

表 6-12　　　　　　　　单位根检验结果

项目	$effi$	$sale$	log	$agri$
统计量	89.34	130.86	154.59	86.19
P 值	0.01	0.00	0.00	0.02

(3) 豪斯曼检验。通过模型可以进行豪斯曼检验来确定是使用固定效应模型还是随机效应模型。表 6-13 是豪斯曼检验结果，得到模型 (6-7)、模型 (6-8)、模型 (6-9)、模型 (6-10) 的 F 检验结果显示固定效应优于混合回归，LM 检验结果显示随机效应优于混合回归，豪斯曼检验显著拒绝原假设，固定效应模型明显优于随机效应模型。因此，在这里应该使用固定效应模型。

(4) 调节效应检验。为简化研究方法，根据豪斯曼检验结果，选用固定效应模型对物流的调节效应进行分析。表 6-14 给出了全国 30 个省份物流的调节效应检验结果。

表 6 – 13　　　　　　　　　　豪斯曼检验结果

项目	模型（6-7）	模型（6-8）	模型（6-9）	模型（6-10）
F 检验	63.03***	64.28***	59.81***	54.24***
LM 检验	219.06***	225.45***	203.68***	204.85***
豪斯曼检验	49.35***	42.06***	49.66***	49.02***
模型选择	FE	FE	FE	FE

说明：括号内为标准误，*、**、*** 分别表示 10%、5%、1% 的显著性水平。

表 6 – 14　　　　　　　省域层面物流调节效应检验结果

变量	固定效应模型			
	模型（6-7）	模型（6-8）	模型（6-9）	模型（6-10）
$\ln agri$	0.0699* (0.0378)	0.0321 (0.0401)	-0.0088 (0.0421)	-0.0061 (0.0417)
$\ln sale$	—	0.0155** (0.0063)	0.0079 (0.0067)	0.0165** (0.0083)
$\ln log$	—	—	0.0877*** (0.0331)	0.0731** (0.0338)
$\ln sale \times \ln log$	—	—	—	0.0097* (0.0055)
R^2	0.0279	0.0754	0.1279	0.1510
F	3.42	4.81	5.72	5.16

说明：括号内为标准误，*、**、*** 分别表示 10%、5%、1% 的显著性水平。

首先，在调节效应概念模型的模型（6-7）中，控制变量对于减贫效应的回归达到显著性水平，说明农林牧渔业是影响减贫效应的一个重要因素。在模型（6-8）中，考察的是电子商务对减贫效应的作用。根据模型（6-8）的回归结果，电子商务在 5% 的水平上显著为正，但是可决系数 R^2 相对较低，仅为 0.0754，说明此时模型的解释力不够。

其次，引入物流这一变量进行回归即模型（6-9）。根据回归结果，发现电子商务这一变量的系数由 0.0155 下降至 0.0079 但不显著，说明加入物流这一变量使得电商对减贫效应产生一定影响。物流发展对减贫效应起显著的提高作用，物流每增加 1 个百分点，减贫效应平均提升 0.0877 个百分点。更值得我们关注的是，此时的可决系数 R^2 值提升至 0.1279，说明加入物流这一调节变量后模型的解释力在增强。

最后，我们对物流的调节效应进行验证。在模型（6-9）的基础上引入电子商务与物流的交互项得到模型（6-10），模型（6-10）的回归结果显示，电子商务每增加 1 个百分点，平均而言，减贫效应将会提升 0.0165 个百分点。物流回归系数与上个模型相比，有所降低且显著水平也下降。此时电子商务与物流的交互项回归系数为正且在 1% 的水平上显著，说明物流能够显著地调节电子商务与减贫效应之间的关系。而且，交互项的可决系数 R^2 为 0.1510，相比较上个模型增加了 0.0231。表明假设 H5、假设 H6 成立。说明在省域层面物流对电子商务和减贫效应的关系具有正向调节作用。

6.2.1.3 地级市层面物流的调节效应检验

1. 样本选取与数据来源。

基于数据的可得性，我们选取 2007~2017 年中国 285 个地级市的面板数据进行实证研究，其中，贫困数据主要来源于历年《中国区域经济统计年鉴》、各省份统计年鉴和各市统计公报。电子商务、物流和固定资产投资的数据来源于历年《中国城市统计年鉴》、各省份统计年鉴和各市统计公报①。

2. 模型设定与变量定义。

参照温忠麟等（2005）和其他学者提出的调节效应检验模型，由于我们所考察的被解释变量、核心解释变量和控制变量均为连续数据，因此采用层次回归法，根据指标设置四个回归方程构建调节效应模型，具体如下：

$$\ln pov_{ij} = \alpha_0^1 + \alpha_1^1 \ln invest_{ij} + \varepsilon_{ij}^1 \qquad (6-11)$$

$$\ln pov_{ij} = \alpha_0^2 + \alpha_1^2 \ln invest_{ij} + \alpha_2^2 \ln ec_{ij} + \varepsilon_{ij}^2 \qquad (6-12)$$

$$\ln pov_{ij} = \alpha_0^3 + \alpha_1^3 \ln invest_{ij} + \alpha_2^3 \ln ec_{ij} + \alpha_3^3 \ln log_{ij} + \varepsilon_{ij}^3 \qquad (6-13)$$

$$\ln pov_{ij} = \alpha_0^4 + \alpha_1^4 \ln invest_{ij} + \alpha_2^4 \ln ec_{ij} + \alpha_3^4 \ln log_{ij} + \alpha_4^4 \ln ec_{ij} \times \ln log_{ij} + \varepsilon_{ij}^4$$

$$(6-14)$$

---

① 下列数据有缺失：2017 年太原市、大同市、晋城市、临汾市、吕梁市货运量，2016 年晋城市和牡丹江市货运量，2015 年晋城市货运量，2014 年牡丹江市货运量，2010 年拉萨市货运量，2016 年拉萨市农村居民可支配收入，我们采用插值法进行数据处理。在地级市样本的选择方面，我们剔除了时间跨度范围内在地级市上进行过行政区划调整的样本，如巢湖市、毕节市、铜仁市、海东市等，同时还剔除掉没有农村人口的深圳市。

其中，下标 i、j 分别表示地区和时间，ε_{ij} 为误差项。

lnpov 为减贫效应。衡量贫困水平的指标主要有贫困发生率、FGT 指数（Foster et al., 1984）、Sen 指数（Sen，1979）、贫困矩等，还有学者从消费的角度选取人均消费水平和恩格尔系数来作为贫困的指标。由于国家及各省份统计部门每年仅公布全国和各省份的贫困人口数和贫困发生率，未发布各地级市的贫困人口数和贫困发生率，因此无法采用贫困发生率、FGT 指数、Sen 指数等衡量地级市贫困水平。此外，地级市人均消费水平和恩格尔系数的缺失值较大，也无法采用。由于减贫目的一般是实现贫困人口收入的提高，因此，本节借鉴刘芳等（2017）的做法，采用农村居民人均可支配收入的自然对数（lnpov）来衡量减贫效应①。农村居民人均可支配收入水平越高，表明减贫效应越高。

lnec 为电子商务发展水平。考虑到数据的可得性，我们选用移动电话年末用户数（lnec）的自然对数作为衡量电子商务发展程度的指标，移动电话用户数越多，表明电子商务发展程度越高。

lnlog 为物流发展水平。考虑到数据的可得性，我们选用货运量（lnlog）的自然对数作为衡量物流发展水平的指标②。货运量越多，表明物流发展水平越高。

ln$invest$ 为投资水平，是本节的控制变量。考虑到农村投资水平会对贫困产生一定影响，我们引用固定资产投资的自然对数（ln$invest$）作为控制变量。

本节仍采用层次回归分析，其调节效应实证步骤与前文一致。

在此调节效应检验程序中涉及的四个检验步骤分别为模型（6-11）、模型（6-12）、模型（6-13）和模型（6-14）。我们先将自变量移动电话年末用户数与调节变量物流（货运量）做中心化处理，然后形成乘积交叉项，用来进行层次回归分析。将控制变量作为自变量、减贫效应作为因变量，对 2 个变量进行回归分析得到模型（6-11）；将控制变量、移动电话年末用户数作为自变量，将减贫效应作为因变量，进行回归分析得到模型（6-12）和各个自变量对因变量的主效应；再将控制变量、移动电话年末用户数和货运量作为自变量，减贫效应作为因变量进行回归得到模型（6-13）以及各个主效应；最后，将控制变量、移动电话年末用户数、货运量以及移动电话年末用户数和货运量的交叉项作为自变量，减贫效应作

---

① 2013 年以前该指标为农村居民人均纯收入。
② 2015 年以前该指标为货运总量。

为因变量,进行回归分析得到模型(6-14),考察调节效应的大小。此时,若乘积项即交互项的系数显著,且可决系数大于前一个模型,则表明调节效应显著。

3. 实证结果分析。

(1) 总体描述。为降低异方差,使结果更稳健,对部分变量做对数处理。变量的描述性统计如表6-15所示。

表6-15　　　　　　　变量的定义及描述性统计

变量	定义	观测值	平均值	标准差	最小值	最大值
pov	农村人均可支配收入(元)	3135	9296.77	6067.33	471.15	224155
ec	移动电话年末用户数(万户)	3135	371.87	415.72	16.48	4076
log	货运量(万吨)	3135	12712.69	18544.1	18.0051	554458
$lnec \times lnlog$	移动电话年末用户数×货运量	3135	0.5253	0.9704	-5.0629	11.4125
$invest$	固定资产投资(亿元)	3135	1262.99	1531.67	36.0136	21611.62

(2) 单位根检验。进行单位根检验的原因是避免伪回归,面板数据像时间序列一样都要进行平稳性检验。由于使用的面板数据属于短面板,采用Fisher检验,得到所有变量均通过单位根检验。表6-16是单位根检验结果。

表6-16　　　　　　　单位根检验结果

项目	$lnpov$	$lnec$	$lnlog$	$lnec \times lnlog$	$lninvest$
统计值	1521.41	1866.67	1647.17	2017.88	1219.09
P值	0.00	0.00	0.00	0.00	0.00

(3) 豪斯曼检验。通过模型可以进行豪斯曼检验来确定是使用固定效应模型还是随机效应模型。表6-17是豪斯曼检验结果,F检验结果显示固定效应优于混合回归,LM检验结果显示随机效应优于混合回归,豪斯曼检验显示应使用固定效应模型。

(4) 调节效应检验。表6-18给出了全国285个地级市物流的调节效应检验结果。

表6-17 豪斯曼检验结果

项目	模型（6-11）	模型（6-12）	模型（6-13）	模型（6-14）
F检验	23.87***	30.71***	30.68***	31.01***
LM检验	4247.57***	4224.06***	4273.28***	4311.68***
豪斯曼	292.60***	510.59***	514.14***	536.11***
模型选择	FE	FE	FE	FE

说明：*、**、***分别表示统计量在10%、5%、1%的显著性水平。

表6-18 地级市层面物流的调节效应检验结果

变量	固定效应模型			
	模型（6-11）	模型（6-12）	模型（6-13）	模型（6-14）
ln$invest$	0.5975*** (0.0070)	0.3820*** (0.0109)	0.3778*** (0.0113)	0.3753*** (0.0112)
lnec		0.4354*** (0.0180)	0.4316*** (0.0182)	0.4405*** (0.0183)
lnlog			0.0157* (0.0093)	0.0263*** (0.0095)
lnec × lnlog				0.0365*** (0.0072)
R^2	0.7170	0.7650	0.7653	0.7674
F	7216.57	4636.52	3093.96	2346.81

说明：括号内为标准误，*、**、***分别表示10%、5%、1%的显著性水平。

根据表6-18可知，首先，在模型（6-11）~模型（6-12）中，控制变量（固定资产投资）对于减贫效应的回归系数均为正且都在1%的显著水平上显著，说明固定资产投资越高，减贫效应越明显。模型（6-12）考察的是电子商务对减贫效应的作用。根据模型（6-12）的回归结果，电子商务回归系数在1%的水平上显著为正。电子商务每提高1个百分点，平均而言，减贫效应提升0.4354个百分点，说明电子商务发展有助于减贫。此时可决系数R^2为0.7650，说明此时模型的解释力较强。

其次，引入物流这一变量进行回归即模型（6-13），得到物流回归系数在 10% 的水平上显著为正，即物流对减贫效应存在显著的正向作用，相较于模型（6-12）电子商务的回归系数有所下降但仍显著，说明物流在一定程度上对电子商务与减贫效应的关系具有调节作用。此时的可决系数 R^2 值提升至 0.7653，说明加入物流这一变量后模型的解释力在增强。

最后，我们对物流的调节效应进行验证。在模型（6-13）的基础上引入电子商务与物流的交互项得到模型（6-14），模型（6-14）的回归结果显示，电子商务回归系数在 1% 的水平上显著为正，再次说明电子商务与减贫效应显著正相关。电子商务每增加 1 个百分点，平均而言，减贫效应将会提升 0.4405 个百分点。此外，与模型（6-13）相比，电子商务回归系数增加 0.0089，说明物流这一调节变量提高了电子商务对减贫效应的影响程度。此外电子商务与物流的交互项回归系数为正且在 1% 的水平上显著，而且，交互项的可决系数 R^2 为 0.7674，相比较上个模型增加了 0.0021，模型的解释力进一步增强，说明物流能够显著地调节电子商务与减贫效应之间的关系，物流的调节效应存在且显著为正。其结果与省域层面的结果只在系数大小上有所不同，整体作用方向相同，说明不论是在省域层面还是地级市层面，物流对电子商务与减贫效应之间关系的调节作用均为正，表明假设 H5、假设 H6 成立。

6.2.1.4 政策建议

我们采用层次回归方法，从省域层面和地级市层面深入探讨物流对电子商务与减贫效应之间关系的调节效应，并进行一系列有关检验，得到如下结论：不论是在省域层面还是在地级市层面，物流能显著地正向调节电子商务与减贫效应的关系。在农产品进城、消费品下乡以及农村社会发展方面，科学完善的物流体系能够为电子商务企业打通流通环节，减少流通成本，做好物流"最初一公里"和"最后一公里"；为贫困户降低生产生活成本，提高就业水平，增加农民收入，提高减贫效应。因此，物流是影响电子商务减贫效应的重要因素，物流发展越迅速，电子商务对减贫的效率就越高。

为进一步发挥电子商务对乡村振兴建设的助推作用，带动农村地区实现持续性发展，在发展电子商务的过程中要特别注意发挥物流的调节作用：

第一，政府方面。首先，政府要加强农村物流基础设施网络建设，推动农村快递提速降费。虽然目前中国农村大部分地区的路网建设已经完善，但在贫困山区物流基础设施还相对落后，大部分地区的道路还是田间土路，网络交通体系还有待完善。其次，政府应推动农村贫困地区物流信息化建设，实现物流信息实时化。相对于城市物流信息化，农村贫困地区的信息系统严重缺乏，导致物流信息不能及时传达，给电商减贫带来挑战。最后，政府应当大力支持和鼓励当地物流企业发展，实现物流与电商同步发展。农村物流是农村电商发展不可或缺的一个环节，而目前其发展速度还没有跟上农村电商的节奏，在很多方面还存在短板。要想电商减贫效果达到预期，这就需要政府加快扶持农村物流企业，安排引导资金，出台奖励政策，推动农村物流蓬勃发展。

第二，电商企业方面。首先，电商企业可以通过与物流企业合作，整合物流资源。如中国邮政长期扎根于农村，网点渠道多、服务种类全，农村电商企业可与其合作，充分利用邮政配送优势，整合第三方物流，实现物流对接，打通农村物流的"最后一公里"。其次，建立农村电商网络产业体系，开拓优质农产品销路。电商企业可建立农产品电商交易服务中心、网络供货平台、网络分发货配送平台等产业体系，提高农产品交易和物流配送效率，拓宽贫困地区优质农产品的销售渠道，提高贫困户收入。

第三，物流企业方面。首先，物流企业应推动物流技术应用升级，转变传统农产品流通模式。农产品大多是生鲜产品，想要快捷、安全地送到消费者手中，就需要完善的物流冷链体系。而贫困地区缺乏先进的冷藏设备和技术，导致农产品在运输过程中就腐烂变质，电商物流配送效率低，制约农村电商中"农产品进城"的发展。其次，加快农村物流节点建设，提高物流配送效率。目前电商物流的突出特点是资源分散，缺少物流节点，各个物流企业的资源没有得到有效整合，使得物流成本高，配置效率低。最后，加强各物流企业的合作，实现合作共赢。物流企业可根据自身优势，有针对性地提供专业化、标准化、人性化物流服务，培育和发展第三方农业物流，还可以加强与农村电商龙头企业、合作社、贫困户的合作，提升运营效率，降低物流成本，提高电商减贫效应。

6.2.2 金融水平与电商减贫效率

6.2.2.1 概念模型

电子商务与减贫还离不开金融的扶持与支撑，我们同样将电商和减贫效率分别作为自变量和因变量，金融作为调节变量，即电子商务与减贫效应之间关系受到金融的影响。在金融市场不完善的条件下，金融可扩大收入差距，对电商减贫效应有一定的抑制作用；而若贫困地区的金融体系比较发达,金融市场完善,可促进电商减贫效应。任何电子商务企业的成立以及在发展壮大的过程中,都需要资本作为支柱,电子商务发展离不开金融这一外部融资的支持。在贫困地区资金更难获得,发展农村电子商务,发挥减贫效应,首先更需要解决融资这一问题。如图6-5所示,我们从以下三个方面来阐述金融发展水平对电子商务和减贫效应之间关系的调节效应。由此,我们提出如下假设:

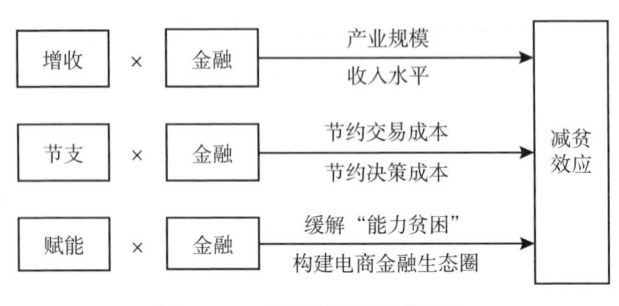

图6-5 金融水平的调节效应

H7:金融水平对电子商务和减贫效应之间的关系具有调节作用。

电子商务对减贫效应的正向作用受金融发展水平的调节,且金融发展水平对其关系的调节作用是非线性的。当金融发展水平较低时,贫困地区的金融机构对资金支持缺乏积极性、对电子商务企业认知不够、对资金贷款分配盲目等问题,从而导致金融发展水平的提高会抑制电子商务对减贫效应的正向作用;当金融发展水平突破调节效应临界点后,金融机构和电商企业的深度融合会推动贫困地区产业结构优化升级、引导经济可持续发展,进而金融发展水平的提高会反过来提升电子商务对减贫效应的正向作用。

H8:金融水平对电子商务和减贫效应之间的关系具有非线性调节效应。

同样,从省域层面和地级市层面分别对金融的调节作用进行实证分析。

6.2.2.2 省域层面金融的调节效应检验

1. 样本选取与数据来源。

以中国30个省份作为样本(除西藏和港澳台地区),选取2013~2017年各省份的减贫效应、电子商务销售额、金融发展规模、农林牧渔业总产值、每十万人中高等教育学校在校生数、快递业务量来作为实证的指标。其中,2013~2017年减贫效应来源于前文,电子商务销售额、金融发展规模、农林牧渔业总产值、每十万人中高等教育学校在校生数、快递业务量数据源于国家统计局的《中国统计年鉴》。

2. 模型设定与变量定义。

参照温忠麟等（2005）提出的调节效应检验模型和其他学者的调节效应模型，由于我们所考察的自变量、因变量、控制变量和调节变量均为连续数据，因此采用层级回归方法，根据一些指标将设置四个回归方程构成调节效应模型，具体模型如下：

$$effi_{ij} = \beta_1 \ln cont_i + \varepsilon_i + \alpha_1 \qquad (6-15)$$

$$effi_{ij} = \beta_2 \ln cont_i + \beta_3 \ln sale_i + \delta_i + \alpha_2 \qquad (6-16)$$

$$effi_{ij} = \beta_4 \ln cont_i + \beta_5 \ln sale_i + \beta_6 fina_i + \gamma_i + \alpha_3 \qquad (6-17)$$

$$effi_{ij} = \beta_7 \ln cont_i + \beta_8 \ln sale_i + \beta_9 fina_i + \beta_{10} \ln sale_i \times fina_i + \varphi_i + \alpha_4$$

$$(6-18)$$

其中，$sale$ 为电子商务销售额作为衡量中国电子商务发展水平的关键指标，在《中国电子商务指数测算研究报告》评价体系中属于一级指标。电子商务销售额的多少取决于多种因素，既包括互联网普及率、网站数等信息基础设施，也包含当地的政策支持、物流发展水平等。因此用电子商务销售额来代表电子商务发展情况是较为准确的。

$fina$ 为衡量金融规模的常用指标是麦氏指标和戈氏指标，本书选用戈氏指标。戈德史密斯主张以某时点现存金融资产总值与国民财富比重衡量一国经济金融化程度，通常运用金融资产总量与 GDP 之比测度金融发展水平。同时考虑到证券和保险对贫困减缓的影响不大，省略证券和保险后更能真实反映金融规模对贫困减缓的作用，故采用各省份银行业金融机构的存贷款之和与其地区生产总值的比率即金融相关比率来表示金融规模。即各省份金融规模等于各省份银行业金融机构各项贷款余额加上存款余额再除以各省份地区生产总值。

$cont$ 为控制变量选取农村经济增长水平、人力资本水平、物流发展水平，用农林牧渔业总产值（$agri$）、每十万人中高等教育学校在校生数（edu）、快递业务量（log）表示。

$effi$ 指前面计算出的减贫效应，下标 i、j 分别表示地区和时间，α_1、α_2、α_3、α_4 为截距项，β_1、β_2、β_3、β_4、β_5、β_6、β_7、β_8、β_9、β_{10} 为相关系数，ε、δ、γ、φ 为误差项。

与上文一样，采用层级回归方法，在此调节效应检验程序中涉及的四个检验步骤分别为模型（6-15）、模型（6-16）、模型（6-17）和模型

(6-18)。我们先将部分变量做中心化处理，然后形成乘积交互项，用来进行层级回归。将农林牧渔业总产值、每十万人中高等教育学校在校生数、快递业务量等控制变量作为自变量、减贫效应作为因变量，对2个变量进行回归分析得到模型（6-15）；将各控制变量和电子商务销售额作为自变量，将减贫效应作为因变量，进行回归分析得到模型（6-16）和各个自变量对因变量的主效应；再将各控制变量、电子商务销售额和金融作为自变量，将减贫效应作为因变量进行回归得到模型（6-17）以及各个主效应；最后，将各控制变量、电子商务销售额、金融以及电子商务销售额与金融的交互项作为自变量，减贫效应作为因变量，进行回归分析得到模型（6-18），考察调节效应的大小。此时，若乘积项即交互项的系数显著，且可决系数大于前一个模型，则表明调节效应显著。

3. 实证结果分析。

（1）总体描述。为降低异方差，使结果更稳健，对部分变量做对数处理。变量的描述性统计如表6-19所示。

表6-19　　　　　　　各变量的总体描述性统计

变量	均值	标准差	最小值	最大值	样本量
effi	0.3594	0.3461	0.0496	1.1626	150
sale	3061.638	4146.657	31.4	23191.5	150
fina	3.3963	1.2043	1.8005	8.3578	150
agri	3513.19	2322.518	285.1	9549.6	150
edu	2582.643	772.1669	1161.85	5468.61	150
log	1122.082	776.4946	74.23	3580.94	150

（2）单位根检验。进行单位根检验的原因是避免伪回归，面板数据同样需要进行平稳性检验。由于所使用的面板数据属于短面板，采用Fisher检验，得到所有变量均通过单位根检验。表6-20为单位根检验结果。

（3）豪斯曼检验。通过模型可以进行豪斯曼检验来确定是使用固定效应模型还是随机效应模型。表6-21是豪斯曼检验结果，得到模型（6-15）~模型（6-18）的F检验结果显示固定效应优于混合回归，LM检验结果显示随机效应优于混合回归，豪斯曼检验显著拒绝原假设，固定效应模型明显优于随机效应模型。

表 6-20　　　　　　　　　　单位根检验结果

项目	*effi*	*sale*	*fina*	*agri*	*edu*	*log*
统计量	89.3469	130.8687	88.7640	86.1968	79.6481	122.9070
P 值	0.0083	0.0000	0.0093	0.0150	0.0457	0.0000

表 6-21　　　　　　　　　　豪斯曼检验结果

项目	模型（6-15）	模型（6-16）	模型（6-17）	模型（6-18）
F 检验	80.16***	78.74***	80.41***	72.55***
LM 检验	227.69***	224.03***	225.41***	214.42***
豪斯曼	41.37***	41.37***	43.45***	48.79***
模型选择	FE	FE	FE	FE

说明：*、**、*** 分别表示 10%、5%、1% 的显著性水平。

（4）调节效应检验。为简化研究方法，根据豪斯曼检验结果，选用固定效应模型对物流的调节效应进行分析。表 6-22 给出了全国 30 个省份金融的调节效应检验结果。

表 6-22　　　　　　省域层面金融的调节效应检验结果

变量	固定效应模型			
	模型（6-15）	模型（6-16）	模型（6-17）	模型（6-18）
ln*agri*	0.0207 (0.0438)	0.0204 (0.0441)	0.0095 (0.0439)	0.0354 (0.0451)
ln*edu*	-0.2311*** (0.0878)	-0.2347*** (0.0893)	-0.2388*** (0.0883)	-0.2499*** (0.0873)
ln*log*	0.0364*** (0.0065)	0.0354*** (0.0076)	0.0473*** (0.0097)	0.0476*** (0.0096)
ln*sale*	—	0.0017 (0.0069)	0.0032 (0.0068)	0.0027 (0.0067)

续表

变量	固定效应模型			
	模型（6-15）	模型（6-16）	模型（6-17）	模型（6-18）
fina	—	—	-0.0303 * (0.0156)	-0.0315 ** (0.0154)
ln*sale* × *fina*	—	—	—	0.0096 ** (0.0047)
R^2	0.2495	0.2499	0.2737	0.2989
F	12.96	9.66	8.67	8.1

说明：括号内为标准误，*、**、*** 分别表示10%、5%、1%的显著性水平。

首先，根据表6-22可知，在模型（6-15）~模型（6-18）中，控制变量农村经济发展水平对减贫效应起提升作用，但不显著；人力资本水平抑制了减贫效应的提升，说明农村人力资本与城镇有差距，城镇人力资本的作用并没有辐射到贫困地区；物流发展水平能够促进减贫效应的提升，这与前文的回归结果一致，说明相关控制变量是影响减贫效应的一个重要因素。模型（6-16）考察的是电子商务对减贫效应的作用。根据模型（6-16）的回归结果，电子商务对减贫效应的系数不高但是存在正效应，此时的可决系数 R^2 值提高，为0.2499。说明此时模型比较可靠。

其次，引入金融这一变量进行回归即模型（6-17）。相较于模型（6-17）电子商务虽不显著但回归系数有所上升，说明金融在一定程度上对电子商务与减贫效应的关系具有调节作用。同时根据回归结果发现金融对减贫效应的系数为负，说明金融对减贫会存在负效应。理论上，金融的发展能够减缓贫困，即金融是利贫的，但是金融利贫是建立在一定的市场条件和一定的制度环境基础之上的。不完善的金融市场可能会导致贫困户无法获得金融服务，制度环境的扭曲可能会导致融资渠道、机会的不平等，拉大收入差距。因此，金融的发展可能会不利于降低收入不平等与缓解贫困。

最后，我们对金融的调节效应进行验证。在模型（6-17）的基础上引入电子商务与金融的交互项得到模型（6-18），模型（6-18）的回归结果显示，电子商务每增加1个百分点，平均而言，减贫效应将会提升0.0027个百分点。金融回归系数与模型（6-17）相比，系数降低且显著水平上升。此时电子商务与金融的交互项回归系数为正且在 5% 的水平上显著,说明金融能够显著地调节电子商务与减贫效应之间的关系。而且,交互项的可决系数 R^2 为 0.2989,相比较模型(6-17)增加了 0.0252,模型的可靠性增强。表明假设 H7 成立、假设 H8 不成立。说明在省域层面金融对电子商务和减贫效应的关系具有正向调节作用。

6.2.2.3 地级市层面金融的调节效应检验

1. 样本选取与数据来源。

基于数据的可得性,本书选取 2007~2017 年中国 285 个地级市的面板数据进行实证研究,其中,贫困数据主要来源于《中国区域经济统计年鉴》、各省份统计年鉴和各市统计公报。电子商务、金融、固定资产投资、地区生产总值和人均地区生产总值的数据来源于《中国城市统计年鉴》、各省份统计年鉴和各市统计公报[①]。

2. 模型设定与变量定义。

参照温忠麟等(2005)和其他学者提出的调节效应检验模型,由于我们所考察的被解释变量、核心解释变量和控制变量均为连续数据,因此采用层次回归方法,根据指标设置四个回归方程构建调节效应模型,具体如下:

$$\ln pov_{ij} = \alpha_0^1 + \alpha_1^1 \ln ec_{ij} + \alpha_5^1 \ln invest_{ij} + \alpha_6^1 \ln rgp_{ij} + \varepsilon_{ij}^1 \quad (6-19)$$

$$\ln pov_{ij} = \alpha_0^2 + \alpha_1^2 \ln ec_{ij} + \alpha_2^2 fd_{ij} + \alpha_5^2 \ln invest_{ij} + \alpha_6^2 \ln rgp_{ij} + \varepsilon_{ij}^2 \quad (6-20)$$

$$\ln pov_{i,j} = \alpha_0^3 + \alpha_1^3 \ln ec_{ij} + \alpha_2^3 fd_{ij} + \alpha_3^3 \ln ec_{ij} \times fd_{ij} + \alpha_5^3 \ln invest_{ij} + \alpha_6^3 \ln rgp_{ij} + \varepsilon_{ij}^3$$

$$(6-21)$$

$$\ln pov_{ij} = \alpha_0^4 + \alpha_1^4 \ln ec_{ij} + \alpha_2^4 fd_{ij} + \alpha_3^4 \ln ec_{ij} \times fd_{ij} + \alpha_4^4 \ln ec_{ij} \times fd_{ij}^2$$

$$+ \alpha_5^4 \ln invest_{ij} + \alpha_6^4 \ln rgp_{ij} + \varepsilon_{ij}^4 \quad (6-22)$$

其中,下标 i、j 分别表示地区和时间,ε_{ij} 为误差项。

$\ln pov$ 为减贫效应。与前文一致,本书借鉴刘芳等(2017)的做法,采用农村居民人均可支配收入的自然对数($\ln pov$)来衡量减贫效应[②]。农村居民人均可支配收入水平越高,表明减贫效应越高。

$\ln ec$ 为电子商务发展水平。与前文一致,考虑到数据的可得性,本书

[①] 2016 年拉萨市农村居民可支配收入、2010 年安顺市和六盘水市人均地区生产总值数值有缺失,我们采用插值法进行数据处理。在地级市样本的选择方面,我们剔除了时间跨度范围内在地级市上进行过行政区划调整的样本,如巢湖市、毕节市、铜仁市、海东市等,同时还剔除掉没有农村人口的深圳市。

[②] 2013 年以前该指标为农村居民人均纯收入。

选用移动电话年末用户数（lnec）的自然对数作为衡量电子商务发展程度的指标，移动电话用户数越多，表明电子商务发展程度越高。

fd 为金融发展水平。学术界通常用来衡量金融发展水平的指标是麦氏指标和戈氏指标，本书参考师荣蓉等（2013）选用戈氏指标来衡量金融发展水平，同时考虑到证券、债券和保险在贫困地区作用有限，省略证券、债券和保险后更能反映金融发展水平对减贫的作用。因此我们采用285个地级市的银行业年末金融机构人民币各项存、贷款之和与其地区生产总值的比率（fd）来表示金融发展水平①。fd_{ij}^2 表示地级市金融发展水平的平方，$lnec_{ij} \times fd_{ij}$ 表示电子商务与金融发展水平的交叉项，$lnec_{ij} \times fd_{ij}^2$ 表示电子商务与金融发展水平平方的交叉项。交叉项表示金融发展水平的调节效应，即金融发展水平和电子商务共同作用于减贫效应。加入电子商务与金融发展水平平方的交叉项，在于研究金融发展水平对电子商务与减贫效应关系是否存在非线性调节关系。

控制变量：投资水平和经济发展水平。考虑到农村投资水平和经济发展水平会对贫困产生一定影响，本书引用固定资产投资的自然对数（$lninvest$）和人均地区生产总值的自然对数（$lnrgp$）作为控制变量。

模型（6-19）用来检验电子商务的发展是否对减贫效应具有正向作用。若 $\alpha_1^1 > 0$，则表明电子商务的发展有利于减贫效应的提高。模型（6-20）用来初步检验金融发展水平是否存在调节电子商务与减贫效应关系的正向作用。若电子商务的回归系数与模型（6-19）的回归系数相比有差异，则表明存在金融发展水平的调节效应，说明假设 H7 成立，否则将不成立。模型（6-21）和模型（6-22）用来检验金融发展水平对电子商务与减贫效应关系的非线性调节效应，若模型（6-22）的可决系数大于模型（6-21）的可决系数，且 $\alpha_3^4 < 0$、$\alpha_4^4 > 0$ 并且其系数显著，则表明电子商务对减贫效应的影响受金融发展水平调节，且为非线性，说明假设 H8 成立；若模型（6-22）的可决系数小于模型（6-21）的可决系数，则表明金融发展水平的调节效应为线性，说假设 H8 不成立。

3. 实证结果分析。

（1）总体描述。为降低异方差，使结果更稳健，对部分变量做对数处理。变量的描述性统计如表 6-23 所示。

---

① 考虑地级市层面农村金融数据获取难，故选用银行业年末金融机构人民币各项存、贷款之和与其地区生产总值的比率代表地级市的金融发展水平。

表 6-23　　　　　　　　　变量的定义及描述性统计

变量	定义	观测值	平均值	标准差	最小值	最大值
pov	农村人均可支配收入（元）	3135	9296.77	6067.33	471.15	224155
ec	移动电话年末用户数（万户）	3135	371.87	415.72	16.48	4076
fd	存贷款余额/地区生产总值	3135	2.5171	2.1311	0.5600	38.2369
$lnec \times fd$	移动电话年末用户数×存贷款余额/地区生产总值	3135	0.4111	1.5608	-18.7776	23.6254
$lnec \times fd^2$	移动电话年末用户数×(存贷款余额/地区生产总值)²	3135	0.8227	18.5507	-670.7318	403.4136
$invest$	固定资产投资（亿元）	3135	1262.99	1531.67	36.013699	21611.62
rgp	人均地区生产总值（元）	3135	44066.7	117986.4	99	6421760

（2）单位根检验。进行单位根检验的原因是避免伪回归，面板数据同样要进行平稳性检验。由于所使用的面板数据属于短面板，采用 Fisher 检验，得到所有变量均通过单位根检验。表 6-24 是单位根检验结果。

表 6-24　　　　　　　　　单位根检验结果

项目	$lnpov$	$lnec$	fd	$lnec \times fd$	$lnec \times fd^2$	$lninvest$	$lnrgp$
统计值	1521.41	1866.67	875.51	734.76	705.96	1219.09	1155.16
P 值	0.00	0.00	0.00	0.00	0.00	0.00	0.00

（3）豪斯曼检验。通过模型可以进行豪斯曼检验确定是使用固定效应模型还是随机效应模型。表 6-25 是豪斯曼检验结果，得到模型（6-19）~模型（6-22）的 F 检验结果显示固定效应优于混合回归，LM 检验结果显示随机效应优于混合回归，豪斯曼检验显著拒绝原假设，固定效应模型明显优于随机效应模型。因此，在这里应该使用固定效应模型。

（4）调节效应检验。为简化研究方法，根据豪斯曼检验结果，选用固定效应模型对物流的调节效应进行分析。表 6-26 给出了全国 285 个地级市金融的调节效应检验结果。

表6-25 豪斯曼检验结果

项目	模型（6-19）	模型（6-20）	模型（6-21）	模型（6-22）
F 检验	17.23***	17.33***	17.09***	17.07***
LM 检验	2655.26***	2789.31***	2873.99***	2953.51***
豪斯曼	495.92***	493.80***	471.96***	459.53***
模型选择	FE	FE	FE	FE

说明：*、**、***分别表示10%、5%和1%的显著性水平。

表6-26 地级市层面金融的调节效应检验结果

变量	固定效应模型			
	模型（6-19）	模型（6-20）	模型（6-21）	模型（6-22）
$\ln invest$	0.2292*** (0.0124)	0.2438*** (0.0124)	0.2427*** (0.0124)	0.2426*** (0.0123)
$\ln rgp$	0.3499*** (0.0161)	0.3123*** (0.0166)	0.3154*** (0.0166)	0.3181*** (0.0166)
$\ln ec$	0.3080*** (0.0177)	0.2973*** (0.0176)	0.2918*** (0.0176)	0.2830*** (0.0177)
fd	—	0.0159*** (0.0020)	0.0176*** (0.0021)	0.0184*** (0.0021)
$\ln ec \times fd$	—	—	−0.0095*** (0.0029)	−0.0197*** (0.0043)
$\ln ec \times fd^2$	—	—	—	0.0009*** (0.0003)
R^2	0.7984	0.8028	0.8035	0.8043
F	3759.20	2896.89	2327.02	1947.98

说明：括号内为标准误，*、**、***分别表示10%、5%、1%的显著性水平。

首先，就电子商务对减贫效应的影响而言。模型（6-19）考察的是电子商务对减贫效应的影响，由表6-26的固定效应回归结果可知，电子商务（$\ln ec$）回归系数在1%的水平上显著为正，其回归系数为0.3080，表明电子商务发展对减贫效应具有显著的正向作用。电子商务通过增收、节支、赋能三个方面来减缓贫困，大量电商减贫模式如"电商＋人才＋减贫＋农业"模式、"互联网＋农户＋公司"模式、农村三产融合电商平台模式等的广泛应用，迅速提升减贫效应。

其次，就金融发展水平对电子商务与减贫效应之间关系的调节效应而言。模型（6-20）~模型（6-22）依次引入金融发展水平（fd）、电子商务与金融发展水平交叉项（$lnec \times fd$）和电子商务与金融发展水平平方的交叉项（$lnec \times fd$）。从表6-26的固定效应回归结果来看，模型（6-20）引入金融发展水平这一指标后，电子商务的回归系数由0.3080降低到0.2973，但依然显著为正，表明在一定程度上金融水平发展对电子商务与减贫效应的关系具有调节效应，说明假设H7基本成立。在金融发展水平的调节下，电子商务对减贫效应的作用有所下降，但其正向作用并未改变，即金融发展水平的调节效应只是改变了电子商务对减贫效应正向作用的大小，并未改变其作用的方向。

从模型（6-21）和模型（6-22）的回归结果来看，可决系数R^2由0.8035上升到0.8043，说明模型（6-22）优于模型（6-21），模型的解释力在增强。由模型（6-22）的回归结果可知，电子商务与金融发展水平交叉项（$lnec \times fd$）的回归系数显著为负，并且电子商务与金融发展水平平方的交叉项（$lnec \times fd^2$）的回归系数显著为正，这进一步表明电子商务对减贫效应的影响确实受到金融发展水平的调节，再次说明假设H8成立。此外，电子商务与金融发展水平平方的交叉项（$lnec \times fd^2$）的回归系数显著为正表明金融发展水平对电子商务与减贫效应之间关系的调节效应为非线性。当金融发展水平较低时，金融发展水平的提高会抑制电商减贫效应的正向作用，其原因可能是：贫困地区部分金融机构对资金支持缺乏积极性、对电商企业认知不够、对资金贷款分配的盲目性。当金融发展水平突破调节效应临界点后，金融发展水平的提高会反过来提升电商减贫效应的正向作用，其原因可能是：当金融发展水平较高时，金融机构和电商企业的深度融合会推动贫困地区产业结构优化升级、引导经济可持续发展。此外，金融发展水平对电商减贫效应虽存在抑制作用但时间短，金融发展水平更多的是提升电商减贫效应，证明假设H8成立，说明在地级市层面金融发展水平对电子商务和减贫效应之间的关系具有非线性调节效应。

最后，就相关控制变量而言。回归结果中固定资产投资（$lninvest$）的系数都显著为正，说明固定资产投资对减贫效应具有显著的推动作用。这是由于固定资产投资是农民收入增加的物质基础之一，贫困户能够从基础设施投资中获得好处，进而摆脱贫困。人均地区生产总值（lnrgp）的系数也为正都通过1%的显著性水平，并且其系数均大于固定资产投资的系数，说明经济增长对贫困减缓的作用远大于固定资产投资，能够更有效地提高减贫效应。综上所述，投资水平与经济发展水平对减贫效应有着不容忽视的显著作用。

6.2.2.4 政策建议

我们采用层级回归方法，从省域层面和地级市层面深入探讨金融发展水平对电子商务与减贫效应之间关系的调节效应，并进行一系列有关检验，得到如下结论：电子商务与减贫正相关，电子商务是发挥减贫效应的重要方式。金融发展水平对电子商务和减贫效应之间的关系具有调节效应。在省域层面，金融发展水平对电子商务和减贫效应的关系具有正向调节作用，而在地级市层面金融发展水平对电子商务和减贫效应之间的关系具有非线性调节效应。当金融发展水平较低时，部分金融机构对资金支持缺乏积极性、对电子商务企业认知不够、对资金贷款分配的盲目性，导致金融发展水平的提高会抑制电商减贫效应的正向作用。当金融发展水平突破调节效应临界点后，金融机构和电子商务企业的深度融合会推动贫困地区产业结构优化升级、引导经济可持续发展，使得金融发展水平的提高会反过来提升电商减贫效应的正向作用。

为提高电商减贫效应，进一步发挥电子商务对乡村振兴建设的助推作用，在发展电子商务的过程中要特别注意发挥金融发展的调节作用：

第一，加强对农村特色产品生产加工及第一、第二、第三产业的金融支持，进一步夯实电商减贫的产业基础。金融机构要加强金融发展对农村贫困地区的支持，引导信贷资金真正服务于农村电子商务产业发展。同时还要提升和扩大农村金融的服务水平和覆盖面，让更多的贫困户受益。农村电子商务发展过程中存在资金供给不畅的问题，为此应建立专门的农村电子商务信贷部门，帮助中国农村金融尽早越过非线性调节效应临界点，发挥金融对电商减贫的正向调节效应。

第二，全面推进农村金融环境建设，完善金融体系和相关法律法规建设，实现金融系统的再分配，推动贫困地区金融可持续发展，助力电商减贫。各政府部门、金融机构和电子商务企业应协调合作，全面统筹建立金融减贫服务站、农村电子商务服务站，鼓励金融机构和农村电子商务企业对服务站点进行叠加建设，打造金融与电子商务服务一体化，解决贫困户线上交易难、支付难，打造电子商务支付渠道多元化，通过资源优势互补来提高电商减贫效用水平。

第三，完善贫困地区金融、信息及物流基础设施建设，加强对金融产品和服务的创新。金融机构应紧密结合贫困地区电子商务企业的发展趋势，深度追踪贫困地区电子商务市场的金融需求趋势，并利用云计算、大数据等互联网技术灵活制定迎合电子商务企业需求的金融产品和服务。同时结合各贫困地区特点开展支付类金融产品的研发，切实保障贫困户和电子商务企业的信息及资金安全。对于有意愿通过电子商务进行创业的贫困户，金融机构应当适当放开授信和贷款等金融服务，简化贫困地区小型电商企业小额短期贷款的办理手续。

第四，大力培育和引进电商金融方面的复合型人才，为"金融+电子商务"模式提供技术支持，减缓金融波动。考虑到贫困地区严重缺乏电子商务和金融类人才，政府应该重视这一人才短板。首先，应颁布一系列优惠政策吸引电子商务、金融人才到贫困地区创业就业。其次，应定期举办电子商务、金融人才培训班，大力开展电子商务和金融知识讲座，指导电子商务操作流程，普及电子商务和金融基础知识，夯实贫困地区电子商务和金融发展的人才基础，宣传各类电商减贫模式，发挥示范带头作用；倡导电子商务企业提高诚信意识，加强对金融机构金融产品及服务的了解，贫困户也应重视个人信用，形成良好的信用氛围，借助金融发展提升电商减贫效应。

第五，加强电商金融信息和数据的整合、共享，构建全方位的贫困户数据库。首先，通过企业共享、购买等方式，全面收集政府、金融机构、电子商务平台和其他行业数据。其次，利用收集的数据建立全方位的贫困户数据库，应用大数据技术及时对电子商务、金融信息进行处理分析。最后，构建电子商务企业和贫困户的信用评估、风险管理模型；同时，向政府、企业、高校以及贫困户提供无偿的数据共享，解决贫困地区产销信息不对称难题，发挥金融发展水平对电商减贫的正向调节效应。

第 7 章 电商减贫政策效应

7.1 国家级电子商务示范城市政策效应

政府采取了诸多措施，以充分发挥国家级电子商务示范效应。典型政策有设立中国电商扶贫联盟、国家扶贫日、电子商务综合示范县、电子商务综合示范城市和电商扶贫专区，分别从电商扶贫、示范县域和示范城市等方面振兴乡村，促进经济增长。此外，借助电子商务综合示范政策的县域电商集中于乡村振兴和精准扶贫，但由于电商减贫过程的减贫潜能存在空间外溢效用，进而驱动经济增长。

县域电商是促进县域经济增长的关键增长极，也是驱动区域之间经济平衡发展的关键桥梁，因此从国家级电子商务示范城市和国家电子商务进农村综合示范县政策来研究电商减贫政策效应具有重要意义。

7.1.1 政策解读

中国的电子商务在 2005 年之后，得到了迅速的发展，这离不开国务院办公厅《关于加快电子商务发展的若干意见》这一政策文件的推动作用。随着电子商务的发展，资源配置效率得以提高、经济增长活动得以增强，同时也促进了中小企业的发展并带动了劳动人民的就业。为使电子商务得到进一步发展，2011 年国家发展改革委、商务部、人民银行、税务总局、工商总局下发《关于开展国家电子商务示范城市创建工作的指导意见》，举办"国家电子商务示范城市"活动，旨在打造出具有引领作用的国家电子商务示范城市，以促进电子商务的政策和规制在局域得到突破性进展。此外，各种电子商务配套产品和服务能够基本满足电子商务的迫切发展需求，如物流、电子认证、网上信用和在线支付等因素。于 2009 年选择深圳市为试点，设立第一批国家电子商务示范城市，深圳作为改革开放"试验田"，肩负"先行先试"历史使命，2011年11月16日，国家发展改革委在深圳开展"国家电子商务示范城市、国家物联网云计算试点示范、国家创新能力建设"授牌表彰大会。同意增加北京、上海、天津等23个城市成为"国家电子商务示范城市"。而后，2014年3月，国家发展改革委、商务部和财政部等各部门联合颁发通知，旨在彻底落实《国务院关于促进信息消费扩大内需的若干意见》中的关于加快推进电子商务示范城市建设的工作部署，并按照国家发展改革委等13个部门办公厅下发的《关于进一步促进电子商务健康快速发展有关工作的通知》的要求，建立第二批国家电子商务示范城市，包括东莞、义乌、泉州等30个城市。2017年1月，国家发展改革委等7部门联合下发通知，开设第三批国家电子商务示范城市，包括大连、包头、海口等17个城市。总之，自2009年提出开展国家电子商务示范城市以来，已先后于2011年、2014年、2017年设立三批共计70个国家电子商务示范城市。为了得到更稳健的结果，在研究电子商务示范城市政策效应的过程中删除了深圳，选取2011年除深圳之外的22个第一批国家电子商务示范城市为研究对象，考察国家电子商务示范城市政策对农村地区尤其是贫困地区的影响。

7.1.2 事实化描述

随着中国进入互联网信息化时代，中国经济增长的快速发展，农村地区的经济也日益增长。为了更好地反映国家电子商务示范城市政策对农村地区的影响，我们分别从电子商务示范城市和非电子商务示范城市视角出发，分别考察农村居民人均纯收入、人均地区生产总值、电子商务信息发展水平等相关因素。具体见图7-1~图7-3。

如图7-1所示，从2007~2017年电子商务示范城市和农村居民人均收入关系可以看出，全国农村居民人均收入水平呈现稳步上升态势，但电子商务示范城市和非电子商务示范城市的农村居民收入差距逐渐增大。自2011年实施国家电子商务示范城市政策以来，农村居民人均收入逐渐增长，可能是电子商务示范城市的示范效应作用于农村地区，促使农村经济迅速发展，农村人均收入稳步增长。为了进一步检验电子商务示范城市政策对农村地区的影响，我们从人均地区生产总值对电子商务示范城市和非电子商务示范城市展开分析。

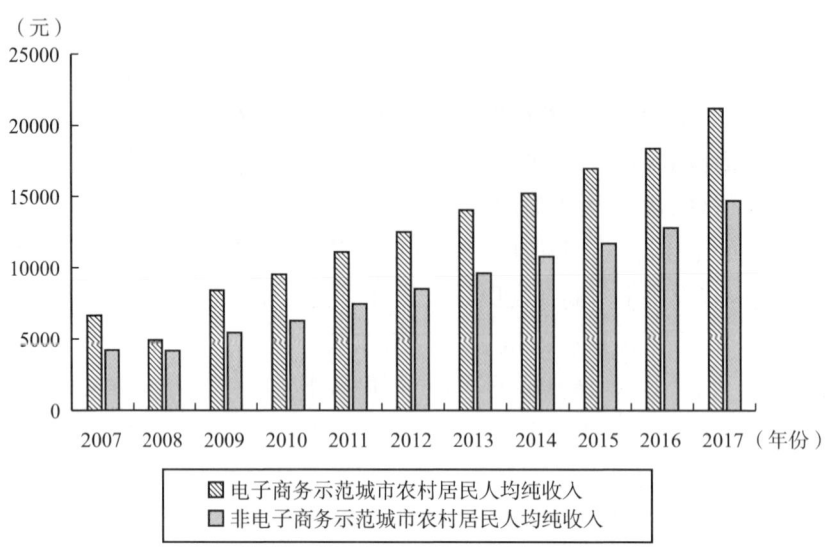

图 7-1 电子商务示范城市和农村居民人均纯收入增长趋势

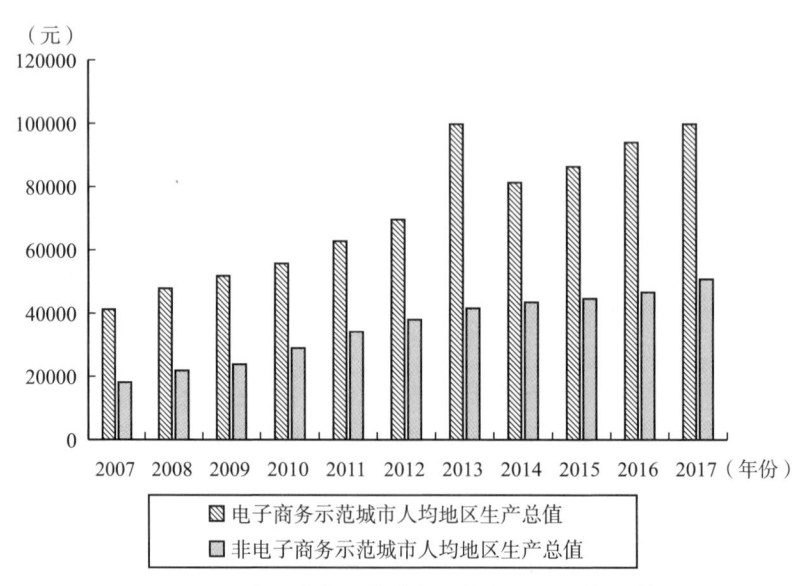

图 7-2 电子商务示范城市和人均 GDP 增长趋势

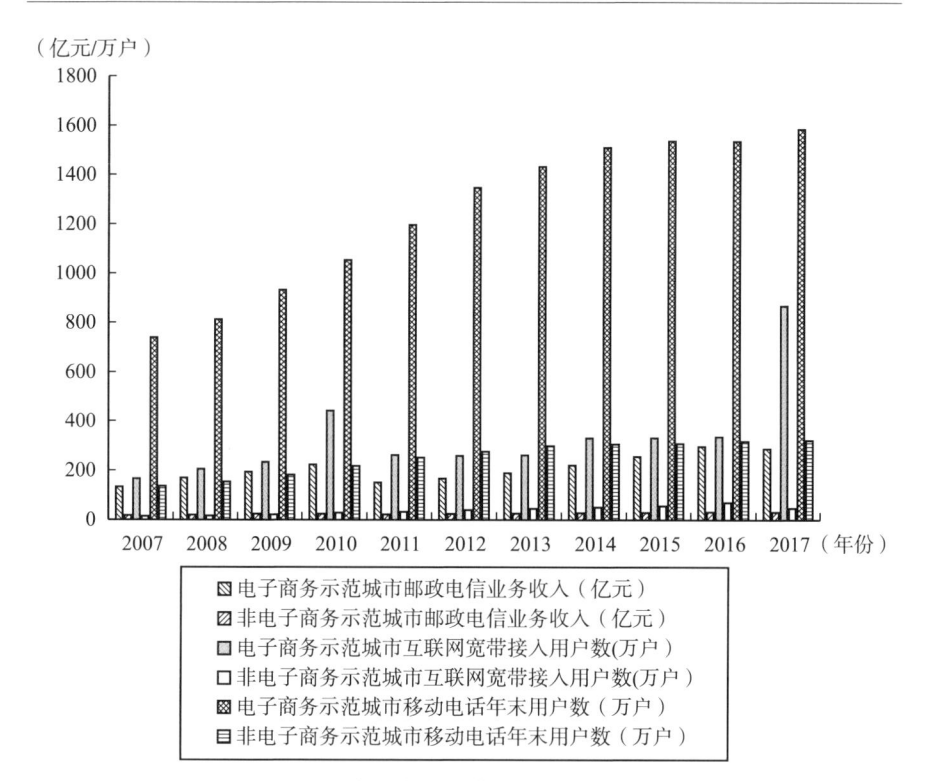

图 7-3 电子商务示范城市信息发展趋势

图例：
- 电子商务示范城市邮政电信业务收入（亿元）
- 非电子商务示范城市邮政电信业务收入（亿元）
- 电子商务示范城市互联网宽带接入用户数（万户）
- 非电子商务示范城市互联网宽带接入用户数（万户）
- 电子商务示范城市移动电话年末用户数（万户）
- 非电子商务示范城市移动电话年末用户数（万户）

由图 7-2 可知，2007~2017 年中国人均地区生产总值的增长呈现稳步增长趋势，自 2011 年实施国家电子商务示范城市政策以来，中国人均地区生产总值迅速增长，尤其是 2013 年电子商务示范城市的人均地区生产总值呈现"井喷式"增长，这可能是由于国家电子商务示范城市政策带来的推动作用，但是到 2014 年人均地区生产总值较 2013 年有所下降，这可能是国家电子商务示范城市政策具有一定的时间效应。

从图 7-3 来看，电子商务示范城市的电子商务发展水平发展迅速。具体地，就邮政电信业务收入而言，国家电子商务示范城市明显高于非示范城市。可能的原因有两个方面，一是国家电子商务示范城市的带动作用，二是国家电子商务示范城市选取指标以经济发展为一定参考标准。从互联网宽带接入来看，2011 年后互联网宽带接入用户数稳步增长，尤其是 2017 年，电子商务示范城市平均互联网宽带接入用户达到 867 万户；从移动电话用户数量来看，电子商务示范城市显著高于非电子商务示范城市，并呈现稳步增长趋势。综合分析表明，国家电子商务示范城市对农村地区经济发展具有连续推动作用。

7.1.3 模型构建与变量描述

7.1.3.1 数据说明

基于数据可得性，我们选取 2007~2017 年作为样本时间范围，国家发展改革委、商务部、人民银行、税务总局，以及工商总局下发的《关于开展国家电子商务示范城市创建工作的指导意见》，2011 年开始设立国家电子商务示范城市，以北京、天津、黑龙江、江苏、重庆等 17 个省份为试点，共评选出 23 个国家级电子商务示范城市，为了研究结果的稳定性，我们只选取 2011 年 11 月被设立为国家电子商务示范城市的第一批 22 个城市为研究对象。另外，由于政策名单公布时间为 2011 年 11 月，因此我们把政策时间节点选取为 2012 年，即 2012 年之后设立的国家电子商务示范城市为实验组，2012 年之前设立的国家电子商务示范城市为控制组。在数据处理上我们从国家发展改革委公布的首批《国家电子商务示范城市名单》中选取研究对象，实验组样本为进入名单的城市，控制组为未进入名单内的城市。并对数据做出如下处理：（1）剔除关键数据缺失的城市；（2）剔除 2014 年及 2017 年设为国家电子商务城市的 47 个地级市数据，旨在让实证结果更稳健；（3）剔除存在数据异常现象的地级市。经过以上数据处理步骤，最终得到 241 个地级市作为样本数据，在这之中国家电子商务示范城市有 22 个，共 2651 个样本观测值，继而借助 PSM-DID 方法，在共同取值范围内给电商综合示范县进行卡尺内一对一邻近匹配对照样本，最终得到 1564 个样本观测值。数据来源分别如下：一是国家电子商务示范城市名单源于国家发展改革委网站；二是各类宏观数据的来源有历年《中国区域统计年鉴》、历年《中国城市统计年鉴》、历年各省份统计公报和历年各省份统计年鉴。

7.1.3.2 模型建立

考虑到样本数据量较大，采用传统 DID 方法难以满足实验组和控制组具备共同趋势假设，本书利用 PSM-DID 实证分析国家电子商务示范城市的政策效应。第一，利用 PSM 法为处理组匹配到相近的对照组，以保障在进行回归分析之前让处理组与对照组均满足共同趋势假设；第二，去除不满足共同区域假定的观测值，在 PSM 基础上进行 DID 固定效应回归，得到 PSM-DID 估计结果，即国家电子商务示范城市所带来的政策效应，具体的模型设定如下：

1. 模型 I：PSM 模型。

$$treat_i = \alpha_0 + \sum \alpha_i ConVars_i + \varepsilon_i \qquad (7-1)$$

以是否为国家电子商务示范城市（treat）为被解释变量，如果地级市 i 是国家电子商务示范城市，则 $treat_i=1$，否则 $treat_i=0$，解释变量 ConVars 表示人均地区生产总值（gdpper）、移动电话用户数（mobilephone）、年末金融机构各项存款余额（finance）、固定资产投资（fixed）、地方财政一般预算收入（revenue），最后进行卡尺内一对一邻近匹配。考虑到被解释变量为二值变量，本书利用 Logit 回归进行倾向得分估计。

2. 模型Ⅱ：DID 固定效应模型。

$$Y_{it}=\beta_0+\beta_1 treat+\beta_2 time+\beta_3 treat\times time+\sum\beta_x ConVars_{it}+r_{it}+\varepsilon_{it}$$

(7-2)

以 PSM 得到的样本进行 DID 固定效应回归。其中，Y_{it} 为农村贫困程度，用农村居民人均纯收入（income）来表示，i 和 t 分别表示第 i 个城市和第 t 年，treat 用来划分处理组和控制组，treat =1 表示国家电子商务示范城市，treat =0 表示非国家电子商务示范城市，time 用于划分实验前后，time =0 代表国家电子商务示范城市政策实施之前的年份，time =1 代表政策实施后的年份，交乘项 treat × time 则表示政策执行后的示范城市，为模型估计的核心解释变量，若国家电子商务示范城市的设立有助于减缓农村贫困程度，则 β_3 系数显著为正。r_{it} 表示不随时间变化的个体固定效应，ε_{it} 代表随机干扰项。

7.1.3.3 变量选择

（1）核心解释变量：是否为国家电子商务示范城市（treat × time）。本书以交乘项 treat × time 为核心解释变量，表示政策执行后的示范城市。2011 年国家发展改革委等部门共同下发《国家电子商务示范城市名单》，设立 23 个国家电子商务示范城市，为了研究结果的稳定性，我们只选取 2011 年 11 月成功被设立为国家电子商务示范城市的 22 个城市为研究对象。另外，由于政策名单公布时间为 2011 年 11 月，因此我们把政策时间节点选取为 2012 年。

（2）被解释变量：农村居民人均纯收入（income）。为了反映农村居民贫困程度，我们选取 income 作为被解释变量。

（3）控制变量：人均地区生产总值（gdpper）、年末金融机构各项存款余额（finance）、固定资产投资（fixed）、地方财政一般预算收入（revenue）、移动电话用户数（mobilephone），此外，所有变量均采取对数化处理。对所有变量进行描述性统计分析，结果如表 7-1 所示。

通过删除缺失数据以及第二批、第三批国家电子商务示范城市，最终得到 2007~2017 年 241 个地级市样本数据，其中国家电子商务示范城市有 22 个，共 2651 个样本观测值。首先，对样本数据做 OLS 面板回归，其次，为了得到更稳定的实证结果，减少变量内生性，对样本进行 PSM 匹配，将进入国家电子商务示范城市名单（实验组）和未进入国家电子商务示范城市名单（控制组）进行卡尺内一对一邻近匹配，最后对匹配后的样本对 DID 检验。

表 7-1　　　　　　　　　描述性统计分析

变量名称	变量定义	样本量	平均值	标准差	最小值	最大值
id	是否为电子商务示范城市	2651	0.05	0.22	0	1
lnincome	农村人均纯收入	2651	8.98	0.52	6.16	10.36
lngdpper	人均地区生产总值	2651	10.36	0.70	4.60	15.68
lnfinance	年末金融机构各项存款余额	2651	7.08	1.08	4.17	11.83
lnfixed	固定资产投资	2651	6.55	0.98	3.58	9.98
lnrevenue	地方财政一般预算收入	2651	5.05	3.03	0.73	18.01
lnmobilephone	移动电话用户数	2651	5.45	0.83	2.80	8.31

无论是随机效应还是固定效应，解释变量 $treat \times time$，系数值均为正，从表 7-2 中的豪斯曼检验结果来看，应当选用固定效应，因此我们主要分析固定效应模型下的回归结果，在固定效应模型下，解释变量 $treat \times time$ 通过 5% 的显著性水平，且系数为 4.72%，表明在 5% 的显著性水平下，国家电子商务示范城市政策对农村收入具有 4.72% 的促进作用。

表 7-2　　　　　　　最小二乘（OLS）面板回归结果

变量	RE	FE
$treat \times time$	0.0036245 (0.14)	0.047278 ** (2.25)
lngdpper	0.3301677 *** (20.71)	0.0917641 *** (5.6)
lnfinance	0.3691881 *** (17.91)	0.6723502 *** (33.47)
lnfixed	0.0983833 *** (6.96)	0.0341701 *** (2.67)
lnrevence	0.0011666 (0.71)	-0.0034652 ** (-2.5)

续表

变量	RE	FE
lnmobilephone	-0.0538258 *** (-2.69)	0.0369498 ** (2.07)
常数项	2.589312 *** (22.26)	2.861113 (27.16)
豪斯曼检验	1633.07	

说明：括号内为 z 值，*、**、*** 分别表示 10%、5%、1% 的显著性水平。

从控制变量来看，国家电子商务示范城市政策在 1% 的显著性下对人均地区生产总值具有 9.17% 的推动作用，在 1% 的显著性水平下对年末金融机构各项存款余额具有 67.24% 的推动作用，表明国家电子商务示范城市政策有助于金融机构各项存款余额增加，这有可能是因为国家电子商务示范城市具有一定典型示范带动作用，并映射至农村地区，通过促进农村地区产业结构升级、消费结构升级，带动年轻人返乡创业等路径提升农村居民收入，进而增加金融机构各项存款余额，从固定资产投资和移动电话用户数来看，分别通过 1% 和 5% 的显著性水平，并存在正向推动作用，但是这种推动作用较小，表明国家电子商务示范城市政策对电子商务通信设施的推动作用较小，这可能是因为电子商务示范城市本身电子商务发展水平相对较高，而互联网信息时代下的一定电商通信设备已经成为一种信息流通的代表，发展得相对较为成熟，因此国家电子商务示范城市对移动通信用户的推动作用相对较小。从地方财政一般预算收入来看，国家电子商务示范城市政策在 5% 的显著性水平下对财政收入具有 0.37% 的阻碍作用，但这种阻碍作用极小，这与我们想象中的有所出入，可能的原因是国家电子商务示范城市政策与其他电子商务政策及电商减贫政策没有更好的融合，致使在政策实施过程中出现政策资源浪费等问题。总之，综合 OLS 实证结果分析，国家电子商务示范城市政策对农村居民收入存在政策促进作用，即国家电子商务示范城市政策有助于农村贫困程度的改善。

为了更好地解决内生性问题，我们使用 PSM 方法对实验组合控制组进行卡尺内一对一邻近匹配，匹配后最终得到 1564 个研究样本，具体匹配结果见表 7-3 和图 7-4。

表 7-3　　倾向得分匹配结果——匹配前后的样本特征对比

变量	样本	平均值 处理组	平均值 对照组	偏差(%)	偏差减幅(%)	t 值	P>|t|
lngdpper	匹配前	11.063	10.293	126.9	97.9	17.28	0.000
	匹配后	10.811	10.828	-2.7		-0.14	0.887
lnfinance	匹配前	9.241	6.6458	252.9	99.6	42.23	0.000
	匹配后	8.4702	8.4619	0.9		0.08	0.933
lnfixed	匹配前	8.0441	6.402	196.2	93.5	28.35	0.000
	匹配后	7.5476	7.9761	12.8		1.10	0.270
lnrevenue	匹配前	7.084	4.8489	74.6	93.6	11.19	0.000
	匹配后	6.2797	6.1371	4.8		0.40	0.693
lnmobilephone	匹配前	6.8983	5.3069	226.1	97.8	34.34	0.000
	匹配后	6.417	6.4517	-4.9		-0.45	0.650

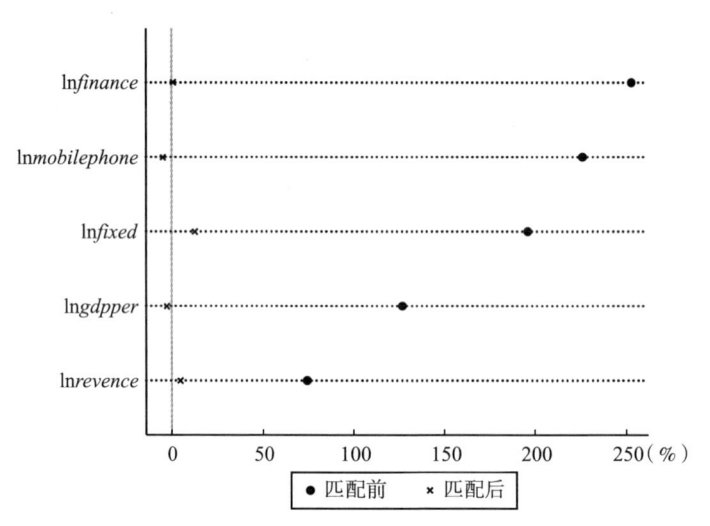

图 7-4　倾向得分匹配前后各变量的标准化偏差变化

根据表 7-3 可知，匹配后的实验组和控制组与匹配前的相比，其所有变量的偏差程度均呈现出大幅降低的现象，且其偏差绝对值都大于 0，t 统计量为不显著，这些都表示匹配后实验组和控制组之间有显著偏差和较好的匹配结果。如图 7-4 所示，匹配后各变量的标准化偏差有所降低，表明匹配结果相对较好。

在此基础上，我们将匹配后的样本数据进行 Logit 回归分析，具体结果见表 7-4。

表7-4　　　　　　　国家电子商务示范城市 Logit 回归结果

变量	系数
ln*gdpper*	0.373** (0.039)
ln*finance*	0.204*** (0.04)
ln*fixed*	-0.046** (0.018)
ln*revence*	0.00 (0.004)
ln*mobilephone*	-0.042 (0.036)

说明：括号内为标准误，*、**、***分别表示10%、5%、1%的显著性水平。

我们采用卡尺内一对一邻近匹配方法，并利用 PSM-DID 的 Logit 回归方法对电子商务进农村综合示范县的政策效果进行评价，从表7-5中可以看出，当被解释变量为农村人均纯收入时，国家电子商务示范城市对人均地区生产总值、各金融机构存款余额显著为正，但是对固定投资资产具有一定的负向作用。

总之，无论是 OLS 回归还是倾向得分匹配后的 Logit 回归，结果均显示国家电子商务示范城市政策对农村收入具有正向推动作用，且对金融机构存款余额和人均地区生产总值都具有正向推动作用。为进一步检验其政策效应，我们对匹配后的数据做 DID 分析，具体结果见表7-5。

表7-5　　　　国家电子商务示范城市设立实施效果：PSM-DID 检验

项目	政策实施前			政策实施后			PSM-DID 检验结果
	控制组	实验组	政策实施前差分	控制组	实验组	政策实施后差分	
ln*income*	4.015	3.792	-0.223	4.372	4.129	-0.243	0.051
标准误	0.029			0.052			0.046
t	-7.8			4.68			0.39
P>|t|	0.000***			0.000***			0.699

说明：*、**、***分别表示10%、5%、1%的显著性水平。

如表7-5所示，PSM-DID 估计量值为0.051，但没有通过显著性检验，这表明国家电子商务示范城市政策对农村居民收入具有5.1%的促进作用，实证结果没有通过显著性检验，这可能是因为国家电子商务示范城市政策在选取示范城市的时候将电子商务发展基础、经济发展水平等因素纳入考察范围，因此，大多数电子商务示范城市以省会城市和经济发展较好的城市为试点，使得在 PSM 匹配的过程中实验组与控制组匹配结果有待改善，从实际情况来看，国家电子商务示范城市对农村地区贫困程度及经济发展具有一定的推动作用，且这种示范效应正在不断的扩大，辐射至更多地区。2011 年设立了 23 个第一批国家电子商务示范城市，在此基础上，又分别在 2014 年、2017 年设立了 30 个第二批、17 个第三批国家电子商务示范城市，旨在通过发展电子商务促进产业结构升级和消费结构升级，尤其是带动农村地区产业结构升级和消费结构升级，带动电子商务人才发展，解决农民就业问题。

综上所述，OLS 回归和 PSM-DID 检验的实证结果显示国家电子商务示范城市政策有助于提高农村居民收入，即国家电子商务示范城市政策有助于改善农村地区贫困情况，但其显著性有待考察，为此，我们将进一步考察聚焦于精准扶贫的国家电子商务进农村综合示范县政策的政策效应。

7.2 国家级电子商务综合示范县政策效应

习近平总书记在中共十九大报告中对坚持打赢脱贫攻坚战作出了重要指示，强调要动员全党全国全社会力量，坚持精准扶贫、精准脱贫，在此基础上，2020 年中央一号文件明确要集中力量攻克脱贫攻坚最后堡垒，确保剩余贫困人口如期脱贫，充分体现出扶贫工作在经济发展过程中的重要性。而在扶贫工作中，农村电商发挥着极大的作用，助力区域经济实现高质量发展。2019 年 5 月，商务部、财政部、国务院扶贫办《关于开展 2019 年电子商务进农村综合示范工作的通知》中指出，要进一步落实中央一号文件相关部署，促进农村电商发展，推动实现农村流通现代化，以及乡村振兴和减贫事业的发展。下一步应继续贯彻落实电子商务进农村综合示范工作，孵化一批成功且典型的电子商务综合示范县，并逐步在其他地区进行推广。电子商务综合示范县政策对于推动县域经济增长甚至区域经济均衡发展具有重要的积极作用。

7.2.1 政策解读

电子商务综合示范工作通过贷款补息与以奖代补等措施来完善农村电商

培训、公共服务体系和流通基础设施建设，以促使社会资本流入农村电商，驱动其经济发展。这说明，探讨电子商务综合示范县对促进县域经济增长的效应具有重要意义。2014 年，电子商务综合示范工作开始实施，电子商务综合示范县的数量由 2014 年的 56 个上升到 2019 年的 1016 个，受到电商扶贫政策帮助的贫困县超过 500 个，在示范县带来显著的政策效应影响下，农村经济得到极为迅速的发展。商务部数据表明，农村网络零售额从 2014 年的 1800 亿元提高到 2019 年的 1.7 万亿元[①]，规模总体扩大 8.4 倍，根据《2020 全国县域数字农业农村电子商务发展报告》，2019 年全国 2083 个县域网络零售额为 30961.6 亿元，同比增长 23.5%，其中 832 个贫困县网络零售额达 1076.1 亿元，同比增长 31.2%；县域农产品网络零售额达 2693.1 亿元，同比增长 28.5%，其中 832 个贫困县农产品网络零售额为 190.8 亿元，同比增长 23.9%。需求侧的数据和信息日益成为供给侧结构性改革的新动能，农业的产业链、供应链、创新链、价值链正在加速重构，电子商务成为助力脱贫攻坚的重要抓手，并成为促进农村经济发展的关键因素。

目前学术界主要侧重于围绕国家贫困县政策分析贫困县和非贫困县的减贫效果，从电商减贫政策视角来研究电子商务扶贫示范县的设立对经济增长影响的较少。因此我们主要从电子商务综合示范县政策研究、县域电子商务发展水平影响因素研究、县域经济影响因素研究三个方面对国内外文献展开综述。

第一，从电子商务综合示范县政策研究视域出发，学者们对减贫政策的分析主要集中于国家贫困县政策分析。吉布斯等（Gibbs et al., 2002）基于国际视角，指出政策与环境是促进电子商务跨国扩散的重要因素，且以中国减贫为例，发现借助国家专项资金以帮扶国家贫困县的一系列政策极其有效。因此，诸多学者对国家贫困县政策展开系列研究，如分析对比贫困县和非贫困县农贷的减贫效应和精英俘获机制（王小华等，2014；温涛等，2016）、减贫和地方政府公共支出选择问题（毛捷等，2012）、贫困县和非贫困县财政激励效应的差异（赖玥和成天柱，2014）。其中，诸多学者从经济增长视角考察贫困县与非贫困县的经济差异，潘竟虎和贾文晶（2014）从空间层面对中国贫困县的经济发展水平展开研究，发现其经济差异在空间上呈现出非均衡空间格局。黄志平（2018）运用 PSM-DID 方法研究发现国家贫困县政策主要通过优化产业结构和提高固定资产投资水

[①] 数据来源于中华人民共和国中央人民政府网站，http://www.gov.cn/shuju/2019-02/21/content_5367508.htm。

平来推动当地经济发展。随后，方迎风（2019）运用空间计量模型研究国家贫困县设立与经济增长的激励效应，发现扶贫重点县对经济增长的推动作用显著大于非扶贫重点县。随着电子商务发展深入渗透农村，电子商务综合示范县政策促进县域电子商务发展，囿于数据难以获取原因，对电子商务综合示范县的政策研究较少，杨旭和李竣（2017）以13个省份87个电子商务综合示范县为样本，分析了政府项目驱动下农产品上行问题。

第二，从县域电子商务影响因素研究视域出发，穆燕鸿等（2016）以黑龙江省15个电子商务示范县为样本，研究发现基础设施因素、外部环境因素、内生力量因素、电子商务平台因素、供需交易因素是影响农村电子商务发展的主要因素。西田等（Nishida et al.，2014）基于日本47个县数据的实证结果显示，基础措施、经济、人口、教育、开放与创新等因素会显著影响农村电商发展，并在此基础上采用多变量分析模型确定了相关的数字鸿沟。另外是从地理学空间视角下分析电子商务发展水平的空间区域差异，学者们分别从省域尺度（汤英汉，2015；席广亮等，2015）、市域尺度（浩飞龙等，2016；丁志伟等，2016）逐渐到县域尺度（刘晓阳等，2018；武荣伟等，2018）三个层面研究电子商务发展水平及其影响因素。武荣伟等（2018）指出，县域电子商务会被县域的人口规模、城镇化水平、经济基础和零售业等因素所影响。刘晓阳等（2018）指出，影响县域电子商务程度最大的是城乡居民储蓄余额，而后依次为城镇化率、人均地区生产总值、非农产业占比、城镇居民可支配收入、移动电话用户、互联网用户、固定电话用户。浩飞龙等（2016）指出，县域电子商务的主要影响因素有发展环境、信息化程度和经济发展水平等。

第三，从县域经济影响因素研究视域出发，学者们主要是从县域经济影响因素和县域电子商务影响因素展开研究。首先，从县域经济影响因素层面来看，杜永红（2016）研究了电子商务与"三农"的关系，认为县域经济发展存在产业结构不合理、科技发展不足、经济社会发展失调、高等资源要素缺乏等问题。谭昶等（2019）从空间视域着手，深入分析了产业结构对农村减贫影响，实证结果表明产业结构高级化、产业结构合理化不仅能够显著带动本地区农户脱贫致富，而且对邻近地区农村减贫也有正向溢出作用，推动实现区域经济协调发展。克恩等（King et al.，1993）利用国家数据发现金融发展水平显著稳步促进经济增长。县域电子商务正向推动产业结构升级与产业集群发展（但斌等，2010；王滢和张瑞东，2017）。唐红涛等（2018）认为电子商务对财政投入和人力资本具有中介效应。此外，一些学者认为金融发展借助经济增长的中介环节，达到增加居民总收入水平，最终减缓贫困的目的（张立军和湛泳，2006；Galor and Zeira，1989）。但而后，有研究对此持相反看法，即认为农村金融对农户的贫困减缓有抑制作用。

基于以上分析，同时考虑到全国县域样本量较大，使用相对传统的最小二乘法估计电子商务综合示范县政策的实施效果，可能会存在一定的内生性问题，若采用 DID 方法估计政策效应又难以满足严格的共同趋势假设，本书参考赫克曼等（Heckman et al.，1997），使用 PSM-DID 法测度电子商务综合示范县政策实施的效果。具体地，将非电子商务综合示范县设为控制组，电子商务综合示范县设为实验组。政策实施效果一般用 PSM-DID 法来验证，如西部大开发战略（刘瑞明和赵仁杰，2015）、东北振兴战略（贾彦宁，2018），因此我们通过 PSM-DID 法来验证电子商务综合示范县对经济增长的影响及其机制。

7.2.2　数据说明、模型构建与变量描述

7.2.2.1　数据说明

鉴于数据的可得性，本书选取 2006~2016 年作为样本时间范围。2014 年电子商务进农村综合示范县政策选取河北、黑龙江、安徽、江苏、江西、湖北、河南、四川 8 个省份为试点，共评选出 56 个电子商务示范县。因此，在数据处理上我们从商务部等公布的首批《2014 年电子商务进农村综合示范县名单》中选取研究对象，实验组样本为进入名单的县域，控制组为未进入名单内的县域。并对数据做出如下处理：（1）剔除关键数据缺失的城市；（2）剔除 2015 年及 2016 年成为电子商务综合示范县的 440 个县域数据；（3）剔除存在数据异常现象的县域。经过以上数据处理步骤，最终得到 241 个地级市作为最终的样本数据，在这之中电子商务综合示范县为 38 个，一共有 4686 个样本观测值，再利用 PSM-DID 方法，在共同取值范围内给电子商务综合示范县进行卡尺内一对一邻近匹配对照样本，共得到 4345 个样本观测值。数据来源分别如下：一是商务部网站；二是各类宏观数据的来源有历年各省份统计公报、历年各省份统计年鉴和历年《中国县域统计年鉴》。

7.2.2.2　模型建立

考虑到全国县域层面数据涉及样本量较大，单独采用 DID 法估计电子商务示范县带来的政策效应，需要满足共同趋势假设，而在实际分析过程中这一前提条件往往较难满足，故本书将 PSM 和 DID 结合起来，采用

PSM-DID 法来估计政策实施效果。第一，基于 Logit 回归得到的倾向匹配得分进行处理组与对照组之间的匹配，确保样本满足共同趋势假设；第二，在 PSM 的基础上，基于匹配后的样本进行 DID 回归，测算出国家电子商务示范县政策的平均效应，具体的模型构建如下：

1. 模型Ⅲ：PSM 匹配模型。

$$treat_i = \alpha_0 + \sum \alpha_i ConVars_i + \varepsilon_i \qquad (7-3)$$

模型Ⅲ中，ConVars 为解释变量，包括产业结构（lnrs）、地方财政一般预算支出（lngov）、居民储蓄存款余额（lnsav）、地方财政一般预算收入（lnrevenue）、城镇固定资产投资完成额（lnfixed）、本地电话年末用户（telephone）、年末金融机构各项贷款余额（lnfinance）、普通中学在校学生数（students）等。treat 为被解释变量，即根据电子商务综合示范县试点名单，将县域样本划分为示范县和非示范县，将示范县记为 1，$treat_i = 1$，否则记为 0，$treat_i = 0$。本书采用卡尺内一对一邻近匹配方法进行倾向得分匹配，以获取满足共同趋势假设的处理组和对照组。

2. 模型Ⅳ：DID 固定效应模型。

$$Y_{it} = \beta_0 + \beta_1 treat + \beta_2 time + \beta_3 treat \times time + \sum \beta_x ConVars_{it} + r_{it} + \varepsilon_{it} \qquad (7-4)$$

本书在模型Ⅲ倾向得分匹配的基础上，构建 DID 固定效应模型估计示范县政策的平均效应。其中，以县域经济发展水平作为被解释变量，记为 Y_{it}，用地区生产总值增加值与人均地区生产总值两个指标加以衡量，i、t 则分别表示第 i 个县域、第 t 年，treat 用来划分处理组与控制组，treat = 1 表示电子商务综合示范县，treat = 0 表示非电子商务综合示范县，time 划分实验前后，time = 1 代表国家电子商务综合示范县政策实施之后的年份，time = 0 代表电子商务综合示范县政策实施之前的年份，交乘项 treat × time 是核心解释变量，用以衡量电子商务综合示范县，即电子商务综合示范县试点政策实施后的电子商务综合示范县，假设设立电子商务综合示范县推动了县域经济增长，则相应的回归系数应为正，并通过显著性检验。r_{it} 表示不随时间变化的个体固定效应，ε_{it} 则为随机扰动项。

为深入探讨电子商务综合示范县所带来的政策效用，本书借鉴黄志平等（2018）所提出的机制检验模型。

3. 模型Ⅴ：机制检验模型。

$$ConVars_{it} = \beta_0 + \beta_1 treat + \beta_2 time^k + \sum \beta_3 treat \times time^k + r_{it} + \varepsilon_{it} \qquad (7-5)$$

其中，$ConVars_{it}$ 为被解释变量，具体为产业结构、地方财政一般预算支出、居民储蓄存款余额、地方财政一般预算收入、城镇固定资产投资完成额、本地电话年末用户、年末金融机构各项贷款余额、普通中学在校学生数等。i 和 t 分别表示第 i 个县和第 t 年，treat 用于区分处理组和控制组，time 用于区分实验前后，$treat \times time^k$ 交乘项为电子商务综合示范县的核心解释变量，表示各县域自 2014 年起被设为电子商务综合示范县后第 k 年的虚拟变量，k 为政策实施后的年份。

7.2.2.3 变量选择

（1）核心解释变量：是否为电子商务综合示范县（$treat \times time$）。本书以交乘项 $treat \times time$ 作为核心解释变量进行实证分析，即电子商务综合示范县试点政策实施后的县域。根据商务部等公布的首批《2014 年电子商务进农村示范县名单》，共有 56 个县被设为电子商务综合示范县，主要分布在黑龙江、河北、湖北、四川、安徽、江西、江苏、河南 8 个省域。考虑到数据的可获得性，本书选取 38 个电子商务综合示范县作为研究样本。

（2）被解释变量：县域经济增长。本书以地区生产总值和人均地区生产总值两个指标来衡量县域经济增长，其中，人均地区生产总值根据地区生产总值与县域年末户籍人口比值计算得到。为尽可能降低异方差，提高估计结果的稳健性，本书将其进行了对数化处理，分别记为 lngdp 和 lngdpper。

（3）主要控制变量如下：①产业结构（rs）。受限于县域的数据可得性，一二三产业的从业人员数据无法全面获取，故本书选取产业结构高级化指标以度量产业结构，借鉴干春晖（2011）的研究，以第三产业增加值与第二产业增加值比值作为产业结构高级化的衡量指标。②财政收支水平。根据财政收入与财政支出两层次考量，其中，财政收入用县域地方财政的一般预算收入与县域年末的户籍人口的比值来度量。财政支出以县域地方财政一般预算支出与县域年末户籍人口之比来度量。③金融投资。根据资本储蓄和金融贷款两层次考量，其中资本储蓄（sav），用居民储蓄存款余额①与县域年末的户籍人口的比值来度量；金融贷款（finance），用县域年末金融机构各项贷款余额与县域年末户籍人口的比值来度量。④基础设施。根据基础设施环境（fixed）与信息化水平（telephone）两层次考量，其中信息化水平涵盖通信与交通等多个指标，而受限于县域数据的可得性，信息化水平用县域本地电话年末用户与县域年末户籍人口的比

---

① 2012 年之前的居民储蓄存款余额数据采用城乡居民储蓄存款余额数据代替，数据均来源于《中国县域统计年鉴》。

值来度量。⑤人才基础（students）。对于县域人才基础，本书以每万人普通中学在校学生数与县域年末户籍人口的比值来衡量。需要说明的是，为提高估计结果的稳健性，对除信息化水平、人才基础外的控制变量均进行了对数化处理。主要变量的定义及描述性统计分析结果如表7-6所示。

表7-6 主要变量定义及描述性统计

变量名称	变量定义	样本量	平均值	标准差	最小值	最大值
$treat \times time$	是否为电子商务进农村综合示范县	4686	0.0243278	0.1540812	0	1
$lngdpper$	地区生产总值/年末户籍人口（单位：万元）取对数	4686	9.878472	0.7459573	6.763631	13.02655
$lngdp$	地区生产总值（单位：万元）取对数	4686	13.71065	1.111744	9.696218	17.52425
$lnrs$	第三产业增加值/第二产业增加值（单位：万元）取对数	4686	4.673374	0.7973066	1.673407	7.953998
$lnrevenue$	地方财政一般预算收入/年末户籍人口（单位：万元）取对数	4686	6.652076	1.106507	3.728821	10.56856
$lngov$	地方财政一般预算支出/年末户籍人口（单位：万元）取对数	4686	8.018555	0.7956183	5.102972	10.70669
$lnsav$	居民储蓄存款余额/年末户籍人口（单位：万元）取对数	4686	9.399294	0.7469783	6.268547	11.96345
$lnfinance$	年末金融机构各项贷款余额/年末户籍人口（单位：万元）取对数	4686	8.997222	0.9523788	5.47143	12.74494
$lnfixed$	城镇固定资产投资完成额/年末户籍人口（单位：万元）取对数	4686	9.346006	1.051128	4.988185	12.61783
$telephone$	本地电话年末用户/年末户籍人口	4686	0.149479	0.1118702	0.0057	1.2234
$students$	普通中学在校学生数/年末户籍人口	4686	0.0505677	0.0175125	0.004	0.2701

7.2.3 实证分析

通过实证分析，共得到以下实证结果。第一，基于Logit模型估计倾向得分，并据此进行实验组与控制组之间的匹配，通过平衡性检验对相应的匹配效果进行检验；第二，在 PSM 的基础上，运用 DID 固定效应模型实证测度电子商务进农村综合示范县政策实施的经济增长效应；第三，利用 PSM-DID 法进一步验证电子商务进农村综合示范县这一政策的实施效应；第四，将国家贫困县、民族县等样本剔除后重新估计政策效应，以确保估计结果的稳健性；第五，利用前文设定的模型进一步探究电子商务进农村综合示范县政策对县域经济增长的影响机制。

7.2.3.1 倾向得分匹配结果分析

依照 2014 年各县（市）是否入围电子商务进农村综合示范县名单各自分为电子商务综合示范县（实验组）和非电子商务综合示范县（控制组）。本书借助 PSM 法让实验组与控制组在卡尺内一对一邻近匹配，匹配结果如表 7-7 所示，这旨在让实验组与控制组有相同发展趋势，以降低遗漏变量等因素所导致的误差。

表 7-7　倾向得分匹配结果——匹配前后的样本特征对比

变量	样本	平均值 处理组	平均值 对照组	偏差（%）	偏差减幅（%）	t 值	p>|t|
lnrs	匹配前	4.8316	4.6579	22.0	65.5	4.26	0.000
	匹配后	4.8316	4.7717	7.6		1.15	0.252
lnrevenue	匹配前	6.7159	6.6458	6.3	43.8	1.24	0.217
	匹配后	6.7159	6.7552	-3.6		-0.49	0.626
lngov	匹配前	7.9685	8.0235	-7.2	86.1	-1.35	0.178
	匹配后	7.9685	7.9761	-1.0		-0.14	0.886
lnsav	匹配前	9.4163	9.3976	2.5	-89.3	0.49	0.625
	匹配后	9.4163	9.4518	-4.8		-0.68	0.496
lnfinance	匹配前	9.0937	8.9878	11.1	64.0	2.17	0.030
	匹配后	9.0937	9.1318	-4.0		-0.56	0.579
lnfixed	匹配前	9.2736	9.3531	-7.5	88.0	-1.47	0.140
	匹配后	9.2736	9.2832	-0.9		-0.13	0.899
telephone	匹配前	0.16302	0.14815	13.2	22.5	2.60	0.009
	匹配后	0.16302	0.17454	-10.2		-1.19	0.235
students	匹配前	0.05086	0.05054	1.8	-17.6	0.35	0.725
	匹配后	0.05086	0.05048	2.1		0.33	0.742

从表7-7可以看出，匹配后实验组与控制组所有变量的偏差度明显降低，相应的偏差均保持在10%以下，t统计值也不显著，这些都说明匹配后的实验组和控制组之间存在显著偏差，有较好的匹配效果。

若样本观测值满足"条件独立性"的假设，则证明PSM-DID的检验结果是科学的。本书对实验组与控制组做Logit回归以验证匹配后的数据平衡性，旨在更深层次验证匹配效果。其结果如表7-8所示，结果表明，实验组和控制组各变量均不存在显著性差异；进一步检验后发现，基于卡尺内一对一邻近匹配法得到的数据是平稳的，这说明PSM-DID法对于评价电子商务进农村综合示范县政策实施效果来说相对合理。

表7-8 倾向得分匹配平衡性检验

变量	控制组均值	实验组均值	差分	t	Pr（T>t）	结果
lngdpper	9.726	9.773	0.047	0.98	0.3278	平衡
lnrs	4.791	4.818	0.027	0.56	0.5745	平衡
lnrevenue	6.406	6.468	0.062	0.94	0.3454	平衡
lngov	7.718	7.74	0.022	0.55	0.5818	平衡
lnsav	9.169	9.204	0.035	0.86	0.3881	平衡
lnfinance	8.793	8.855	0.062	1.15	0.2488	平衡
lnfixed	8.99	8.987	-0.003	0.05	0.9614	平衡
telephone	0.167	0.177	0.010	1.43	0.1522	平衡
students	0.055	0.055	0.000	0.02	0.9845	平衡

7.2.3.2 电子商务进农村综合示范县设立对经济发展的平均效应

根据传统的DID法可知，样本中出现的实验组和对照组均须满足共同趋势的假设。但新古典经济学收敛理论在"中国省际的经济发展是否收敛"这一问题上，尚未产生统一的认知。故借助传统的DID法对电子商务进农村综合示范县政策实施效果进行评价值得商榷。因此本书运用PSM-DID法来探讨电子商务进农村综合示范县政策的执行效用，其优势为可控制但不可观测，且有不随时间的变化而变化的组间差异。由表7-8可知，匹配后的数据分布平稳，实验组和控制组存在显著差异，因此我们用传统DID和PSM-DID分别研究电子商务进农村综合示范县政策的平均效用，实证结果如表7-9所示。

表7-9　电子商务进农村综合示范县项目的平均效应

变量	传统DID					PSM-DID			
	lngdp (1)	lngdp (2)	lngdpper (3)	lngdpper (4)	lngdp (5)	lngdp (6)	lngdpper (7)	lngdpper (8)
$treat \times time$	0.0336664 (0.76)	0.0491602** (2.22)	0.0379786 (0.87)	0.0668794*** (2.99)	0.0343327 (0.79)	0.0555748*** (2.61)	0.0354802 (0.83)	0.066618*** (3.15)
$treat$	0.3050631* (1.77)	0.1608754** (2.47)	0.0551315 (0.54)	-0.0317413 (-0.73)	0.2464556 (1.53)	0.141279** (2.16)	0.050912 (0.49)	-0.0166083 (-0.37)
$time$	0.5897236*** (44.55)	-0.1296993*** (-13.72)	0.5672097*** (43.48)	-0.1234398*** (-13.15)	0.5890572*** (43.70)	-0.1211916*** (-12.71)	0.569708*** (42.85)	-0.120839*** (-12.94)
控制变量	—	控制	—	控制	—	控制	—	控制
观测值	4686	4686	4686	4686	4345	4345	4345	4345
R^2	0.3408	0.8573	0.3305	0.8378	0.3522	0.8642	0.3432	0.8482

说明：*、**、***分别表示10%、5%、1%的显著性水平，括号内为z值。

表 7-9 展示了传统 DID 及 PSM-DID 法中的被解释变量各自用 lngdp 和 lngdpper 所得到的回归结果。其中，第（1）、第（3）、第（5）、第（7）列表示加入控制变量前的估计结果，第（2）、第（4）、第（6）、第（8）列则表示加入控制变量后的估计结果。可以看出，不管是传统 DID 法抑或是 PSM-DID 法，在添加控制变量之后均会使得 treat×time 显著，并保证其系数为正。由于我们重点在于利用 PSM-DID 法探究电子商务进农村综合示范县政策的执行效用，故需重点剖析其实证结果。由第（5）、第（7）列的回归系数可知，未控制其他影响经济发展的因素时，treat×time 无法通过显著性检验，且其系数均小于 4%。由第（6）、第（8）列的回归系数可知，控制其他影响经济发展的因素时，treat×time 均通过了 1% 显著性检验，且其系数都大于 5%。说明电子商务示范县的设立对县域经济发展具有显著的推动作用。

7.2.3.3 电子商务进农村综合示范县政策实施效果

为深入探讨电子商务进农村综合示范县政策的执行效用，本书采用双重差分后匹配后得来的数据，实证回归结果详见表 7-10。

表 7-10　电子商务进农村综合示范县设立实施效果：PSM-DID 检验

项目		政策实施前			政策实施后			PSM-DID 检验结果
		控制组	实验组	政策实施前差分	控制组	实验组	政策实施后差分	
lngdp	系数	5.183	5.274	0.091	5.084	5.266	0.181	0.090
	标准误		0.027			0.038		0.046
	t		3.36			4.76		1.95
	P>|t|		0.001***			0.000***		0.051*
lngdpper	系数	3.253	3.262	0.009	3.130	3.224	0.094	0.085
	标准误		0.020			0.029		0.035
	t		0.45			3.26		2.43
	P>|t|		0.656			0.001***		0.015**

说明：*、**、*** 分别表示 10%、5%、1% 的显著性水平。

本书借助卡尺内一对一邻近匹配法与 PSM-DID 的 Logit 回归法，评价电子商务进农村综合示范县的政策实施效果。由表 7-10 可知，gdp 作为被解释变量时，估计量值达到 0.09，通过 10% 的显著性检验，这说明每多设立 1 个电子商务进农村综合示范县，便会让县域经济多增长 9%；*gdpper* 作为被解释变量时，估计量值为 0.085，通过 5% 的显著性检验，这说明每多设立 1 个电子商务进农村综合示范县，便会让县域经济多增长 8.5%。可以看出，以 *gdp* 和 *gdpper* 来衡量县域经济增长时，PSM-DID 的估计结果均正，且通过了显著性检验，这充分说明电子商务进农村综合示范县会显著推动县域经济增长，但执行效应较小，其原因可能在于电子商务人才的培育、扶贫资金的下发以及基础环境的改善等工作在开展时具有较强的滞后性，故使得电子商务进农村综合示范县政策的执行效应也存在着一定的时滞期，这与前文的理论机制分析一致。

7.2.3.4 剔除国家级贫困县及民族县样本的稳健性检验

在前文设定的处理组中，有较多县域既是电子商务进农村综合示范县，同时也是国家级贫困县；在控制组中，也有较多县域同时是国家级贫困县和民族县，而国家级贫困县、民族县本身又对县域经济增长存在一定影响，即可能存在不同政策效应的交叉。因此，为排除国家级贫困县、民族县对电子商务进农村综合示范县政策效应估计的影响，本书将国家级贫困县、民族县的县域样本进行剔除，最终得到 322 个县域样本，共 3524 个观测值。其中，电子商务进农村综合示范县有 30 个。在此基础上，本书重新利用卡尺内一对一邻近匹配法估计得到 3324 个样本观测值，并进行 DID 固定效应回归。表 7–11 显示了相应的回归结果。

表 7–11　剔除国家级贫困县及民族县样本的稳健性检验

项目		政策实施前			政策实施后			PSM-DID 检验结果
		控制组	实验组	政策实施前差分	控制组	实验组	政策实施后差分	
ln*gdp*	系数	3.444	3.535	0.091	3.260	3.419	0.158	0.067
	标准误		0.030			0.043		0.052
	t		3.08			3.68		1.29
	P > |t|		0.002 ***			0.000 ***		0.198
ln*gdpper*	系数	2.621	2.628	0.007	2.484	2.573	0.090	0.083
	标准误		0.023			0.031		0.038
	t		0.29			2.90		2.19
	P > |t|		0.772			0.004 ***		0.028 **

说明：*、**、*** 分别表示 10%、5%、1% 的显著性水平。

根据表 7-11 可知，gdp 为被解释变量时，估计量值达到 0.067，且未通过显著性检验；gdpper 为被解释变量时，估计量值达到 0.083，在 5% 的水平下通过显著性检验。不管是 gdp 抑或是 gdpper 作为被解释变量，与没有控制其他因素时相比，控制后的 PSM-DID 估计值系数降低了，这说明国家级贫困县和民族县会在一定程度上促进县域经济的发展。综上所述，在剔除国家级贫困县、民族县可能对电子商务进农村综合示范县政策效应估计造成的偏差后，回归结果依旧显示，电子商务综合示范县政策对于县域经济增长具有显著的促进作用，表明前文实证分析结果较为稳健。

7.2.3.5 电子商务进农村综合示范县设立促进经济增长机制检验

由上文可知，电子商务进农村综合示范县可持续且有效地促进县域经济的发展。进一步地，本书构建模型（7-5）探究电子商务进农村综合示范县政策对于产业结构、财政收支、金融规模、基础设施和人才基础等因素的影响，以考察电子商务进农村综合示范县政策对县域经济增长影响的作用机制，具体估计结果如表 7-12 所示，其中，$afert_k$ 代表被设立成为电子商务综合示范县的第 k 年。

根据表 7-12，第一，基于产业结构视角，其系数随着时间的增长而提高，且系数始终为正，但直到设立电子商务进农村综合示范县第 3 年其才能够通过显著性检验，而且伴随着较慢的增长速度，这说明设立电子商务进农村综合示范县会推动产业结构高级化，与此同时，不仅增加了第三产业增加值所占比重，而且优化了工业规模化程度。值得一提的是，电子商务进农村综合示范县政策的发布到优化产业结构这一过程有一定的滞后期。第二，基于财政收支结构视角，其系数也是随着时间的增长而提高，且不管是财政支出抑或是财政收入都通过了 1% 显著水平下的显著性检验，这说明电子商务进农村综合示范县对县域财政收支平衡起着显著的驱动作用。第三，基于金融规模视角，设立电子商务进农村综合示范县之后，在不断的积累之下，示范县的金融贷款与资本储蓄水平等持续增强，金融规模也持续扩张。第四，基于基础设施视角，信息化和固定投资水平持续增长，其中固定电话用户指标用来度量信息化水平，因为固定电话的使用人数越少则从侧面反映出信息化程度越高，故从表 7-12 中得出电子商务进农村综合示范县的政策会提升该示范县的信息化水平。第五，基于人才基础视角，开设电子商务进农村综合示范县会负作用于人才基础，原因在于，该政策于 2016 年起慢慢倾斜于国家级贫困县与深度贫困地区，故人才会有短缺现象，特别是跨境电子商务人才；此外，设立电子商务进农村

表7-12　电子商务进农村综合示范县设立促进经济增长机制检验

<table>
<tr><th rowspan="2">变量</th><th>产业结构</th><th colspan="2">财政收支</th><th>金融规模</th><th colspan="2">基础设施</th><th>人才基础</th></tr>
<tr><th>lnrs</th><th>lnrevenue</th><th>lngov</th><th>lnsav</th><th>lnfinance</th><th>lnfixed</th><th>telephone</th><th>students</th></tr>
<tr><td>$afert_1$</td><td>0.0321667
(0.86)</td><td>0.8507752***
(6.98)</td><td>0.6992673***
(6.69)</td><td>0.6522816***
(7.49)</td><td>0.7568804***
(7.52)</td><td>0.9180603***
(6.45)</td><td>-0.022276*
(-1.9)</td><td>-0.0154164***
(-7.42)</td></tr>
<tr><td>$afert_2$</td><td>0.0409053
(1.1)</td><td>0.9479033***
(7.77)</td><td>0.8663061***
(8.29)</td><td>0.8177325***
(9.39)</td><td>0.8852134***
(8.79)</td><td>1.076277***
(7.56)</td><td>-0.0558839***
(-4.76)</td><td>-0.0163164***
(-7.85)</td></tr>
<tr><td>$afert_3$</td><td>0.0656458*
(1.76)</td><td>0.9522448***
(7.81)</td><td>0.9744179***
(9.33)</td><td>0.9530303***
(10.94)</td><td>1.000801***
(9.94)</td><td>1.171824***
(8.23)</td><td>-0.0702681***
(-5.99)</td><td>-0.0160112***
(-7.7)</td></tr>
<tr><td>常数项</td><td>4.760818**
(1424.41)</td><td>6.640102**
(606.73)</td><td>7.929037***
(845.59)</td><td>9.392131***
(1201.09)</td><td>9.012001***
(997.3)</td><td>9.295827***
(727.46)</td><td>0.1523965***
(144.72)</td><td>.0512203***
(274.58)</td></tr>
</table>

说明：*，**，***分别表示10%，5%，1%的显著性水平，括号内为t值。

综合示范县后，诸多大学生回乡创业，然而电子商务的人才培养体系并不健全，各项宣传工作也并不完善，导致电子商务进农村综合示范县需要强化其人才基础。综上所述，电子商务进农村综合示范县政策主要通过优化产业结构、平衡财政收支、扩宽金融规模、改善基础设施、强化人才基础等五个机制对县域经济增长发挥积极作用。

本书的研究对象从《2014年电子商务进农村综合示范县名单》中的8个省份作为试点，选取426个县域的2006~2016年的面板数据，根据是否入围电子商务进农村综合示范县，分别作为实验组与控制组。基于数据的可得性原则，对数据进行筛选后得到38个实验组和388个控制组，共有4686个观测样本。具体包括以下几个步骤：首先，基于卡尺内一对一邻近匹配法对实验组和控制组进行匹配，得到4345个样本观测值。其次，在PSM的基础上，运用DID固定效应回归方法实证测度电子商务进农村综合示范县政策对县域经济增长的影响，并根据政策效用及其作用机制。最后，为检验估计结果的稳健性，本书将样本数据中的国家级贫困县、民族县剔除，得到322个县域，共3524个观测值，其中电子商务进农村综合示范县有30个，重新进行卡尺内一对一邻近匹配后得到3324个样本观测值，基于此进行DID固定效应回归，主要得出四点研究结论：第一，电子商务进农村综合示范县政策对县域经济具有显著的推动作用；第二，电子商务进农村综合示范县政策主要是通过优化产业结构、平衡财政收支、扩大金融投资规模、完善基础设施环境及增强人才基础等路径促进县域经济增长，并具有持续的推动作用；第三，电子商务进农村综合示范县的设立能够持续促进产业结构高级化发展，促使县域经济朝着"服务化"发展，但该效应存在一定的滞后性；第四，电子商务进农村综合示范县显著负向作用于人才基础，这反映示范县电子商务人才匮乏问题亟须改善。

考虑到电子商务进农村综合示范县政策能够显著推动县域经济增长，且这一政策主要通过优化产业结构、平衡财政收支、扩展金融投资规模、改善基础设施环境和强化人才基础等途径驱动县域经济增长，政府部门应在现有的基础上进一步加强电子商务进农村综合示范县政策的推行，如从强化农村电子商务宣传、提升农产品质量以及优化农村公共服务体系等，扩大电子商务进农村覆盖面，加快推动现代流通体系建设，刺激县域经济增长。

第一，电子商务进农村综合示范县政策应当更加注重产业高级化发展。鉴于电子商务进农村综合示范县能够促使县域地区的产业结构朝第三产业发展，但其有滞后性。将中央财政资金投入电子商务进农村综合示范县建设时，仍需注重其对产业高级化的积极作用；不仅如此，也要注重借助互联网电子商务力量，加强农产品与市场之间的对接，如通过助推特色产业及"明星"农产品，使有特色的农产品与手工艺品等农村地区的产业借助互联网渠道得到更好的销售，为破解产业结构高级化的前期制约提供助力，以使电子商务进农村综合示范县的引领作用得到全方位的发挥和利用，进而升级消费结构与转型产业结构，最终实现让县域经济得到较为快速发展的目的。

第二，电子商务进农村综合示范县政策应当注重电子商务人才培养。鉴于示范县人才基础的较为薄弱，故应强化农村电子商务的培训宣传，大力培育电子商务"农村创新创业"人才。建设大型的综合性电子商务信息网站、开立人才培训课程，增强农户对信息知识的处理和运用能力，引导其通过电子商务这一重要流通渠道打开农产品销售市场，带动农户增收。

第三，政府部门应适当强化对于电子商务进农村综合示范县的监管力度，为示范县及时制定资金支持明细计划。具体而言，政府要做到两个及时，一是及时检查电子商务进农村综合示范县所达成的成果，二是及时下发中央所拨的财政资金与进行合理的项目管理。此外，政府要借助电子商务扶贫和电子商务平台等途径，宣传与推广电子商务进农村综合示范县这一政策，让其起到对产业的带动作用，并强化其辐射范围与周期，推动其他县域积极靠近电子商务进农村综合示范县的标准，最终推动县域经济增长。

第8章 国内外经验与政策启示

现阶段，国内外对减贫的研究已相对较成熟，且随着国内外学者广泛研究减贫方式，使诸多地区对此保持着积极探索的行动，做出了有效的创新，并从中得到可借鉴的经验与做法。具体而言，尽管国外电子商务发展起步较早，但国外减贫模式却较少直接涉及电子商务这一新型减贫手段，而是多从环境、教育、产业等方面着手开展减贫工作；中国则通过电商减贫模式取得了显著的扶贫效果，电商减贫模式也成为精准扶贫工作的重要渠道和有效载体，现有电商减贫模式主要从平台、互联网、参与主体等视角展开，并在一些农村电子商务发展良好的地区形成了很好的区域电商减贫实践经验。因此，我们在系统总结和梳理国内外减贫经验的基础上，结合我国国情提出下一步巩固电商减贫工作的政策建议。

8.1 国外经验

国外的减贫模式涵盖了人力资本减贫、发展特色产业减贫、旅游减贫、财政金融减贫、社会保障减贫等多种方式，各个国家根据本国的贫困分布特征，因地制宜地实施差异化发展战略，对于同一种减贫模式也产生不同的实施途径，具体如表8-1所示。

从表8-1可以看出，在减贫工作中，韩国、日本、美国、英国等国家都比较重视人力资本发展。例如，韩国为此设置专门的管理机构，对全国教育机构投入大量经费，并制定法律法规进行规制；美国和英国的人力资本减贫政策甚至覆盖了从学前儿童到大学生就业整个受教育阶段及其前后时期；而日本则倾向于直接将成熟的专业技术输出给贫困地区居民。

表 8-1　　　　　　　　　几个典型国家的国际减贫经验

国家	减贫经验
韩国	1. 人力资本减贫。设置专门的人力资源政策局，研究人力资本开发，制定相关政策；政府将农村人力资本发展列入法律法规；在农村设立专门的相关管理部门，负责人才培训等工作；注重农村地区居民思想教育，设置专门的会馆作为农村居民学习交流先进文化思想的聚集地 2. 旅游减贫。利用资源优势发展乡村旅游业，加大地区附近交通等公共服务基础设施建设，积极宣传推广地区特色农产品，在保留特色的基础上美化旅游环境，与旅游者发展更深层次的情感联系。例如，雪岳山脚下寒溪里村
日本	1. 人力资本减贫。日本农业协会中，专门会培养那些已经取得中等甚至是高等学历的技术人才，学成之后提供免费指导给农民，其薪资由所在农业协会下发 2. 财政金融减贫。独创性地建立了财政投融资制度，通过日本开发银行和北海道金融公库等政策性金融机构提供长期低息贷款，以及综合性的金融服务和政策支持；为农村贫困居民发放补助金，提供长期低息贷款；为住在半山区、山区、雪山地带抑或是其他欠发达地区的农户提供直接有效的财政金融补贴；以补贴低息的方式引导农村贫困居民对公共金融产品进行投资 3. 基础设施减贫。用立法的形式推动农村基础设施建设 4. 旅游减贫。如日本三岛町先后建设生活工艺馆、文化展览中心、物产馆、生活馆、观光旅游馆等公共文化设施来保护传承历史文化，树立"桐之乡"文化品牌；又如日本九州大分县将其特有的文化和民间艺术发展成特色旅游项目及文化项目，不仅达到保护文化遗产的目的，又推动了当地第三产业的发展 5. 产业减贫。以发展欠发达地区和振兴后进地区作为减贫对象，对不同的地区因地制宜地实施开发振兴计划，涵盖产前、产中、产后的各个环节，如《山村振兴法》《过疏地域活性化特别措施法》《半岛振兴法》等；通过改良土地，完善基础交通设施与条件，推动落后地区的农村基础设施建设；"一村一品"运动，充分发挥地区资源优势，形成独具特色有竞争优势的区域性产业；借助预算、管理、协调、技术引进等途径，设立专门负责农林水产推广与发展相关方面的策划
美国	1. 动态化贫困标准，确保贫困人口精准识别 2. 旅游减贫。发展农村特色产业和乡村旅游业 3. 社会保障减贫。较完善的福利制度和贫困救助体系；对贫困居民进行食品补贴、住房补助和医疗援助等公共服务保障，具体包括发放食品券；提供优惠的公共租赁住房给贫困户，借助税收调控、减免利息以及优惠政策等手段，给房地产商积极的信号，并倡导其参与开发社会公益性的保障性住房；并提供一些住房补贴与金融贷款优惠给低收入人群或贫困户；提供低息低压或房屋贷款担保给中收入人群 4. 人力资本减贫。人力资本减贫对象涵盖无家可归的儿童、青少年和残疾人等，为其衣食住行提供多项支持服务，使适龄中小学学生能够有免费就读的政策，使接受高等教育的大学生有学费减免或补贴等优惠政策，并执行"希望课扣除税""终身学习课税扣除"等政策手段，尤其是针对低收入家庭的大学生设置专门的奖助学金和勤工俭学抵免学费的机会。失业人口也有失业保险金，针对部分高收益的雇主和雇员按比例强制缴纳失业保险税

续表

国家	减贫经验
英国	1. 绿色增长减贫。推动绿色能源转型；倡导绿色出行等节能生活方式；发展绿色制造业 2. 人力资本减贫。针对各教育阶段进行改革，在学前教育阶段，实施"全国儿童保育战略"，建立"儿童卓越中心"，提供儿童救济金；在初等与中等教育阶段，实行严格且缜密课程考核，强化学校师资力量；在高等教育阶段，为贫困家庭发放助学金，并免除提前交付全部学费的要求，为弱势学生提供更加充足的资金援助
南非	1. 文化产业减贫。利用其丰富的文化资源优势，发展文化创意产业，具体措施包括建立创意孵化器，整合各地文化资源，创造就业岗位；设立国家艺术银行，为艺术品展出提供资金支持 2. 旅游减贫。以社区为单位发展旅游业，如沙地保护区、野生动物保护区等，开发出度假旅游地，吸纳当地居民就业
印度	瞄准创新。一是减贫对象覆盖了贫困家庭和相对贫困家庭；二是在劳动就业问题上，给予贫困人口自我选择权；三是利用排除富人的方法瞄准贫困人口，扩大贫困识别群体范围，尽可能不落扶错扶
印度尼西亚	金融减贫。实施金融贷款的对象为收入水平在一般社会水平20%的农村低收入群体，但要求有大额抵押物，服务性质为在满足减贫宗旨的同时注重自身经营可持续发展，运行机制为根据客户需求设计储蓄和信贷产品，设置有效的激励机制，重视风险管理，政府不直接干预，由福利型向商业型转变

对于自然资源比较丰富的地区，如韩国、日本、南非等国家发展了不同形式的旅游减贫，如韩国鼓励地区当地居民与旅游者发展更深层次的情感联系，发动社会力量帮助减贫。日本更注重文化品牌建设，以达到拉动第三产业发展的目的。南非拥有沙地保护区、野生动物保护区等度假旅游胜地，最直接的减贫模式就是推动了当地就业岗位的增加。美国等发达国家则倾向于发展农村特色产业和乡村旅游业。另外，国外各个国家也在财政金融减贫、基础设施减贫、社会保障减贫等方面开展了一系列的工作部署。

可以看到，虽然国外尚未形成系统的电商减贫发展案例和经验，但其在环境、教育、产业等方面形成的诸多成功减贫经验同样值得我们学习借鉴。要发挥电商减贫的最大效益，也离不开良好的环境、教育和产业支撑。

8.2 国内经验

国内减贫模式多种多样，随着电子商务的快速发展和渗透，形成的电商减贫模式也极具特色。总的来说，国内电商减贫模式涵盖了贫困户自主减贫、企业帮扶贫困户电商减贫以及"互联网+生态旅游"等形式。贫困户自主减贫是对贫困户自身素养有较高要求的一种减贫模式，需要一定的运营管理能力和电商专业技术，尤其适用于返乡创业的贫困户，事实上，这种减贫模式有两种实现方式：一种是"自下而上"模式（见图8-1），即拥有一定经验积累和网商素质的贫困户抓住市场机会，自主发展电子商务产业；另一种是"自上而下"模式（见图8-2），即政府采取补贴、培训、推广宣传等政策措施鼓励贫困户通过电子商务渠道发展当地特色产业，甚至直接"以购代捐"扶持地区电子商务产业发展。

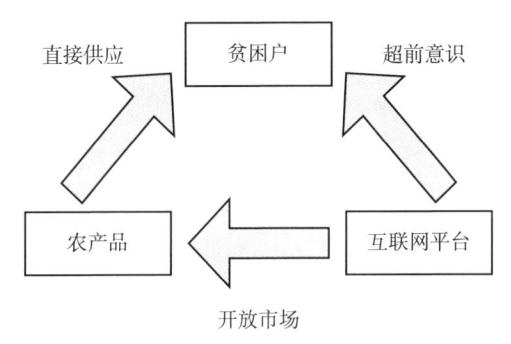

图8-1 "自下而上"的电子商务减贫

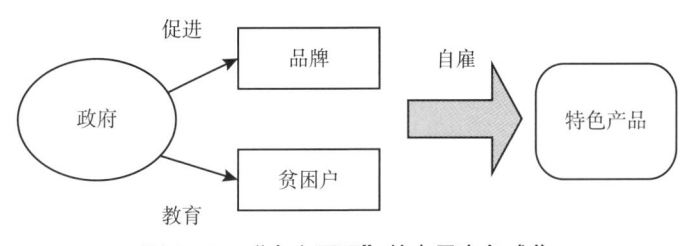

图8-2 "自上而下"的电子商务减贫

企业帮扶贫困户电商减贫（见图8-3）主要是由龙头企业整合分散的贫困户生产力，形成规模化经营和销售，通过电子商务平台对接大市场。"互联网+生态旅游"（见图8-4）是一种新兴旅游减贫模式，它将互联网渗透到旅游减贫中去，在保留地区特色品牌文化和特色农产品本质属性的基础上，提升旅游环境的观光体验，使得整个旅游过程更加智慧化和便捷化。不同电商减贫模式之间的特征也不同，具体见表8-2。

图 8-3 电子商务驱动式减贫

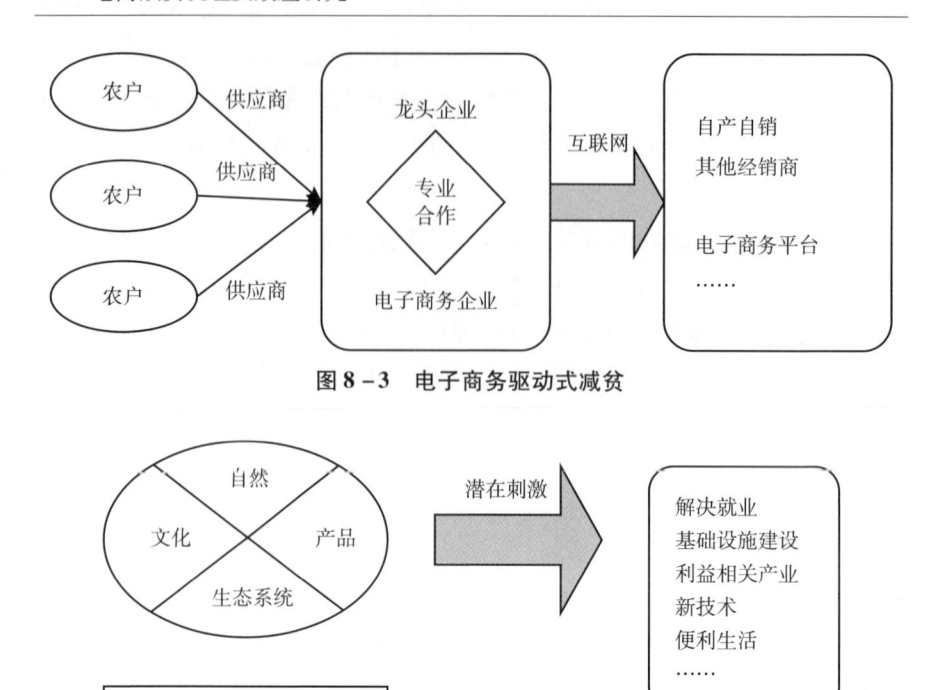

图 8-4 "互联网+生态旅游"的辐射式减贫

表 8-2　　　　　　　　　国内电商减贫典型模式

电商减贫模式	特征
"自下而上"自主减贫	依靠贫困居民自身的主观能动性和其拥有的特色农副产品资源优势,抓住市场机会,通过电子商务对接大市场。这种模式要求贫困户具备较成熟的电子商务运营能力、市场洞察能力以及较好的网商素质,适用于有规模化产业运营管理经验的返乡创业贫困户
"自上而下"自主减贫	发挥政府"有形的手",依靠政府的补贴、扶持和引导帮助贫困户了解、吸收先进知识和技术,贫困户接受培训,培养自身电子商务产业运营能力,在政府的政策支持下参与到电子商务市场,适用于因病致贫、因残致贫等劳动力素质较低、更需要政府参与减贫的贫困户
贫困户+(企业帮扶)+合作社助产+电商助销	依靠企业规模化生产效应、高营销成本承受能力以及标准化生产方式等优势,或者利用合作社整合贫困地区分散的生产要素,将贫困户的产品质量进行较高要求的收购,推动贫困户生产标准化,有效规制贫困户从生产到销售的各个环节,达到大市场输出标准,已实现电子商务销售渠道长效机制,这种模式具有普遍适用性,且有望发展成可持续减贫机制
"互联网+生态旅游"	依靠地区特色品牌文化和自然资源优势,发展生态旅游产业,将互联网渗透到生态旅游中去,完善周边环境基础设施建设,整合地区美食、文化等各种资源,通过电子商务渠道进行推广和销售,使得其更具高科技化和智慧化,提升游客的旅游体验,同时吸引投资者的目光,为贫困地区经济水平的提升以及就业岗位的增加提供可持续的保障

在农村电商发展良好的地区已形成多种电商减贫模式，最具代表性的成功经验是遂昌模式、沙集模式、通榆模式、清河模式、武功模式，这些区域的电商减贫都各具特色，根据地区自身发展优劣势，极大发挥地区比较优势，创造出符合地区自身发展特质的减贫方式，其特征见表8-3。

表8-3　　　　　　　　　　国内电商减贫实践经验

模式	特征
遂昌模式	浙江省丽水市：以本地电子商务综合服务商（协会、企业）为核心、网络服务商为基础、传统产业为动力、政策支持为催化剂，形成"生产方+协会+网商"的农村电子商务减贫模式；设立专门的机构规范产销标准，发挥资源有效利用的宗旨，促进生产方和加工方等社会化高效协作，为电子商务散户提供技术支持，统一仓储，提升产业链运行效率。这种模式适用于电子商务基础薄弱且拥有多样化小品牌的地区
沙集模式	江苏省徐州市："农户+网络平台+公司"的电商减贫模式，选择技术门槛低、资金需求低、产业资源整合难度低的类目；对于产业链中的各个环节进行专业化分工，生产、加工、平台销售、物流包装各司其职，高效协作。这种模式适用于贫困户素质基础较好的地区
通榆模式	吉林省白山市："生产方+电子商务公司"模式，注册统一品牌"三千禾"，整合所有资源对产品的标准化生产、统一营销进行规范，政府参与牵头与电子商务公司的合作。这种模式适用于农特产品丰富、品牌化程度低、电子商务基础薄弱的地区
清河模式	历史名县，"中国羊绒之都"；"专业市场+电子商务"模式，依靠强大的传统优势产业或专业市场，构建电子商务产业园区，吸引外来人力资源，推动电子商务生态体系的形成，贫困户借专业市场的影响力和营销能力，参与到电子商务产业中。这种模式主要适用于有规模化传统优势产业的地区
武功模式	交通便利，是关中地区重要的交通枢纽和物资集散地；"园区+龙头+人才+政策+集散地+网商"模式，利用区位优势，打造成"西货东进"集散地；依靠完善的电子商务园区，搭建电子商务孵化中心、产品检测中心、数据保障中心、农产品健康指导实验室，吸引外地电子商务企业；整合西北自然资源和人力资源，突破地区自身发展格局。这种模式适用于基础设施建设较完善的地区，尤其是交通基础设施

这些区域的电商减贫模式大多具有可复制性，且大多出现了具有强烈示范效应和空间溢出的"淘宝村"甚至"淘宝村"产业集群，从而带动整个地区的贫困户走向减贫。例如遂昌模式建立网商服务中心对贫困户的电子商务产业进行标准化和规范化；沙集模式选择技术门槛较低的产业，将整个产业链进行专业化分工，提升电商减贫效率；通榆模式依靠特色的农产品，打造知名的具有地区标志性的品牌，通过与电子商务企业合作实现减贫；清河模式同样借着强大的传统产业和规模化标准化专业市场，打

造电子商务生态系统，发展电子商务产业；武功模式则极大化利用其优越的地理位置，突破地区自身发展格局，吸引外来人才，成功带动整个地区实现电商减贫。

8.3 政策启示

如前所述，为充分发挥电子商务在减贫工作中的积极作用，国内各地区已进行了诸多电子商务模式的探索，并取得了不少经验成效。同时，韩国、日本、美国、英国、南非等国家更是在人力资本减贫、财政金融减贫、旅游减贫等方面取得了较为成熟的经验，如设立专门管理部门负责人才培训工作、给予贫困人群低息贷款、加强文化品牌建设等，这对于今后我国开展电商减贫工作具有重要指导意义。结合我国减贫成效、电子商务扶贫过程中存在的问题、相关实证结论及国内外经验等，我们提出以下六点政策建议，以期为巩固拓展脱贫攻坚成果的工作提供政策参考。

8.3.1 消除空间贸易壁垒

摒弃行政壁垒，消除地方保护主义。电子商务直接效应的扩散效应带动了电子商务部门产业的发展，提高了效率。"互联网＋""电子商务＋"作为新业态带动了电子商务上下游产业的发展，促使电子商务深入农村。因此，政府应该继续营造互联网、电子商务发展环境，提高企业家和农民对"互联网＋""电子商务＋"的认识。另外，电子商务间接效应存在回波效应，政府应该解放思想，促使电子商务融合到各行各业中并深入农村，解决农户信息不对称、农产品产销滞后等问题，进而提高其减贫效率。对于电子商务欠发达的地区而言，应当摒弃行政壁垒，消除地方保护主义，抓住互联网经济发展的空间扩散效应带来的发展机制，充分利用互联网技术外溢及电子商务网络外部性的示范效应，实现技术联动、协同发展，多借鉴和学习成熟可复制的电子商务发展模式，同时结合地区自身的产业特色，发展因地制宜、突出优势的电子商务经营模式，将地方特色发挥到极致，比如在深度贫困地区建立特色生态养殖项目，依托电子商务销售平台对接到达市场，提高减贫效率，以最大限度地争取缩小与发达地区之间的差距。

8.3.2 合理分配财政支出

现金形式的财政支出手段,是可以快速有效实现减贫的手段和方式,但"输血式"减贫知识只能实现短暂的减贫,相对贫困群体依旧没有获得持续发展的能力,很容易发生返贫现象,"造血式"的减贫才是长效减贫机制。因此,财政支出的减贫方式应进行合理布局,将"输血式"减贫转换成"造血式"的减贫,虽然实施会更困难,效果出现得会更缓慢些,但从长期来看,对相对贫困群体更具有福利意义。

一方面,要明晰减贫资金管理部门职责划分。具体地,一是中央统筹,由财政部、国家乡村振兴局、国家发展改革委安排脱贫攻坚与乡村振兴衔接资金,统筹兼顾脱贫县和非贫困县实际情况,合理分配减贫资金。同时坚持下放权限和强化管理相结合,将衔接资金项目审批权限继续下放到县级,并赋予其更大自主权。二是省级负总责,省级主管部门要承上启下,结合本地实际细化政策措施,把中央大政方针转化为实施方案,同时做好绩效评价和监督检查。三是市县抓落实,示范地级市和示范县自主统筹资金和项目,因地制宜,推动综合示范政策落地生根。

另一方面,要合理使用财政资金。在前文的实证检验中发现,财政支出在电商减贫中介效应中存在效率损失,可能的原因就是财政资金未得到合理的分配和使用。不仅如此,从现实情况来看,政府部门在开展电商扶贫工作的过程中存在投资盲点,"扶贫养懒汉"现象仍存在于部分地区,扶贫资金使用效率较低,相关部门对扶贫资金的监管也存在漏洞,导致扶贫资金往往难以投入生产经营,贫困户对政府产生福利依赖心理。因此,政府在分配财政资金时应注意监控每一笔资金的使用去向和重点,应更加注重"扶志"和"扶智",更加注重"外部输血式扶贫"与"内部造血式脱贫"的结合,以激发相对贫困群体自我发展的内在动力,避免出现浪费和滥用。另外,政府应构建一个完善的财政支出资金管理机制,应用到县乡村公务体系中,尽可能地降低监管成本、缩短资金领取时间,提升财政减贫效率。

8.3.3 加强人力资本建设

人力资本是发展农村电子商务的基石,电子商务发展需要大量既了解电子商务应用与技术,又精通某一传统行业业务流程和发展规律的人才,电子商务网站的建设和维护、信息采集和发布、市场行情分析和反馈、农产品上行和工业品下行都需要专业人员。截至 2020 年，各类返乡下乡创新创业人员累计达 1010 万人，"田秀才""土专家""乡创客"等本乡创新创业人员达 3100 多万人，另外，"淘宝村"通过促进产业兴旺、支持创业、带动效应，成为农村互联网"双创"的重要载体，带动就业机会数量超过 800 万个。目前返乡和下乡创业者人才回流趋势明显，但囿于人才空间受到阻碍，乡村空心化趋势明显，缺乏创业支撑服务平台及电子商务企业人才岗位单一等问题造成人才引入难，留住更难的现象。另外，现阶段农村电子商务人才培训形式和内容仍较为单一，取得的成效也相对有限。

为此，可从以下四个方面着手加强农村人力资本建设。第一，鼓励城市资本下乡，建一批返乡创业园，树立返乡创业青年、大学生村官、未就业大学生、残疾人等电子商务典型，以"头雁"效应引导农民自主创业，培养懂农业、爱农村、爱农民的"三农"工作队伍，带动农村电子商务人才队伍规模质量全面提升。第二，结合人工智能新技术，创造更多新兴岗位，如电子商务客服、快递配送、专车司机、网络主播等，带动返乡人员依托其平台和经营网络创业，就近吸纳农村剩余劳动力就业，实现农民增收渠道多元化。第三，政府应以开放、宽容的态度支持和鼓励成立网商协会、网商联盟等民间组织，推动电子商务意识以及知识和技能的普及、传播、渗透。第四，政府部门可与电子商务龙头企业合作，共同开展农村电子商务培训工作，吸收整合企业优质资源、丰富培训内容，确立多层次、多渠道的乡村人才培育计划，如通过开设产品营销、电商直播、电子商务创新案例分享等实操培训课程提升农民的实战技能水平，培育一批"新农人"。

8.3.4 优化金融资源配置

8.3.4.1 精准识别农村金融减贫对象

发展金融作为能够减少农村贫困的有效途径之一，对提升电商减贫效率具有积极影响。一般而言，金融能够从两个作用途径减少农村贫困——直接影响和间接影响，直接影响即金融发展直接影响贫困人口对金融服务的可获得性，进而对贫困户的生产能力和预期收入产生影响；间接影响是指金融发展通过对经济增长和收入分配产生影响，进而影响到减贫。

而金融发展能否有效缓解贫困的关键就在于，能否精准识别农村金融减贫对象及相关金融活动。要精确瞄准农村金融减贫目标群体，需要做到以下三个举措：第一，在动态化贫困标准下，地方政府应及时更新贫困户资料和相关信息，避免出现"错扶漏扶"，并且及时跟踪所借贷资金的用途与成效，对贫困户金融投资给予专业技术指导，避免贫困户滥用金融减贫资金，做到金融资金用在"刀刃儿"上。第二，金融机构应当根据政府提供的贫困户的相关信息，按照一定的借贷条件以及标准进行筛选，明确借贷对象，实现减贫资金的最优配置。第三，金融机构还可以对那些具有高效率、高收益、能够带动贫困人口减贫的农村龙头企业提供优惠政策，优先给予信贷支持。

8.3.4.2 持续推进农村金融体制改革

一直以来，中国在进行金融体制改革的同时，农村金融也由此得到稳步发展，但整体上中国农村金融发展与农村贫困减少还不协调。因此，必须继续加大农村金融体制改革，使金融发展成为减贫的可行之道。首先要转变农村金融机构的信贷观念，把金融对减贫的作用转化到经济增长和收入分配的间接效应上来，只有这样，减贫效果才会实现可持续。其次政府应当为减贫打造一个良好的金融环境，优化金融的制度安排，提高农村金融配置效率，推动金融市场合理发展。

8.3.4.3 科学合理使用金融工具

根据地区贫困程度的不同、贫困户对金融工具的差异化需求，选择政策性金融、开发性金融和商业性金融因地制宜地用于不同的减贫开发工作中。首先，对于深度贫困地区，应充分发挥政府的扶持作用，开展福利型普惠制金融，采用商业贷款既违背商业银行发放信贷的基本原则，又会给贫困户增加资金增值负担，不仅不能实现减贫，甚至将贫困户置于更艰苦的境地。同时，还可以鼓励规范的非正规金融机构对贫困户的小额信贷支持，作为政策性金融的补充。其次，对于处在贫困线附近的地区，应发挥开发性金融的信贷功能，鼓励和引导贫困户参与商业金融服务，政府可以设置咨询服务机构，帮助贫困户更快在金融服务中实现增收。最后，对于收入水平高于贫困线的地区，充分发挥商业性金融的作用，规范农村金融信贷发放，打造金融电子商务服务一体化，及时监管调控金融市场，促进市场健康发展，以实现低收入群体更有效的金融减贫。

8.3.5 完善物流体系建设

8.3.5.1 深入推进农村电子商务服务站点建设

农村电子商务发展的核心就是要打通"农产品上行"和"工业品下行"双向物流通道，而农村电商服务站点是实现农产品流通体系双向化的重要手段。伴随着"互联网+农村电商"深入发展，邮政业务联合大数据、云计算、物联网等互联网技术，借助电子商务平台发展数据共享的电子商务模式效果已逐步凸显，基于数据共享技术和强大社交功能的电子商务模式实现农户"一站式"自产自销，驱动农村消费水平不断升级。但是，农产品供给不匹配、中高端农产品供给不足、农村物流基础网络设施差等问题依然是"农产品上行"和"工业品下行"过程中的痛点，尽管电子商务服务站点陆续建立，但农村村级服务站点自主盈利偏弱，部分站点生命力不强，乡镇农村流通渠道有待于进一步打通。因此，应当发挥农村邮政网点分布广的优势，以"农产品上行"和"工业品下行"并重为目标，引进智慧物流体系，发挥农村电子商务引擎效应，提高供给效率、线上线下融合发展、建立市县乡三级物流配送网络、着手打通农村流通体系双向通道，实现电子商务服务站点成为"农产品上行"过程中的"中转点"。

一方面，聚焦满足人民美好生活需要，应加强农业供给侧结构性改革，减少温饱型农产品供给，增加中高端型农产品供给，提高农产品附加值，推进农产品供需平衡由低水平向高水平跃升，着力做好"农产品上行"过程中的"最初一公里"工作，为实现"农产品上行"提供基本动力。另外，借助农村电商大平台，实施"互联网+"农产品出村进城工程，加强与互联网大平台、企业、实体商超等对接合作，发挥农村电子商务引擎效应，设立线上线下融合的农特产品专区，打造"电商农家小店"社交销售平台，拓宽农产品上行渠道。另一方面，发挥农村邮政网点分布范围广特性，运用智慧物流体系，引入智能仓储管理系统，建立完善市县乡三级物流配送密集型网络体系，鼓励供销、邮政及各类企业到乡村建设服务网点，把信息网络和电子商务服务站"织"满全省，实现电子商务服务站点从"无"到"有"，再到"优"的转变。同时，继续建设乡镇农村综合服务站及电子商务示范县工作打通农村流通渠道，着力做好"工业品下乡"过程中的"最后一公里"工作。

8.3.5.2 完善物流基础设施网络

推动电商减贫，必须要发展电子商务，而电子商务的发展离不开物流体系的保障。相较于城市，农村地区地域辽阔，贫困地区还多为山区，交通极其不便，而且人口居住比较分散，不仅加大了物流的配送难度，还使得物流成本过高。同时农产品多为生鲜产品，对仓储物流的要求也比较高。总之，目前物流在一定程度上限制了农村电子商务发展，必须建设完备的物流基础设施网络，以实现电子商务发展和电商减贫。

第一，应加快建设物流基础设施。尽管国家出台许多政策和文件来鼓励发展农村物流基础设施，但是中国农村的物流基础设施无论是在数量还是规模、质量上都远远落后于其他发达国家，不足以形成网络体系。针对目前物流基础现状，必须将打通城乡流通渠道作为首要任务，这样既能够提高农村物流的速度和效率，还可以促进农产品更好更快地输出到城市中去，为电子商务发展的物流配送奠定基础，实现县乡村三级物流设施网络。第二，合理规划和发展农业物流基地、物流园区、农产品批发市场、集贸市场、配送中心等设施建设，形成完善的物流信息服务体系。相对于城市物流来说，农村贫困地区的信息化和标准化建设严重缺失，导致物流信息不对称以及产品质量低下。农村地区要尽可能地与城市物流信息化接轨，构建技术领先、全面覆盖、高效科学的物流信息服务平台。第三，突出建设智能仓储物流设施，推动物流技术标准化建设。农产品多为季节性产品，为了不让农产品滞销而低价出售，需要建设科学的仓储设施。可采用现代信息技术促进农村物流发展，结合物联网、大数据、云计算等技术，使农产品的流通信息更加科学、准确。

8.3.6　发挥电子商务示范效应

发展农村电子商务应当以供给侧结构改革为主线，以品牌建设为引领，以科技创新为支撑，以提升质量为重点，按照全产业链发展要求，推进农业现代化进程，赋能乡村振兴。随着农村电子商务深入发展，政策支持和资源倾斜促使农产品"三品一标"建设不断加强，农产品不断向品牌化、标准化发展，但目前农产品"三品一标"建设在县乡级地区的建设不够完善，农产品大多分散在农户手中，农产品产业链条开发不完全，有些具备地区品牌的缺乏企业整合、缺乏示范效应。因此，发展农村电子商务迫切需要加强农产品品牌标准化建设，并逐渐向县乡级地区深入渗透，打造示范网点，发挥农村电子商务巨大示范效应。

一方面，打造一批社会知名度高、市场竞争力强、具有地理标志产品的农产品品牌和企业品牌，鼓励并支持农业产业化龙头企业发展，同时，深入推进农业标准化示范县、示范基地建设，通过农产品电子商务龙头企业及基地建设提高品牌影响力，借助电子商务扶贫频道等渠道大力宣传具有地域特色的农产品品牌和企业品牌，发挥龙头企业的示范效应。

另一方面，鼓励传统生产制造知名品牌企业融网转型开设网络旗舰店和对口帮扶店,打造一批网络旗舰店、示范网店,发挥农村电商示范效应,形成特色农副产品网货集散地和区域产品品牌。

8.3.7 实施差异化发展政策

对于电子商务发展水平、贫困程度不同的地区,要施以差异化的电子商务发展政策,从而在最大程度上发挥电子商务带来的经济效益,带动地区农户实现可持续发展。首先,对于电子商务欠发达的西部地区,电子商务发展与应用尚处于起步阶段,与东中部地区相比,受地域环境影响基础设施存在较大短板,产业基础也相对薄弱,因而西部地区在开展电商减贫工作时尤其要注重补齐电子商务配套基础设施短板和夯实产业基础,为电商减贫效应的发挥提供更完善的基础条件,加快发挥后发优势。其次,对于中部地区,其产业结构调整相对滞后,仍属第二产业主导的产业结构,且第二产业优势不明显,现代技术服务业也比较薄弱,因而中部地区在开展电商减贫工作时,要抓住产业梯级转移机遇,借助电子商务加快产业结构转换调整,改造农业、制造业、旅游业等传统产业,实现对东部地区的追赶与跨越式发展。尤其是利用电子商务平台所独有的信息共享功能缓解农产品信息不对称问题,改变农业的传统供需模式,畅通农产品供销体系。对于电子商务最为发达的东部地区,相应的基础设施、金融环境、人力资本等比较完善,因而东部地区要思考下一步如何提升电子商务发展带来的边际效用,抓住全球价值链重构和产业分工格局重塑的机遇,有序引导各类电子商务业态的集聚与错位发展,依托技术优势与电子商务平台的开放创新优势,推动形成先进制造业与高端服务业引领产业结构升级的格局,促进产业向价值链中高端攀升。

同时,要进一步加强东西部电商减贫协作,建立跨地域农产品电商展示展销平台,完善东西部地区协作对口帮扶机制,向被帮扶地区开展"直播人才定向培养计划",通过技能扶贫助力当地电子商务产业发展等。

8.4 研究展望

在党中央的坚强领导下,在全党全国全社会的共同努力下,我国已实现现行标准下的全面脱贫,彻底消除绝对贫困,全面建成小康社会。2020年后减贫工作重点将由绝对贫困转向相对贫困,站在这一历史新起点,系统梳理和分析电子商务这一减贫主力军的减贫现状、机理、效应、经验、启示等对2020年后减贫工作的开展具有重要意义。随着2020年后我国贫困性质的转变、研究方法与研究数据的不断完善，我们将从以下三个方面着手深入分析：

一是研究重点上，探究电子商务在脱贫攻坚与乡村振兴衔接中的作用、农村电子商务推进相对贫困治理的机理和效应以及不同区域电子商务减贫的机理及效应。第一，分析电子商务在脱贫攻坚与乡村振兴衔接中的作用。当前，我国正处于脱贫攻坚与乡村振兴叠加推进的时期，今后"三农"工作重心也将全面转向乡村振兴，做好脱贫攻坚与乡村振兴的衔接工作尤为重要。电子商务不仅促进了贫困地区产品销售，推动产业结构调整，还带动了创业就业，为贫困地区"赋能"，有效推进脱贫攻坚与乡村振兴衔接。第二，考察农村电子商务推进相对贫困治理的机理和效应。随着2020年现行标准下的贫困人口全部脱贫、贫困县全部摘帽，我国减贫战略将逐渐由集中性减贫治理向常规性减贫治理战略转型，由绝对贫困转向相对贫困。与之相对应，电子商务在推进农村相对贫困治理中的作用同样不可忽视。具体而言，农村电子商务能够在降低劳动力向城市转移的基础上实现分工体系重构、产业间协同与产业内资源协调，通过提高相对贫困群体分工卷入度，实现本地化就业，在提高收入的同时享受本地的低生活成本，从根本上治理相对贫困。第三，分析我国不同区域的电商减贫机理及效应。我国幅员辽阔，各个地区的贫困存在的原因、贫困状况和乡村振兴发展战略存在一定差异。相应地，研究电商减贫在我国不同的区域如何发挥其作用？其机理和效应如何？这些是我们进一步研究的重点。

二是研究方法上，运用超边际分析、质性分析、哈肯模型、GMM、结构方程、Probit、分位数回归等方法进一步深入探究电商减贫机理和效应。第一，基于分工理论，利用超边际分析法构建农村电子商务通过分离化分工均衡资源配置进而减少贫困的理论框架，加强数理推导。第二，基于扎根理论，利用质性分析法梳理电商减贫的地方治理经验，以及电商减贫中政府服务的影响因素、理论机制。第三，基于协同学理论，构建哈肯模型分析电商减贫的系统演化机制。第四，利用GMM、结构方程进一步分析电商减贫的空间效应、中介效应、调节效应，并从微观层面归纳不同贫困群体的贫困程度和异质性，运用Probit、分位数回归等方法测度、评价电子商务对不同贫困群体的影响效应。

三是研究数据上，采用田野调查数据、大型微观数据、政策文本数据等展开进一步的实证分析,综合测度电商减贫效应。第一,对深度贫困地区开展田野调查以获取第一手数据,有针对性地提出适合深度贫困地区发展的电商减贫政策。第二,利用中国家庭追踪调查(CFPS)、中国家庭金融调查(CHFS)、中国综合社会调查(CGSS)等大型微观数据与县域宏观数据进行匹配,获取家庭或个人的电子商务经济活动、贫困状况数据,从微观层面测度电商减贫效应。第三,针对传统数据统计口径、计算方法、空间尺度不一等问题,利用夜间灯光数据构建综合贫困指数,精准识别山区贫困状况,并探究区域贫困空间分异特征。第四,收集全国、地方电商减贫相关政策文本,分析电商减贫政策演进特征、逻辑架构和价值取向。

参考文献

[1] 阿玛蒂亚·森.再论不平等[M].王利文,于占杰,译.北京:中国人民大学出版社,2016.

[2] 包群,赖明勇.FDI技术外溢的动态测算及原因解释[J].统计研究,2003(6):33-38.

[3] 蔡进,廖和平,邱道持,等.重庆市农村耕地资源贫困测度及空间格局研究[J].农业工程学报,2017(18):251-259.

[4] 蔡雄,连漪,程道品,等.旅游扶贫的乘数效应与对策研究[J].社会科学家,1997(3):4-16.

[5] 曹洪盛,应瑞瑶,刘馨月.市场风险、契约动态与包容性增长——以肉鸡产业为例[J].财贸研究,2018(3):40-54.

[6] 曹怀虎,张炜伟.电子商务发展水平促进北京市产业结构优化的实证研究[J].科技管理研究,2018(18):188-194.

[7] 曹荣庆,沈俊杰,张静.电商协会提升农村电商产业集群竞争力的作用[J].西北农林科技大学学报(社会科学版),2018(1):75-82.

[8] 陈爱雪,刘艳.层次分析法的我国精准扶贫实施绩效评价研究[J].华侨大学学报(哲学社会科学版),2017(1):116-129.

[9] 陈成文,陈建平.社会组织与贫困治理:国外的典型模式及其政策启示[J].山东社会科学,2018(3):58-66.

[10] 陈成文,陈建平,陶纪坤.产业扶贫:国外经验及其政策启示[J].经济地理,2018(1):127-134.

[11] 陈传波,王寓穆,刘勇强,等.四川藏区科技精准扶贫的实施效果绩效分析[J].软科学,2020(5):139-144.

[12] 陈国强,罗楚亮,吴世艳.公共转移支付的减贫效应估计——收入贫困还是多维贫困?[J].数量经济技术经济研究,2018

(5): 59-76.

[13] 陈涛. 扶贫政策的负外部性及其化解 [J]. 西北农林科技大学学报 (社会科学版), 2020 (2): 52-60.

[14] 陈文涛, 罗震东. 互联网时代的产业分工与集聚——基于淘宝村与专业市场互动机制的空间经济学分析 [J]. 南京大学学报 (哲学·人文科学·社会科学), 2020 (2): 65-78, 158-159.

[15] 陈小丽. 基于多层次分析法的湖北民族地区扶贫绩效评价 [J]. 中南民族大学学报 (人文社会科学版), 2015 (3): 76-80.

[16] 陈旭堂, 余国新, 朱磊. 基于钻石模型的县域农村电子商务发展要素分析——以浙江遂昌为例 [J]. 农村经济, 2018 (5): 93-98.

[17] 陈烨烽, 王艳慧, 王小林. 中国贫困村测度与空间分布特征分析 [J]. 地理研究, 2016 (12): 2298-2308.

[18] 陈银娥, 师文明. 中国农村金融发展与贫困减少的经验研究 [J]. 中国地质大学学报, 2010 (6): 100-105.

[19] 陈忠文, 祁春节, 赵玉. 交易效率、分工与农村贫困聚集效应——来自山地省份的证据 [J]. 中国流通经济, 2012 (2): 60-65.

[20] 程名望, 史清华, Jin Yanhong. 农户收入水平、结构及其影响因素——基于全国农村固定观察点微观数据的实证分析 [J]. 数量经济技术经济研究, 2014 (5): 3-19.

[21] 郗曼, 付文林, 范燕丽. 财政依赖与地区减贫增收——基于国家级贫困县面板数据的实证研究 [J]. 财政研究, 2021 (7): 66-79.

[22] 崔景华, 李万甫, 谢远涛. 基层财政支出配置模式有利于农户脱贫吗——来自中国农村家庭追踪调查的证据 [J]. 财贸经济, 2018 (2): 21-35.

[23] 崔凯, 冯献. 演化视角下农村电商"上下并行"的逻辑与趋势 [J]. 中国农村经济, 2018 (3): 29-44.

[24] 崔艳娟, 孙刚. 金融发展是贫困减缓的原因吗?——来自中国的证据 [J]. 金融研究, 2012 (11): 116-127.

[25] 但斌, 胡军, 邵汉华, 张旭梅. 电子商务与产业集群联动发展

机理研究 [J]. 情报杂志, 2010 (6): 199-202, 147.

[26] 刁贝娣, 陈昆仑, 丁镭, 等. 中国淘宝村的空间分布格局及其影响因素 [J]. 热带地理, 2017 (1): 56-65.

[27] 丁焕峰, 周艳霞. 从夜间灯光看中国区域经济发展时空格局 [J]. 宏观经济研究, 2017 (3): 128-136.

[28] 丁建军, 冷志明. 区域贫困的地理学分析 [J]. 地理学报, 2018 (2): 232-247.

[29] 丁建军, 周书应. 武陵山片区城镇化减贫效应的空间异质性——基于 SDE 与 GWR 的视角 [J]. 中南民族大学学报 (人文社会科学版), 2018 (2): 78-83.

[30] 丁翔, 丁荣余, 金帅. 大数据驱动精准扶贫: 内在机理与实现路径 [J]. 现代经济探讨, 2017 (12): 119-125.

[31] 丁志国, 谭伶俐, 赵晶. 农村金融对减少贫困的作用研究 [J]. 农业经济问题, 2011 (11): 72-78.

[32] 丁志伟, 周凯月, 康江江, 等. 中国中部 C2C 店铺服务质量的空间分异及其影响因素——以淘宝网 5 类店铺为例 [J]. 地理研究, 2016 (6): 1074-1094.

[33] 董坤祥, 侯文华, 丁慧平, 等. 创新导向的农村电商集群发展研究——基于遂昌模式和沙集模式的分析 [J]. 农业经济问题, 2016 (10): 60-69, 111.

[34] 杜国明, 关桐桐, 李冬梅, 等. 黑龙江省贫困村空间分布特征 [J]. 经济地理, 2018 (3): 149-156.

[35] 杜辉, 潘泽江. 扶贫开发工作中的区域协调: 剖析与展望 [J]. 财贸研究, 2009 (5): 1-8.

[36] 杜挺, 谢贤健, 梁海艳, 等. 基于熵权 TOPSIS 和 GIS 的重庆市县域经济综合评价及空间分析 [J]. 经济地理, 2014 (6): 40-47.

[37] 杜永红. 大数据背景下精准扶贫绩效评估研究 [J]. 求实, 2018 (2): 87-96, 112.

[38] 杜永红. 中国县域电子商务发展对策研究——基于"互联网+农业"背景 [J]. 改革与战略, 2016 (4): 38-41.

[39] 范铁芳, 侯景新, 赵弘. 环京津贫困带经济发展格局时空演变研究 [J]. 现代财经 (天津财经大学学报), 2016 (7): 18-

27.

[40] 方福前, 邢炜. 居民消费与电商市场规模的 U 型关系研究 [J]. 财贸经济, 2015 (11): 131-147.

[41] 方迎风. 国家级贫困县的经济增长与减贫效应——基于中国县级面板数据的实证分析 [J]. 社会科学研究, 2019 (1): 15-25.

[42] 方莹, 袁晓玲. 精准扶贫视角下农村电商提升农户收入的实现路径研究 [J]. 西安财经学院学报, 2019 (4): 92-99.

[43] 冯华超. 农民分化与新型农村社会养老保险制度减贫作用评价——基于 5 省 10 县 1253 个样本的实证分析 [J]. 农林经济管理学报, 2020 (2): 218-226.

[44] 冯伟林, 陶聪冲. 西南民族地区旅游扶贫绩效评价研究——以重庆武陵山片区为调查对象 [J]. 中国农业资源与区划, 2017 (6): 157-163.

[45] 冯星光, 张晓静. 贫困测度指标及其评价 [J]. 统计与信息论坛, 2006 (3): 22-26, 44.

[46] 冯亚伟. 供销社综合改革视角下农产品电子商务模式研究 [J]. 商业研究, 2016 (12): 132-137.

[47] 冯娅娅, 潘竟虎, 杨亮洁. 中国县域农村贫困的空间模拟分析 [J]. 地球信息科学学报, 2018 (3): 321-331.

[48] 付英, 张艳荣. 兰州市扶贫开发绩效评价及其启示 [J]. 湖南农业大学学报 (社会科学版), 2011 (5): 25-30.

[49] 傅鹏, 张鹏, 周颖. 多维贫困的空间集聚与金融减贫的空间溢出——来自中国的经验证据 [J]. 财经研究, 2018 (2): 115-126.

[50] 干春晖, 郑若谷, 余典范. 中国产业结构变迁对经济增长和波动的影响 [J]. 经济研究, 2011 (5): 4-16, 31.

[51] 高名姿, 陈东平. 契约视角下的农地流转供需不匹配——直接识别与经验分析 [J]. 经济与管理研究, 2018 (8): 72-81.

[52] 高名姿. 非正式制度和资产专用性约束下的农地流转契约选择——来自农地流出户的初步证据 [J]. 农村经济, 2018 (6): 32-37.

[53] 高明, 唐丽霞. 多维贫困的精准识别——基于修正的 FGT 多维

贫困测量方法 [J]. 经济评论, 2018 (2): 30-43.

[54] 高艳云. 中国城乡多维贫困的测度及比较 [J]. 统计研究, 2012 (11): 61-66.

[55] 高远东, 温涛, 王小华. 中国财政金融支农政策减贫效应的空间计量研究 [J]. 经济科学, 2013 (1): 36-46.

[56] 龚勤林, 刘慈音. 基于三维分析框架视角的区域创新政策体系评价——以成都市"1+10"创新政策体系为例 [J]. 软科学, 2015 (9): 14-18.

[57] 苟天来, 唐丽霞, 王军强. 国外社会组织参与扶贫的经验和启示 [J]. 经济社会体制比较, 2016 (4): 204-211.

[58] 谷缙, 程钰, 任建兰, 等. 城乡贫困人口时空格局演变及影响因素——以济南市为例 [J]. 湖南师范大学自然科学学报, 2018 (2): 8-16.

[59] 桂黄宝. 我国高技术产业产出效应分析: 扩散还是回波?——基于菲德模型的空间计量检验 [J]. 科学学研究, 2014 (4): 536-544.

[60] 郭承龙. 农村电子商务模式探析——基于淘宝村的调研 [J]. 经济体制改革, 2015 (5): 110-115.

[61] 郭君平, 荆林波, 张斌. 国家级贫困县"帽子"的"棘轮效应"——基于全国2073个区县的实证研究 [J]. 中国农业大学学报(社会科学版), 2016 (4): 93-105.

[62] 郭利华, 毛宁, 吴本健. 多维贫困视角下金融扶贫的国际经验比较: 机理、政策、实践 [J]. 华南师范大学学报(社会科学版), 2017 (4): 26-32, 189.

[63] 国洪. 民族地区社会保障水平对有效减缓贫困的实证研究 [J]. 民族研究, 2016 (5): 65-78, 125.

[64] 韩佳丽, 王志章, 王汉杰. 新形势下贫困地区农村劳动力流动的减贫效应研究——基于连片特困地区的经验分析 [J]. 人口学刊, 2018 (5): 100-113.

[65] 韩杰, 张益丰, 郑清兰. 异质性条件下农村电商对农户增收实现机制研究——来自山东东营市的实证分析 [J]. 农业现代化研究, 2020 (3): 443-452.

[66] 韩雷, 张磊. 电商经济是效率和公平的完美结合吗 [J]. 当代

经济科学，2016（3）：80 - 90，127.

[67] 韩维，厉雨婷. 地区资源禀赋对农户收入的影响研究——基于扶贫政策匹配度的调节效应分析 [J]. 当代经济，2018（13）：96 - 99.

[68] 韩振燕，夏林. 老年多维贫困测量：概念与视角的转换——基于 A-F 法及 CLASS 数据的实证分析 [J]. 河海大学学报（哲学社会科学版），2019（2）：79 - 86，107 - 108.

[69] 郝冰冰，罗盛锋，黄燕玲，李筱琳. 国内外旅游扶贫效应文献量化分析与研究综述（2000 ~ 2016 年）[J]. 中国农业资源与区划，2017（9）：190 - 198.

[70] 浩飞龙，关皓明，王士君. 中国城市电子商务发展水平空间分布特征及影响因素 [J]. 经济地理，2016（2）：1 - 10.

[71] 何仁伟，樊杰，李光勤. 环京津贫困带的时空演变与形成机理 [J]. 经济地理，2018（6）：1 - 9.

[72] 何深静，刘玉亭，吴缚龙. 南京市不同社会群体的贫困集聚度、贫困特征及其决定因素 [J]. 地理研究，2010（4）：703 - 715.

[73] 贺达，顾江. 互联网对农村居民消费水平和结构的影响——基于 CFPS 数据的 PSM 实证研究 [J]. 农村经济，2018（10）：51 - 57.

[74] 侯晶，应瑞瑶，周力. 契约农业能有效提高农户的收入吗？——以肉鸡养殖户为例 [J]. 南京农业大学学报（社会科学版），2018（3）：122 - 132，156.

[75] 侯亚景. 中国农村长期多维贫困的测量、分解与影响因素分析 [J]. 统计研究，2017（11）：86 - 97.

[76] 侯亚景，周云波. 收入贫困与多维贫困视角下中国农村家庭致贫机理研究 [J]. 当代经济科学，2017（2）：116 - 123，128.

[77] 侯振兴，闫燕. 区域农产品电子商务政策文本计量研究——以甘肃省为例 [J]. 中国流通经济，2017（11）：45 - 53.

[78] 胡晗，司亚飞，王立剑. 产业扶贫政策对贫困户生计策略和收入的影响——来自陕西省的经验证据 [J]. 中国农村经济，2018（1）：78 - 89.

[79] 胡新艳，沈中旭. "公司 + 农户"型农业产业化组织模式契约治理的个案研究 [J]. 经济纵横，2009（12）：83 - 86.

[80] 华慧婷,郝渊晓.基于利润最大化的农村电商物流模式选择[J].中国流通经济,2018(4):70-76.

[81] 华锐,庄子银.经济增长动力是研发的直接效应还是溢出效应——基于改进菲德模型的研究[J].科技进步与对策,2018(6):29-35.

[82] 黄吉,钟婷,朱苏远.国外文化精准扶贫案例研究与借鉴[J].图书馆杂志,2016(9):18-24.

[83] 黄梅芳,于春玉.民族旅游扶贫绩效评价指标体系及其实证研究[J].桂林理工大学学报,2014(2):406-410.

[84] 黄梦思,孙剑,陈新宇."农业龙头企业+农户"模式中治理机制与农户续约意愿[J].华中农业大学学报(社会科学版),2018(4):81-88,169-170.

[85] 黄琦,陶建平.扶贫效率、形态分布与精准优化:秦巴山片区例证[J].改革,2016(5):76-88.

[86] 黄薇.保险政策与中国式减贫:经验、困局与路径优化[J].管理世界,2019(1):135-150.

[87] 黄燕玲,代新洋,罗盛锋.基于GRA的桂西北石漠化地区旅游扶贫适宜性评价[J].广西社会科学,2016(1):84-89.

[88] 黄渊基.连片特困地区旅游扶贫效率评价及时空分异——以武陵山湖南片区20个县(市、区)为例[J].经济地理,2017(11):229-235.

[89] 黄云平,冯秋婷,张作兴,等.发展农村电子商务 推动精准扶贫[J].理论视野,2016(10):73-77.

[90] 黄志平.国家级贫困县的设立推动了当地经济发展吗?——基于PSM-DID方法的实证研究[J].中国农村经济,2018(5):98-111.

[91] 纪宝成,晏维龙.电子商务下的商品流通[J].经济理论与经济管理,2000(4):35-40.

[92] 贾彦宁.东北振兴战略的政策评估及提升路径研究——基于PSM-DID方法的经验估计[J].经济问题探索,2018(12):41-53.

[93] 江帆,吴海涛.扶贫开发重点县政策的减贫效应评估——基于拟自然实验方法的分析[J].现代经济探讨,2017(11):

111-117.

[94] 江曙霞,严玉华. 中国农村民间信用缓解贫困的有效性分析 [J]. 财经研究, 2006 (10): 4-16.

[95] 焦克源,徐彦平. 少数民族贫困县扶贫开发绩效评价的实证研究——基于时序主成分分析法的应用 [J]. 西北人口, 2015 (1): 91-96.

[96] 焦克源,徐彦平. 我国县级政府行为偏差分析与矫正——基于国家扶贫开发工作重点县政策的实施 [J]. 贵州社会科学, 2013 (7): 115-120.

[97] 金浩,李瑞晶. 金融生态环境与农村金融减贫的非线性效应——基于门限面板模型的实证检验 [J]. 现代财经(天津财经大学学报), 2017 (7): 23-34.

[98] 金浩,张文若,李瑞晶. 扶贫开发工作重点县政策的经济增长效应——基于河北省县级数据的准自然实验研究 [J]. 经济与管理, 2020 (1): 27-34.

[99] 赖小妹,徐明. 中央扶贫资金投入的减贫效应与益贫机制研究 [J]. 统计与决策, 2018 (24): 129-133.

[100] 赖玥,成天柱. 财政扶贫的效率损失——基于财政激励视角的县级面板数据分析 [J]. 经济问题, 2014 (5): 33-37.

[101] 蓝海涛,周振. 我国"互联网+农村经济"发展现状与政策建议 [J]. 宏观经济管理, 2018 (7): 31-38, 65.

[102] 李博,方永恒,张小刚. 突破推广瓶颈与技术约束:农业科技扶贫中贫困户的科技认知与减贫路径研究——基于全国12个省区的调查 [J]. 农村经济, 2019 (8): 42-50.

[103] 李春根,陈文美,邹亚东. 深度贫困地区的深度贫困:致贫机理与治理路径 [J]. 山东社会科学, 2019 (4): 69-73, 98.

[104] 李国平,李宏伟. 绿色发展视角下国家重点生态功能区绿色减贫效果评价 [J]. 软科学, 2018 (12): 93-98.

[105] 李会琴,侯林春,杨树旺,J. R. Brent Ritchie. 国外旅游扶贫研究进展 [J]. 人文地理, 2015 (1): 26-32.

[106] 李慧玲,徐妍. 交通基础设施、产业结构与减贫效应研究——基于面板VAR模型 [J]. 技术经济与管理研究, 2016 (8): 25-30.

[107] 李骏阳. 我国农村消费品流通业创新研究 [J]. 中国流通经济, 2015 (4): 1-6.

[108] 李良强, 杨锐, 曹云忠, 等. 我国涉农电子商务研究回顾——基于CSSCI的文献计量分析 [J]. 电子科技大学学报 (社科版), 2018 (2): 23-30.

[109] 李庆海, 李锐, 汪三贵. 农户信贷配给及其福利损失———基于面板数据的分析 [J]. 数量经济技术经济研究, 2012 (8): 35-48.

[110] 李秋斌. "互联网+"下农村电子商务扶贫模式的案例研究及对策分析 [J]. 福建论坛 (人文社会科学版), 2018 (3): 179-188.

[111] 李绍平, 李帆, 董永庆. 集中连片特困地区减贫政策效应评估: 基于PSM-DID方法的检验 [J]. 改革, 2018 (12): 142-155.

[112] 李文明. 普惠金融视角下金融扶贫机理与模式研究 [J]. 吉林金融研究, 2018 (1): 13-16, 37.

[113] 李祥, 曾瑜, 宋璞. 民族地区教育精准扶贫: 内在机理与机制创新 [J]. 广西社会科学, 2017 (2): 201-206.

[114] 李晓明, 杨文健. 儿童多维贫困测度与致贫机理分析——基于CFPS数据库 [J]. 西北人口, 2018 (1): 95-103.

[115] 李兴江, 陈怀叶. 参与式扶贫模式的运行机制及绩效评价 [J]. 开发研究, 2008 (2): 94-99.

[116] 李寻欢, 周扬, 陈玉福. 区域多维贫困测量的理论与方法 [J]. 地理学报, 2020 (4): 753-768.

[117] 李燕. 西南民族地区涉农电商促进农民脱贫的影响因素测度及对策研究——基于618份问卷数据的实证分析 [J]. 数学的实践与认识, 2019 (18): 308-317.

[118] 李玉山, 陆远权. 产业扶贫政策能降低脱贫农户生计脆弱性吗?——政策效应评估与作用机制分析 [J]. 财政研究, 2020 (5): 63-77.

[119] 李卓, 左停. 资产收益扶贫有助于"减贫"吗?——基于东部扶贫改革试验区Z市的实践探索 [J]. 农业经济问题, 2018 (10): 69-77.

[120] 李宗光, 胡德勇, 李吉贺, 等. 基于夜间灯光数据的连片特

困区 GDP 估算及其空间化 [J]. 国土资源遥感, 2016 (2): 168 - 174.

[121] 梁强, 邹立凯, 杨学儒, 等. 政府支持对包容性创业的影响机制研究——基于揭阳军埔农村电商创业集群的案例分析 [J]. 南方经济, 2016 (1): 42 - 56.

[122] 梁雯, 陈广强, 袁帅石. "农户 - 农产品加工中心"二级供应链激励契约研究——基于 Rubinstein 讨价还价博弈模型 [J]. 哈尔滨商业大学学报 (社会科学版), 2017 (2): 74 - 84.

[123] 廖进球, 安森东. 中国区域性农业信息化建设模式的构建与选择 [J]. 江西财经大学学报, 2012 (3): 52 - 58.

[124] 林建, 廖杉杉. 民族地区财政金融政策的反贫困效应研究 [J]. 中国人口·资源与环境, 2014 (9): 110 - 117.

[125] 林萍. 福建精准扶贫政策的减贫效应研究——以确定省级扶贫开发工作重点县为例 [J]. 福建论坛 (人文社会科学版), 2020 (5): 177 - 185.

[126] 刘长庚, 张磊, 韩雷. 中国电商经济发展的消费效应研究 [J]. 经济理论与经济管理, 2017 (11): 5 - 18.

[127] 刘成奎, 齐兴辉. 公共转移支付能授人以渔吗?——基于子代人力资本的研究 [J]. 财政研究, 2019 (11): 77 - 90.

[128] 刘传喜, 唐代剑. 浙江乡村流动空间格局及其形成影响因素——基于淘宝村和旅游村的分析 [J]. 浙江农业学报, 2016 (8): 1438 - 1446.

[129] 刘纯彬, 桑铁柱. 农村金融发展与农村收入分配: 理论与证据 [J]. 上海经济研究, 2010 (12): 37 - 46.

[130] 刘冬梅. 中国政府开发式扶贫资金投放效果的实证研究 [J]. 管理世界, 2001 (6): 126 - 130.

[131] 刘芳. 贫困农户收支结构、收入水平与信贷活动趋向研究 [J]. 农村金融研究, 2017 (9): 63 - 68.

[132] 刘凤芹. 不完全合约与履约障碍——以订单农业为例 [J]. 经济研究, 2003 (4): 22 - 30, 92.

[133] 刘刚, 王泽宇, 程熙镕. "朋友圈"优势、内群体条件与互联网创业——基于整合社会认同与嵌入理论的新视角 [J]. 中国工业经济, 2016 (8): 110 - 126.

[134] 刘根荣. 电子商务对农村居民消费影响机理分析 [J]. 中国流通经济, 2017 (5): 96-104.

[135] 刘海颖. 我国财政金融扶贫政策对贫困地区农民收入的影响研究 [J]. 价格理论与实践, 2019 (12): 79-82.

[136] 刘辉, 周长艳. 小型农田水利治理: 禀赋特征、产权结构与契约选择 [J]. 农业经济问题, 2018 (8): 128-137.

[137] 刘锦怡, 刘纯阳. 数字普惠金融的农村减贫效应: 效果与机制 [J]. 财经论丛, 2020 (1): 43-53.

[138] 刘婧娇, 董才生. "电子商务+农村扶贫"的理论阐释与实践路径探索 [J]. 兰州学刊, 2018 (5): 178-188.

[139] 刘瑞明, 赵仁杰. 西部大开发: 增长驱动还是政策陷阱——基于PSM-DID方法的研究 [J]. 中国工业经济, 2015 (6): 32-43.

[140] 刘同德, 郭振. 电子商务对农村扶贫开发工作的影响分析——以青海省民和县"农村淘宝"项目为例 [J]. 青海社会科学, 2016 (6): 112-118.

[141] 刘小鹏, 李永红, 王亚娟, 等. 县域空间贫困的地理识别研究——以宁夏泾源县为例 [J]. 地理学报, 2017 (3): 545-557.

[142] 刘晓阳, 丁志伟, 黄晓东, 等. 中国电子商务发展水平空间分布特征及其影响因素——基于1915个县(市)的电子商务发展指数 [J]. 经济地理, 2018 (11): 11-21, 38.

[143] 刘亚军, 陈进, 储新民. "互联网+农户+公司"的商业模式探析——来自"淘宝村"的经验 [J]. 西北农林科技大学学报(社会科学版), 2016 (6): 87-93.

[144] 刘艳华, 徐勇. 中国农村多维贫困地理识别及类型划分 [J]. 地理学报, 2015 (6): 993-1007.

[145] 刘一明, 胡卓玮, 赵文吉, 等. 基于BP神经网络的区域贫困空间特征研究——以武陵山连片特困区为例 [J]. 地球信息科学学报, 2015 (1): 69-77.

[146] 刘兆阳, 蒋辉, 张康洁, 等. 农业发展在政策减贫过程中的中介效应研究 [J]. 农业现代化研究, 2017 (3): 389-396.

[147] 柳建平, 刘方方. 农村低保对农户脱贫的影响及政策效应研

究［J］．西北民族大学学报（哲学社会科学版），2018（2）：157－167．

［148］柳思维．发展农村电商加快农村流通体系创新的思考［J］．湖南社会科学，2017（2）：108－114．

［149］龙莹，解浩．中国贫困指数的测算与动态分解——基于多维贫困视角［J］．财贸研究，2018（11）：43－50．

［150］龙祖坤，杜倩文，周婷．武陵山区旅游扶贫效率的时间演进与空间分异［J］．经济地理，2015（10）：210－217．

［151］卢盛峰，潘星宇．中国居民贫困代际传递：空间分布、动态趋势与经验测度［J］．经济科学，2016（6）：5－19．

［152］卢迎春，任培星，起建凌．电子商务扶贫的障碍分析［J］．农业网络信息，2015（2）：27－31．

［153］鲁钊阳，廖杉杉．农产品电商发展的区域创业效应研究［J］．中国软科学，2016（5）：67－78．

［154］鲁钊阳．政府扶持农产品电商发展政策的有效性研究［J］．中国软科学，2018（5）：56－78．

［155］吕岩威，刘洋．农村一二三产业融合发展：实践模式、优劣比较与政策建议［J］．农村经济，2017（12）：16－21．

［156］罗必良，何一鸣．博弈均衡、要素品质与契约选择——关于佃农理论的进一步思考［J］．经济研究，2015（8）：162－174．

［157］罗楚亮．经济增长、收入差距与农村贫困［J］．经济研究，2012（2）：15－27．

［158］罗刚，廖和平，李涛，等．重庆市贫困村空间分布格局特征分析［J］．西南大学学报（自然科学版），2018（8）：67－76．

［159］罗明忠，黄晓彤．农地确权会提高农地流转契约的稳定性吗？［J］．农业现代化研究，2018（4）：617－625．

［160］罗庆，樊新生，高更和，等．秦巴山区贫困村的空间分布特征及其影响因素［J］．经济地理，2016（4）：126－132．

［161］罗盛锋，黄燕玲．滇桂黔石漠化生态旅游景区扶贫绩效评价［J］．社会科学家，2015（9）：97－101．

［162］马合肥．精准电商扶贫的陇南模式［J］．法制与社会，2016（1）：215，217．

［163］马泽波．农户禀赋、区域环境与电商扶贫参与意愿——基于边

疆民族地区 630 个农民的问卷调查 [J]. 中国流通经济, 2017 (5): 47-54.

[164] 毛慧, 周力, 应瑞瑶. 风险偏好与农户技术采纳行为分析——基于契约农业视角再考察 [J]. 中国农村经济, 2018 (4): 74-89.

[165] 毛捷, 汪德华, 白重恩. 扶贫与地方政府公共支出——基于"八七扶贫攻坚计划"的经验研究 [J]. 经济学（季刊）, 2012 (4): 1365-1388.

[166] 毛伟, 李超, 居占杰. 经济增长、收入不平等和政府干预减贫的空间效应与门槛特征 [J]. 农业技术经济, 2013 (10): 16-27.

[167] 孟志华, 李晓冬. 精准扶贫绩效的第三方评估：理论溯源、作用机理与优化路径 [J]. 当代经济管理, 2018 (3): 46-52.

[168] 莫光辉. 大数据在精准扶贫过程中的应用及实践创新 [J]. 求实, 2016 (10): 87-96.

[169] 穆燕鸿, 王杜春, 迟凤敏. 基于结构方程模型的农村电子商务影响因素分析——以黑龙江省 15 个农村电子商务示范县为例 [J]. 农业技术经济, 2016 (8): 106-118.

[170] 聂凤英, 熊雪. "涉农电商"减贫机制分析 [J]. 南京农业大学学报（社会科学版）, 2018 (4): 63-71, 158.

[171] 聂辉华. 最优农业契约与中国农业产业化模式 [J]. 经济学（季刊）, 2013 (1): 313-330.

[172] 钮钦. 中国农村电子商务政策文本计量研究——基于政策工具和商业生态系统的内容分析 [J]. 经济体制改革, 2016 (4): 25-31.

[173] 潘竟虎, 胡艳兴. 基于夜间灯光数据的中国多维贫困空间识别 [J]. 经济地理, 2016 (11): 124-131.

[174] 潘竟虎, 贾文晶. 中国国家级贫困县经济差异的空间计量分析 [J]. 中国人口·资源与环境, 2014 (5): 153-160.

[175] 潘竟虎, 赵宏宇, 董磊磊. 基于 DMSP-OLS 数据和可持续生计的中国农村多维贫困空间识别 [J]. 生态学报, 2018 (17): 1-13.

[176] 潘星宇, 卢盛峰. 阻断居民贫困代际传递：基层政府支出政策更有效吗？[J]. 上海财经大学学报, 2018 (1): 57-71.

[177] 潘泽江. 湘粤桂边瑶区农户的贫困脆弱性：测度与治理 [J]. 城市发展研究, 2012 (2)：88-93.

[178] 庞子玥, 曾鸣. 农户互联网使用对家庭创业的影响及作用机制——基于"互联网+电商创业"背景的分析 [J]. 调研世界, 2020 (8)：19-25.

[179] 仇晓璐, 陈绍志, 赵荣. 精准扶贫研究综述 [J]. 林业经济, 2017 (10)：21-27.

[180] 钱力, 倪修凤, 宋俊秀. 连片特困区精准扶贫多维绩效模糊评价——以安徽省大别山区为例 [J]. 华东经济管理, 2018 (3)：22-27.

[181] 覃伟华. 民族贫困地区电商精准扶贫模式创新与思考 [J]. 改革与战略, 2018 (6)：59-65.

[182] 谯博文, 王艳慧, 段福洲. 连片特困区交通优势度评价及其与贫困关系研究——以武陵山片区及其周边四省为例 [J]. 资源开发与市场, 2014 (8)：924-928, 1025.

[183] 曲玮, 涂勤, 牛叔文, 胡苗. 自然地理环境的贫困效应检验——自然地理条件对农村贫困影响的实证分析 [J]. 中国农村经济, 2012 (2)：21-34.

[184] 单德朋, 郑长德, 王英. 贫困乡城转移、城市化模式选择对异质性减贫效应的影响 [J]. 中国人口·资源与环境, 2015 (9)：81-92.

[185] 邵浩. 贸易文本的主题挖掘研究 [J]. 计算机工程与应用, 2016 (11)：60-67.

[186] 史修松, 魏拓, 刘琼. 农村电商产业集群发展模式与空间涉及差异研究——江苏淘宝村的调查 [J]. 现代经济探讨, 2017 (11)：118-125.

[187] 世界银行. 1990年世界发展报告：贫困问题·社会发展指标 [M]. 北京：中国财政经济出版社, 1990.

[188] 帅传敏, 梁尚昆, 刘松. 国家扶贫开发重点县投入绩效的实证分析 [J]. 经济问题, 2008 (6)：84-86.

[189] 苏静, 胡宗义. 农村金融减贫的直接效应与中介效应——基于状态空间模型和中介效应检验的动态分析 [J]. 财经理论与实践, 2015 (4)：33-38.

[190] 孙德超, 白天. 精准扶贫视阈下参与式帮扶的内在机理和实现路径 [J]. 社会科学, 2017 (8): 42 - 50.

[191] 孙鑫, 汪侠, 刘丹丽, 等. 基于文献计量分析法的国内外旅游扶贫研究现状与展望 [J]. 旅游导刊, 2017 (5): 55 - 67, 116.

[192] 谭昶, 吴海涛, 黄大湖. 产业结构、空间溢出与农村减贫 [J]. 华中农业大学学报 (社会科学版), 2019 (2): 8 - 17, 163.

[193] 谭燕芝, 张子豪, 眭张媛. 非正规金融能否促进农户脱贫——基于 CFPS 2012 年微观数据的实证分析 [J]. 农业技术经济, 2017 (2): 41 - 50.

[194] 汤英汉. 中国电子商务发展水平及空间分异 [J]. 经济地理, 2015 (5): 9 - 14.

[195] 唐宝珍, 宋尚辰. 基于模糊集理论的城镇家庭多维贫困测度 [J]. 统计与决策, 2019 (9): 81 - 85.

[196] 唐红涛, 郭凯歌, 张俊英. 电子商务与农村扶贫效率: 基于财政投入、人力资本的中介效应研究 [J]. 经济地理, 2018 (11): 50 - 58.

[197] 唐志. 我国出口外溢效应的经验研究 [J]. 数理统计与管理, 2007 (5): 765 - 771.

[198] 田勇, 殷俊. 互联网进村的减贫效果评估及其机制分析——基于农村电商创业热潮的背景 [J]. 现代经济探讨, 2019 (2): 98 - 106.

[199] 涂国平, 冷碧滨. 基于博弈模型的"公司 + 农户"模式契约稳定性及模式优化 [J]. 中国管理科学, 2010 (3): 148 - 157.

[200] 汪磊, 许鹿, 汪霞. 大数据驱动下精准扶贫运行机制的耦合性分析及其机制创新——基于贵州、甘肃的案例 [J]. 公共管理学报, 2017 (3): 135 - 143, 159 - 160.

[201] 汪三贵. 在发展中战胜贫困——对中国 30 年大规模减贫经验的总结与评价 [J]. 管理世界, 2008 (11): 78 - 88.

[202] 汪向东, 王昕天. 电子商务与信息扶贫: 互联网时代扶贫工作的新特点 [J]. 西北农林科技大学学报 (社会科学版), 2015 (4): 98 - 104.

[203] 汪向东，张才明. 互联网时代我国农村减贫扶贫新思路——"沙集模式"的启示 [J]. 信息化建设，2011（2）：6-9.

[204] 王朝阳，余玉苗，袁灵. 财政扶贫与县域经济增长的实证研究 [J]. 财政研究，2012（6）：23-25.

[205] 王耿佳，戴鹏. 知识溢出与产业空间结构研究综述 [J]. 商业经济研究，2015（10）：117-119.

[206] 王汉杰，温涛，韩佳丽. 贫困地区农村金融减贫的财政政策协同效应研究 [J]. 财经理论与实践，2020（1）：93-99.

[207] 王鹤霏. 农村电商扶贫发展存在的主要问题及对策研究 [J]. 经济纵横，2018（5）：102-106.

[208] 王恒，王征兵，朱玉春. 生态保护区农户致贫因素与精准扶贫路径选择研究——基于秦巴山区的微观数据 [J]. 兰州学刊，2020（3）：142-152.

[209] 王金杰，牟韶红，盛玉雪. 电子商务有益于农村居民创业吗？——基于社会资本的视角 [J]. 经济与管理研究，2019（2）：95-110.

[210] 王静. 我国农产品物流电子商务供应链网络结构与运行机制 [J]. 学术论坛，2012（2）：132-136.

[211] 王军，吴海燕. "互联网+"背景下精准扶贫新方式研究 [J]. 改革与战略，2016（12）：111-114.

[212] 王林申，运迎霞，倪剑波. 淘宝村的空间透视——一个基于流空间视角的理论框架 [J]. 城市规划，2017（6）：27-34.

[213] 王宁，魏后凯，苏红键. 对新时期中国城市贫困标准的思考 [J]. 江淮论坛，2016（4）：32-39.

[214] 王小洪，刘纳新，张静，等. "金融服务站+互联网+农村电商"扶贫模式探析——基于湖南省炎陵县扶贫实践 [J]. 武汉金融，2017（11）：70-73.

[215] 王小华，王定祥，温涛. 中国农贷的减贫增收效应：贫困县与非贫困县的分层比较 [J]. 数量经济技术经济研究，2014（9）：40-55.

[216] 王小林，Sabina Alkire. 中国多维贫困测量：估计和政策含义 [J]. 中国农村经济，2009（12）：4-10，23.

[217] 王小强，白南风. 富饶的贫困：中国落后地区的经济考察

[M]. 成都：四川人民出版社, 1986.

[218] 王昕天, 康春鹏, 汪向东. 电商扶贫背景下贫困主体获得感影响因素研究 [J]. 农业经济问题, 2020 (3): 112-124.

[219] 王昕宇, 马昱. 农村基础设施建设减贫效应研究——基于面板平滑转换模型的实证分析 [J]. 农村经济, 2020 (3): 47-53.

[220] 王旭杰. 宁夏电商扶贫政策发展路径研究 [J]. 宁夏社会科学, 2017 (S1): 74-76.

[221] 王艳慧, 钱乐毅, 陈烨烽, 胡卓玮. 生态贫困视角下的贫困县多维贫困综合度量 [J]. 应用生态学报, 2017 (8): 2677-2686.

[222] 王艺明, 刘志红. 大型公共支出项目的政策效果评估——以"八七扶贫攻坚计划"为例 [J]. 财贸经济, 2016 (1): 33-47.

[223] 王盈盈, 谢漪, 王敏. 精准扶贫背景下农村电商关系网络与地方营造研究——以广东省五华县为例 [J]. 世界地理研究, 2017 (6): 119-130.

[224] 王滢, 张瑞东. 县域电商促进传统产业集群升级的演进路径研究 [J]. 科技管理研究, 2017 (20): 135-140.

[225] 王永明, 王美霞, 吴殿廷, 等. 贵州省乡村贫困空间格局与形成机制分析 [J]. 地理科学, 2017 (2): 217-227.

[226] 王增文. 农村最低生活保障制度的济贫效果实证分析——基于中国 31 个省市自治区的农村低保状况比较的研究 [J]. 贵州社会科学, 2009 (12): 107-111.

[227] 卫龙宝, 张菲. 交易费用、农户认知及其契约选择——基于浙赣琼黔的调研 [J]. 财贸研究, 2013 (1): 1-8.

[228] 温涛, 董文杰. 财政金融支农政策的总体效应与时空差异——基于中国省际面板数据的研究 [J]. 农业技术经济, 2011 (1): 24-33.

[229] 温涛, 朱炯, 王小华. 中国农贷的"精英俘获"机制：贫困县与非贫困县的分层比较 [J]. 经济研究, 2016 (2): 111-125.

[230] 温忠麟, 侯杰泰, 张雷. 调节效应与中介效应的比较和应用 [J]. 心理学报, 2005 (2): 268-274.

[231] 温忠麟. 张雷, 侯杰泰, 等. 中介效应检验程序及其应用 [J].

心理学报, 2004 (5): 614-620.

[232] 吴国琴. 贫困山区旅游产业扶贫及脱贫绩效评价——以郝堂村为例 [J]. 河南师范大学学报（哲学社会科学版), 2017 (4): 63-68.

[233] 吴太轩, 叶明智. 电商扶贫问题的软法治理研究 [J]. 理论与改革, 2018 (2): 150-161.

[234] 武荣伟, 周亮, 康江江, 等. 中国县域电子商务发展空间格局及影响因素 [J]. 干旱区资源与环境, 2018 (2): 65-69.

[235] 席广亮, 甄峰, 张敏, 等. 网络消费时空演变及区域联系特征研究——以京东商城为例 [J]. 地理科学, 2015 (11): 1372-1380.

[236] 夏春玉, 杜楠, 张闯. 契约型农产品渠道中的契约治理、收购商管控与农户绩效 [J]. 经济管理, 2015 (1): 87-97.

[237] 夏庆杰, 宋丽娜, Simon Appleton. 经济增长与农村反贫困 [J]. 经济学（季刊), 2010 (3): 851-870.

[238] 夏扬, 陈嘉伟. 知识溢出、产业集聚、区域经济增长关系研究综述 [J]. 商业经济研究, 2015 (12): 123-125.

[239] 向德平, 高飞. 政策执行模式对于扶贫绩效的影响——以1980年代以来中国扶贫模式的变化为例 [J]. 华中师范大学学报（人文社会科学版), 2013 (6): 12-17.

[240] 向丽, 胡珑瑛. 生计风险感知对农民参与电商扶贫意愿的影响及代际差异研究 [J]. 农业技术经济, 2019 (5): 85-98.

[241] 邢慧斌. 国内旅游扶贫绩效评估理论及方法研究述评 [J]. 经济问题探索, 2017 (7): 47-53.

[242] 熊春文, 桑坤. 作物结构、生计体系与产业扶贫的有效性机制——基于华东一个县域的经验研究 [J]. 云南社会科学, 2020 (3): 75-85.

[243] 熊峰, 彭健, 金鹏, 等. 生鲜农产品供应链关系契约稳定性影响研究——以冷链设施补贴模式为视角 [J]. 中国管理科学, 2015 (8): 102-111.

[244] 徐康宁, 陈丰龙, 刘修岩. 中国经济增长的真实性: 基于全球夜间灯光数据的检验 [J]. 经济研究, 2015 (9): 17-29, 57.

［245］ 徐莉萍，凌彬，谭天瑜．我国农村扶贫利益共同体综合绩效评价模式研究［J］．农业经济问题，2013（12）：58-64，111.

［246］ 徐文奇，周云波，平萍．多维视角下的中国贫困问题研究——基于 MPI 指数的比较静态分析［J］．经济问题探索，2017（12）：31-41.

［247］ 徐孝勇，封莎．中国 14 个集中连片特困地区自我发展能力测算及时空演变分析［J］．经济地理，2017（11）：151-160.

［248］ 徐孝勇，赖景生，寸家菊．我国西部地区农村扶贫模式与扶贫绩效及政策建议［J］．农业现代化研究，2010（2）：161-165.

［249］ 徐智邦，王中辉，周亮，等．中国"淘宝村"的空间分布特征及驱动因素分析［J］．经济地理，2017（1）：107-114.

［250］ 颜强，王国丽，陈加友．农产品电商精准扶贫的路径与对策——以贵州贫困农村为例［J］．农村经济，2018（2）：45-51.

［251］ 杨国涛，张特，东梅．中国农业生产效率与减贫效率研究［J］．数量经济技术经济研究，2020（4）：46-65.

［252］ 杨晶，郑瑞强，彭泰中．脱贫攻坚实践模式、运行机理及其现实困境——基于江西"十二五"期间的实践探索［J］．农林经济管理学报，2017（3）：386-398.

［253］ 杨龙，李萌．贫困地区农户的致贫原因与机理——兼论中国的精准扶贫政策［J］．华南师范大学学报（社会科学版），2017（4）：33-40，189.

［254］ 杨书焱．我国农村电商扶贫机制与扶贫效果研究［J］．中州学刊，2019（9）：41-47.

［255］ 杨旭，李竣．县域电商公共服务资源投入与治理体系［J］．改革，2017（5）：95-105.

［256］ 杨雪云，时浩楠．电商扶贫效率的空间特征及影响因素分析：以大别山区为例［J］．统计与决策，2019（16）：103-107.

［257］ 杨毅，张琳．环渝连片特困区精准扶贫效益评价及增进策略——基于 SEM 模型的实证分析［J］．西南大学学报（社会科学版），2017（5）：53-62，190.

［258］ 杨云龙，王浩，何文虎．我国金融精准扶贫模式的比较研

究——基于"四元结构"理论假说 [J]. 南方金融, 2016 (11): 73 - 79.

[259] 叶修堂, 姚林香. 小微电商创业扶持政策需求的优先次序和影响因素研究 [J]. 当代财经, 2018 (6): 102 - 112.

[260] 殷俊, 刘一伟. 互联网使用对农户贫困的影响及其机制分析 [J]. 中南财经政法大学学报, 2018 (2): 146 - 156.

[261] 游新彩, 田晋. 民族地区综合扶贫绩效评价方法及实证研究 [J]. 科学经济社会, 2009 (3): 7 - 13.

[262] 余传明, 郭亚静, 龚雨田, 等. 基于主题时间模型的农村电商扶贫政策演化及地区差异分析 [J]. 数据分析与知识发现, 2018 (7): 34 - 45.

[263] 余梦洁, 丁东洋. 情与理的耦合: 精准识别的基层实践逻辑与案例分析——以江西省 X 县实践为例 [J]. 中国农业资源与区划, 2018 (4): 237 - 243.

[264] 袁媛, 古叶恒, 肖扬. 中国城市的"中心—外围"贫困格局及影响因素 [J]. 人文地理, 2017 (5): 40 - 47.

[265] 袁媛, 伍彬, 古叶恒. 重庆市城市贫困空间特征和影响因素研究——兼论东西部城市的异同 [J]. 人文地理, 2015 (1): 70 - 77.

[266] 曾天山. 以新理念新机制精准提升教育扶贫成效——以教育部滇西扶贫实践为例 [J]. 教育研究, 2016 (12): 35 - 42.

[267] 曾亿武, 郭红东. 电子商务协会促进淘宝村发展的机理及其运行机制——以广东省揭阳市军埔村的实践为例 [J]. 中国农村经济, 2016 (6): 51 - 60.

[268] 曾永明, 张果. 基于 GIS 和 BP 神经网络的区域农村贫困空间模拟分析——一种区域贫困程度测度新方法 [J]. 地理与地理信息科学, 2011 (2): 70 - 75.

[269] 张兵, 翁辰. 农村金融发展的减贫效应——空间溢出和门槛特征 [J]. 农业技术经济, 2015 (9): 37 - 47.

[270] 张萃. 中国经济增长与贫困减少——基于产业构成视角的分析 [J]. 数量经济技术经济研究, 2011 (5): 51 - 63.

[271] 张帆. 金融产业虚拟集群知识溢出效应的理论研究 [J]. 科研管理, 2016 (S1): 409 - 416.

[272] 张锦,陈义友.物流"最后一公里"问题研究综述[J].中国流通经济,2015(4):23-32.

[273] 张俊良,闫东东.多维禀赋条件、地理空间溢出与区域贫困治理——以龙门山断裂带区域为例[J].中国人口科学,2016(5):35-48,126-127.

[274] 张可云,杨孟禹.财政金融政策对农民增收的空间效应及其分解:以滇西贫困地区为例[J].国际商务(对外经济贸易大学学报),2015(5):54-62.

[275] 张立军,湛泳.金融发展与降低贫困——基于中国1994~2004年小额信贷的分析[J].当代经济科学,2006(6):36-42.

[276] 张琦.企业参与扶贫开发的机理与动力机制研究——以陕西省"府谷现象"为例[J].中国流通经济,2011(4):58-63.

[277] 张全红,李博,周强.中国多维贫困的动态测算、结构分解与精准扶贫[J].财经研究,2017(4):31-40,81.

[278] 张全红.中国农村扶贫资金投入与贫困减少的经验分析[J].经济评论,2010(2):42-50.

[279] 张全红,周强,蒋赟.中国省份多维贫困的动态测度——以中国健康与营养调查中的9省为例[J].贵州财经大学学报,2014(1):98-105.

[280] 张全红,周强.中国贫困测度的多维方法和实证应用[J].中国软科学,2015(7):29-41.

[281] 张卫国,田逸飘,刘明月.特色农业发展的减贫效应——基于收入增长和经济增长渠道的对比[J].现代财经(天津财经大学学报),2017(6):41-53.

[282] 张喜才.电子商务进农村的现状、问题及对策[J].农业经济与管理,2015(3):71-80.

[283] 张夏恒.电子商务进农村推动精准扶贫的机理与路径[J].北京工业大学学报(社会科学版),2018(4):26-32.

[284] 张衔.民族地区扶贫绩效分析——以四川省为例[J].西南民族学院学报(哲学社会科学版),2000(3):18-24,126.

[285] 张晓旭,冯宗宪.中国人均GDP的空间相关与地区收敛:

1978—2003 [J]. 经济学（季刊），2008（2）：399-414.

[286] 张永安，马昱. 基于 R 语言的区域技术创新政策量化分析 [J]. 情报杂志，2017（3）：113-118.

[287] 张永丽，李青原，郭世慧. 贫困地区农村教育收益率的性别差异——基于 PSM 模型的计量分析 [J]. 中国农村经济，2018（9）：110-130.

[288] 张玉强，李祥. 集中连片特困地区的精准扶贫模式 [J]. 重庆社会科学，2016（8）：64-70.

[289] 章元，许庆. 农业增长对降低农村贫困真的更重要吗？——对世界银行观点的反思 [J]. 金融研究，2011（6）：109-122.

[290] 赵德起，贾洪波. 改革开放以来农民农地契约效率损益研究 [J]. 中国农村经济，2018（2）：15-32.

[291] 赵锋泓. 国外农业扶贫政策对广西林业扶贫的启示 [J]. 中国农业信息，2016（5）：18-20.

[292] 赵峦，孙文凯. 农信社改革对改善金融支农的政策效应评估——基于全国农户调查面板数据的倍差法分析 [J]. 金融研究，2010（3）：194-206.

[293] 赵为民，蒋长流. 公共支出受益归宿与收入再分配效应研究动态 [J]. 财政研究，2018（6）：89-100.

[294] 赵秀兰."互联网＋"精准扶贫模式：主要内容与政策建议 [J]. 农村经济，2017（8）：57-61.

[295] 赵莹，刘小鹏，郭永杰. 集中连片特困地区多维贫困的度量及动态演变——以宁夏西吉县为例 [J]. 宁夏大学学报（自然科学版），2015（1）：73-78.

[296] 郑瑞强，张哲萌，张哲铭. 电商扶贫的作用机理、关键问题与政策走向 [J]. 理论导刊，2016（10）：76-79.

[297] 郑新煌，孙久文. 农村电子商务发展中的集聚效应研究 [J]. 学习与实践，2016（6）：28-37.

[298] 钟麦英，汤兵勇. 电子商务环境下的库存控制问题研究 [J]. 系统工程学报，2002（3）：257-260，265.

[299] 周应恒，刘常瑜."淘宝村"农户电商创业集聚现象的成因探究——基于沙集镇和颜集镇的调研 [J]. 南方经济，2018（1）：62-84.

[300] 周圆圆. 地理空间溢出、禀赋条件差异与区域贫困集聚——基于空间计量模型的实证分析 [J]. 科学决策, 2013 (6): 13 – 23.

[301] 朱邦耀, 宋玉祥, 李国柱, 等. C2C 电子商务模式下中国"淘宝村"的空间聚集格局与影响因素 [J]. 经济地理, 2016 (4): 92 – 98.

[302] 庄子银, 华锐. 电子商务外溢效应的测度研究 [J]. 统计与信息论坛, 2017 (7): 75 – 80.

[303] Aaberge R, Li X. The trend in urban income inequality in two Chinese provinces, 1986 – 1990 [J]. Review of Income and Wealth, 1997, 43 (3): 336 – 355.

[304] Alkire S, Foster J. Counting and multidimensional poverty measurement [J]. Journal of Public Economics, 2011, 95 (7 – 8): 476 – 487.

[305] Alkire S. Global multidimensional poverty index [J]. The Pakistan Development Review, 2015, 54 (4): 287 – 296.

[306] Alkire S, Roche J M, Vaz A. Changes over time in multidimensional poverty: methodology and results for 34 countries [J]. World Development, 2017, 94 (6): 232 – 249.

[307] Allanson P. The redistributive effects of agricultural policy on scottish farm incomes [J]. Journal of Agricultural Economics, 2006, 57 (1): 117 – 128.

[308] Anselin L. Spatial econometric: methods and models [M]. Boston: Kluwer Academic Publishers, 1988.

[309] Aulkemeier F, Paramartha M A, Iacob M E, et al. A pluggable service platform architecture for e-commerce [J]. Information Systems and E-Business Management, 2016, 14 (3): 469 – 489.

[310] Baker G, Robert G, Kevin J M. Relational contracts and the theory of the firm [J]. The Quarterly Journal of Economics, 2002, 117 (1): 39 – 84.

[311] Banerjee A V, Newman A F. Occupational choice and the process of development [J]. Journal of Political Economy, 1993, 101 (2): 274 – 298.

[312] Becerril J, Abdulai A. The impact of improved maize varieties on poverty in Mexico: a propensity score-matching approach [J]. World Development, 2010, 38 (7): 1024 – 1035.

[313] Belhadj B, Limam M. Unidimensional and multidimensional fuzzy poverty measures: new approach [J]. Economic Modelling, 2012, 29 (4): 995 – 1002.

[314] Bernheim B D, Whinston M D. Incomplete contracts and strategic ambiguity [J]. American Economic Review, 1998, 88 (4): 902 – 932.

[315] Betti G, Verma V. Fuzzy measures of the incidence of relative poverty and deprivation: a multi-dimensional perspective [J]. Statistical Methods and Applications, 2008, 17 (2): 225 – 250.

[316] Bird K, Shepherd A. Livelihoods and chronic poverty in semi-arid Zimbabwe [J]. World Development, 2003, 31 (3): 591 – 610.

[317] Blumenstock J, Cadamuro G, On R. Predicting poverty and wealth from mobile phone metadata [J]. Science, 2015, 350 (6264): 1073 – 1076.

[318] Bruno M. Estimation of production-functions and factor contribution to growth under structural disequilibrium [J]. International Economic Review, 1964, 32 (4): 661 – 662.

[319] Burgess R, Pande R. Do rural banks matter? evidence from the Indian social banking experiment [J]. American Economic Review, 2005, 95 (3): 780 – 795.

[320] Cardak B A, Vecci J. Catholic school effectiveness in Australia: a reassessment using selection on observed and unobserved variables [J]. Economics of Education Review, 2013, 37: 34 – 45.

[321] Cazzuffi C, Pereira-López M, Soloaga I. Local poverty reduction in Chile and Mexico: the role of food manufacturing growth [J]. Food Policy, 2017, 68: 160 – 185.

[322] Cerioli A, Zani S. A fuzzy approach to the measurement of poverty [M]//Income and wealth distribution, inequality and poverty. Springer, Berlin, Heidelberg, 1990: 272 – 284.

[323] Chen X, Nordhaus W D. Using luminosity data as a proxy for eco-

nomic statistics [J]. Proceedings of the National Academy of Sciences, 2011, 108 (21): 8589-8594.

[324] Clarke G, Zou H F. Finance and income inequality: what do the data tell us [J]. Cema Working Papers, 2006, 72 (3): 578-596.

[325] Crandall M S, Weber B A. Local social and economic conditions, spatial concentr-ations of poverty, and poverty dyanmics [J]. American Journal of Agricultural Economics, 2004, 86 (5): 473-497.

[326] Daimon T. The spatial dimension of welfare and poverty: lessons from a regional targeting programme in Indonesia [J]. Asian Economic Journal, 2001, 15 (4): 345-367.

[327] Daniel M, Joseph A, Kuzilwa, et al. Analysis of contract farming effects on efficiency and productivity of small-scale sunflower farmer in TANZANIA—a propensity score method approach [J]. Oeconomia, 2018, 17 (1): 75-84.

[328] Datt G, Ravallion M. Growth and redistribution components of changes in poverty measures: a decomposition with applications to Brazil and India in the 1980s [J]. Journal of Development Economics, 1992, 38 (2): 275-295.

[329] DeClerck F, Ingram J C, Rumbaitis del Rio C M. The role of ecological theory and practice in poverty alleviation and environmental conservation [J]. Frontiers in Ecology and the Environment, 2006, 4 (10): 533-540.

[330] De Silva I, Sumarto S. Does economic growth really benefit the poor? income distribution dynamics and pro-poor growth in indonesia [J]. Bulletin of Indonesian Economic Studies, 2014, 50 (2): 227-242.

[331] Deutsch J, Silber J. Measuring multidimensional poverty: an empirical comparison of various approaches [J]. Review of Income and Wealth, 2005, 51 (1): 145-174.

[332] Dollar D, Kraay A. Growth is good for the poor [J]. Journal of Economic Growth, 2002, 7 (3): 195-225.

[333] Eividge C D, Sutton P C, Ghosh T, et al. A global poverty map derived from satellite data [J]. Computers & Geosciences, 2009, 35 (8): 1652 – 1660.

[334] Espinoza-Delgado J, Klasen S. Gender and multidimensional poverty in Nicaragua: an individual based approach [J]. World Development, 2018, 110 (10): 466 – 491.

[335] Fang C, Zhang X, Fan S. Emergence of urban poverty and inequality in China: evidence from household survey [J]. China Economic Review, 2002, 13 (4): 430 – 443.

[336] Feder G. On exports and economic growth [J]. Journal of Development Economics, 1983, 12 (1): 59 – 73.

[337] Foster A D, Rosenzweig M R. Agricultural development, industrialization and rural inequality [J]. Journal of the Acoustical Society of America, 2003, 99 (4): 509 – 542.

[338] Foster J, Greer J, Thorbecke E. A class of decomposable poverty measures [J]. Econometrica: Journal of the Econometric Society, 1984: 761 – 766.

[339] Fosu A K. Growth, inequality, and poverty reduction in developing countries: recent global evidence [J]. Research in Economics, 2017, 71 (2): 306 – 336.

[340] Freeman C. Networks of innovators: a synthesis of research issues [J]. Research Policy, 1991, 20 (5): 499 – 514.

[341] Galor O, Zeira J. Income distribution and macroeconomies [J]. Review of Economic Studies, 1993, 60 (1): 35 – 52.

[342] Ge Y, Yuan Y, Hu S, et al. Space-time variability analysis of poverty alleviation performance in China's poverty-stricken areas [J]. Spatial Statistics, 2017, 21 (3): 460 – 474.

[343] Ghosh T, Powell R L, Elvidge C D, et al. Shedding light on the global distribution of economic activity [J]. The Open Geography Journal, 2010, 3 (1): 147 – 160.

[344] Gibbs J, Kraemer K L, Dedrick J. Environment and policy factors shaping global e-commerce diffusion: a cross-country comparison [J]. The Information Society, 2003, 19 (1): 5 – 18.

[345] Giesbert L, Schindler K. Assets, shocks, and poverty traps in rural Mozambique [J]. World Development, 2012, 40 (8): 1594–1609.

[346] Greenwood J, Jovanovic B. Financial development, growth, and the distribution of income [J]. Journal of Political Economy, 1990, 98 (5): 1076–1107.

[347] Harding D J. Counterfactual models of neighborhood effects: The effect of neighborhood poverty on dropping out and teenage pregnancy [J]. American Journal of Sociology, 2003, 109 (3): 676–719.

[348] Hart O. Firm, Contract and financial structure [M]. New York: Oxford University Press, 1995.

[349] Hart O, Moore J. Contracts as reference points [J]. Quarterly Journal of Economics, 2008, 123 (1): 1–48.

[350] Hart O, Moore J. Incomplete contracts and renegotiation [J]. Econometrica, 1988, 56 (4): 755–785.

[351] Hayes A F, Matthes J. Computational procedures for probing interactions in OLS and logistic regression: SPSS and SAS implementations [J]. Behavior Research Methods, 2009, 41 (3): 924–936.

[352] Heckman J J, Ichimura H, Todd P E. Matching as an econometric evaluation estimator: evidence from evaluating a job training programme [J]. The Review of Economic Studies, 1997, 64 (4): 605–654.

[353] Heeks R. ICT4D 2.0: The next phase of applying ICT for international development [J]. Computer, 2008, 41 (6): 26–33.

[354] Henderson J V, Storeygard A, Weil D N. Measuring economic growth from outer space [J]. American Economic Review, 2012, 102 (2): 994–1028.

[355] Ho C Y, Wang W, Yu J. Growth spillover through trade: a spatial dynamic panel data approach [J]. Economics Letters, 2013, 120 (3): 450–453.

[356] Hua X, Yan J, Zhang Y. Evaluating the role of livelihood assets in

suitable livelihood strategies: protocol for anti-poverty policy in the eastern tibetan plateau, China [J]. Ecological Indicators, 2017, 78 (7): 62 – 74.

[357] Jalan J, Ravallion M. Geographic poverty traps? a micro model of consumption growth in rural China [J]. Journal of Applied Econometrics, 2002, 17 (4): 329 – 346.

[358] Jean N, Burke M, Xie M, et al. Combining satellite imagery machine learning to predict poverty [J]. Science, 2016, 353 (6301): 790.

[359] Jeanneney S G, Kpodar K. Financial development and poverty reduction: can there be a benefit without a cost? [J]. The Journal of Development Studies, 2011, 47 (1): 143 – 163.

[360] Jha S, Sehgal V K, Raghava R, et al. Teleconnections of ENSO and IOD to summer monsoon and rice production potential of India [J]. Dynamics of Atmospheres and Oceans, 2016, 76: 93 – 104.

[361] Jung S, Cho S H, Roberts R K. The impact of government funding of poverty reduction programmes [J]. Papers in Regional Science, 2015, 94 (3): 653 – 675.

[362] Kam S P, Hossain M, Bose M L, Villano L S. Spatial patterns of rural poverty and their relationship with welfare-influencing factors in Bangladesh [J]. Food Policy, 2005, 30 (5 – 6): 551 – 567.

[363] Kay C. Development strategies and rural development: exploring synergies, eradicating poverty [J]. The Journal of Peasant Studies, 2009, 36 (1): 103 – 137.

[364] Keane C A, Magee C A, Kelly P J. Trajectories of psychological distress in Australians living in urban poverty: the impact of interpersonal trauma [J]. Journal of Traumatic Stress, 2018, 31 (3): 362 – 372.

[365] Kiendrebeogo Y, Assimaidou K, Tall A. Social protection for poverty reduction in times of crisis [J]. Journal of Policy Modeling, 2017, 39 (6): 1163 – 1183.

[366] King R G, Levine R. Finance and growth: schumpeter might be right [J]. Quarterly Journal of Economics, 1993, 108 (3): 717 –

737.

[367] Kulminski A M, Ukraintseva S V, Akushevich I V, et al. Cumulative index of health deficiencies as a characteristic of long life [J]. Journal of the American Geriatrics Society, 2007, 55 (6): 935 - 940.

[368] Lanjouw P, Quizon J, Sparrow R. Non-agricultural earnings in peri-urban areas of Tanzania: evidence from household survey data [J]. Food Policy, 2001, 26 (4): 385 - 403.

[369] Leong C M L, Pan S L, Newell S, et al. The emergence of self-organizing e-commerce ecosystems in remote villages of China: a tale of digital empowerment for rural development [J]. MIS Quarterly, 2016, 40 (2): 475 - 484.

[370] Li L, Du K, Zhang W, et al. Poverty alleviation through government-led e-commerce development in rural China: an activity theory perspective [J]. Information Systems Journal, 2019, 29 (4): 914 - 952.

[371] Lin M, Kwan Y K. FDI technology spillovers, geography, and spatial diffusion [J]. Social Science Electronic Publishing, 2016, 43 (4): 257 - 274.

[372] Li X, Xu H, Chen X, et al. Potential of NPP-VIIRS nighttime light imagery for modeling the regional economy of China [J]. Remote Sensing, 2013, 5 (6): 3057 - 3081.

[373] Lugo M, Maasoumi E. Multidimensional poverty measures from an information theory perspective [M]. Oxford Poverty & Human Development Initiative (OPHI), 2009.

[374] Malthus T R. The principle of population [M]. Wm. Benton, 1963.

[375] Marx A, Ziegler Rogers M. Analysis of Panamanian DMSP/OLS nightlights corroborates suspicions of inaccurate fiscal data: a natural experiment examining the accuracy of GDP data [J]. Remote Sensing Applications: Society and Environment, 2017, 8 (2): 99 - 104.

[376] Meng L. Evaluating China's poverty alleviation program: a regression discontinuity approach [J]. Journal of Public Economics,

2013, 101 (3): 1-11.

[377] Minot N, Baulch B. Spatial patterns of poverty in Vietnam and their implications for policy [J]. Food Policy, 2005, 30 (5-6): 461-475.

[378] Minten B, Randrianarisoa J C, Barrett C B. Productivity in Malagasy rice systems: wealth-differentiated constraints and priorities [J]. Agricultural Economics, 2007, 37: 225-237.

[379] Montalvo J G, Ravallion M. The pattern of growth and poverty reduction in China [J]. Journal of Comparative Economics, 2010, 38 (1): 2-16.

[380] Moreno-Dodson B, Wodon Q. Public finance for poverty reduction: An overview [R]//Moreno-Dodson B, Wodon Q. Public finance for poverty reduction. Washington D. C. : The World Bank, 2008.

[381] Myrdal G. Economic theory and underdeveloped region [M]. London: Duckworth, 1957.

[382] Narayan D, Chambers R, Shah M K, et al. Voices of the poor: crying out for change [M]. New York: Oxford University Press for the World Bank, 2000.

[383] Neaime S, Gaysset I. Financial inclusion and stability in MENA: evidence from poverty and inequality [J]. Finance Researc Letters, 2018, 24: 230-237.

[384] Neidhöfer G, Serrano J, Gasparini L. Educational inequality and intergenerational mobility in Latin America: a new database [J]. Journal of Development Economics, 2018, 134: 329-349.

[385] Nelson R R. A theory of the low-level equilibrium trap in underdeveloped economies [J]. The American Economic Review, 1956, 46 (5): 894-908.

[386] Nishida T, Pick J B, Sarkar A. Japan's prefectural digital divide: a multivariate and spatial analysis [J]. Telecommunications Policy, 2014, 38 (11): 992-1010.

[387] Nurkse R. Notas sobre o trabalho do Sr. Furtado relativo a "formação de capitais e desenvolvimento econômico" [J]. Revista brasileira de economia, 1953, 7 (1): 67-87.

[388] Ogutu S O, Qaim M. Commercialization of the small farm sector and multidimensional poverty [J]. World Development, 2019, 114: 281-293.

[389] Omamo S W. Transport costs and smallholder cropping choices: an application to Siaya District, Kenya [J]. American Journal of Agricultural Economics, 1998, 80 (1): 116-123.

[390] Padda I U H, Hameed A. Estimating multidimensional poverty levels in rural Pakistan: a contribution to sustainable development policies [J]. Journal of Cleaner Production, 2018, 197 (1): 435-442.

[391] Palmer-Jones R, Sen K. It is where you are that matters: the spatial determinants of rural poverty in India [J]. Agricultural Economics, 2006, 34 (3): 229-242.

[392] Park A, Wang S, Wu G. Regional poverty targeting in China [J]. Journal of Public Economics, 2002, 86 (1): 123-153.

[393] Pearce P L. Tourist behaviour: themes and conceptual schemes [M]. Channel View Publications, 2005.

[394] Ramírez J M, Díaz Y, Bedoya J G. Property tax revenues and multidimensional poverty reduction in Colombia: a spatial approach [J]. World Development, 2017, 94: 406-421.

[395] Ravallion M, Chen S. Hidden impact? household saving in response to a poor-area development project [J]. Journal of Public Economics, 2005, 89 (11-12): 2183-2204.

[396] Ravallion M, Datt G. How important to India's poor is the sectoral composition of economic growth? [J]. The World Bank Economic Review, 1996, 10 (1): 1-25.

[397] Ravallion M. Inequality is Bad for the Poor [J]. World Bank Policy Research Working Paper, 2005 (3677).

[398] Ren Z, Ge Y, Wang J, Mao J, Zhang Q. Understanding the inconsistent relationships between socioeconomic factors and poverty incidence across contiguous poverty-stricken regions in China: multilevel modelling [J]. Spatial Statistics, 2017, 21 (3): 406-420.

[399] Rewilak J. The role of financial development in poverty reduction [J]. Review of Development Finance, 2017, 7 (2): 169-176.

[400] Rogers S. Betting on the strong: local government resource allocation in China's poverty counties [J]. Journal of Rural Studies, 2014, 36 (4): 197-206.

[401] Romer P. Increasing returns and long-run growth [J]. Journal of Political Economy, 1986, 94 (5): 1002-1037.

[402] Rothwell R, Walter Z. Reindusdalization and technology [M]. London: Logman Group Limited, 1985.

[403] Rupasingha A, Goetzb S J. Social and political forces as determinants of poverty: a spatial analysis [J]. Journal of Socio-Economics, 2007, 36 (4): 650-671.

[404] Rupasinghe R D, Ginigaddara G A, Wickramasinghe Y M. Farming systems and utilization of environmental resources in rural communities in the dry zone of Sri Lanka case study in "Ritigala", Anuradhapura District [Z]. 2017.

[405] Sadoulet E, De Janvry A, Davis B. Cash transfer programs with income multipliers: PROCAMPO in Mexico [J]. World Development, 2001, 29 (6): 1043-1056.

[406] Schieffer J, Wu S. Private mechanisms, informal incentives, and policy intervention in agricultural contracts [J]. American Journal of Agricultural Economics, 2006, 88 (5): 1251-1257.

[407] Schofield D J, Callander E J, Shrestha R N, et al. The association between labour force participation and being in income poverty amongst those with mental health problems [J]. Aging & Mental Health, 2013, 17 (2): 250-257.

[408] Sefa A C, Russell S. Transport poverty and subjective wellbeing [J]. Transportation Research Part A: Policy and Practice, 2019, 124 (6): 40-54.

[409] Sen A. Commodities and capabilities [M]. Oxford: Oxford University Press, 1985: 26-33.

[410] Sen A. Ingredients of famine analysis: availability and entitlements [J]. The Quarterly Journal of Economics, 1981, 96 (3): 433-464.

[411] Sen A. Personal utilities and public judgements: or what's wrong with welfare economics [J]. The Economic Journal, 1979: 537 – 558.

[412] Sen A. Poverty: an ordinal approach to measurement [J]. Econometrica: Journal of the Econometric Society, 1976: 219 – 231.

[413] Slater D, Kwami J. Embeddedness and escape: internet and mobile use as poverty reduction strategies in Ghana [R]. Information Society Research Group (ISRG) Report, 2005.

[414] Stiglitz J E. The role of the state in financial markets [J]. The World Bank Economic Review, 1993, 7 (suppl1): 19 – 52.

[415] Suppa N. Towards a multidimensional poverty index for Germany [J]. Empirica, 2018, 45 (4): 655 – 683.

[416] Sutton P C, Costanza R. Global estimates of market and non-market values derived from nighttime satellite imagery, land cover, and ecosystem service valuation [J]. Ecological Economics, 2002, 41 (3): 509 – 527.

[417] Swain B B. Contract farming and agricultural development: a case study of Orissa [J]. IUP Journal of Agricultural Economics, 2009, 6 (1): 55 – 69.

[418] Villar C. The female labour force participation, a matter of supply? a matter of demand? An exercise of reconstruction in a context of poverty, Barcelona, 1930 – 1950 [J]. The History of the Family, 2017, 22 (1): 57 – 81.

[419] Visser M, Jumare H, Brick K. Risk preferences and poverty traps in the uptake of credit and insurance amongst small-scale farmers in South Africa [J]. Journal of Economic Behavior & Organization, 2019, 5 (23): 12 – 46.

[420] Wang H H, Wang Y, Delgado M S. The transition to modern agriculture: contract farming in developing economies [J]. American Journal of Agricultural Economics, 2014, 96 (5): 1257 – 1271.

[421] Wang H M, Yu H K, Liu H Q. Heterogeneous effect of high-tech industrial R&D spending on economic growth [J]. Journal of Business Research, 2013, 66 (10): 1990 – 1993.

[422] Wang W, Cheng H, Zhang L. Poverty assessment using DMSP/OLS night-time light satellite imagery at a provincial scale in China [J]. Advances in Space Research, 2012, 49 (8): 1253 – 1264.

[423] Wu S Y. Contract theory and agricultural policy analysis: a discussion and survey of recent developments [J]. Australian Journal of Agricultural & Resource Economics, 2010, 50 (4): 490 – 509.

[424] You J. Risk, under-investment in agricultural assets and dynamic asset poverty in rural China [J]. China Economic Review, 2014, 29 (2): 27 – 45.

[425] Yu B, Shi K, Hu Y, et al. Poverty evaluation using NPP-VIIRS nighttime light composite data at the county level in China [J]. IEEE Journal of Selected Topics in Applied Earth Observations and Remote Sensing, 2015, 8 (3): 1217 – 1229.

[426] Zhang Q, Seto K C. Mapping urbanization dynamics at regional and global scales using multi-temporal DMSP/OLS nighttime light data [J]. Remote Sensing of Environment, 2011, 115 (9): 2320 – 2329.

[427] Zhou Y, Guo L, Liu Y. Land consolidation boosting poverty alleviation in China: theory and practice [J]. Land Use Policy, 2019, 82 (3): 339 – 348.

后　　记

　　本书是在 2019 年国家社科基金后期项目"电商减贫机理及效应研究"基础上完成的学术专著，在项目申报、立项、结项和书稿出版的全过程中得到各位学界前辈、学术同仁的大力指导和关心。特别要感谢湖南工商大学荣誉一级教授柳思维教授，柳老师对于本书的框架设计和研究内容的指导至关重要，同时感谢我的师兄李陈华教授、王兆峰教授、刘凤根教授。也要感谢湖南工商大学经济与贸易学院的领导对于本书的指导，他们是向国成院长、杨水根书记、陆杉教授、刘乐山教授。在本书撰写过程中也要感谢我的硕士生，在与他们的教学相长中我也收获很多，他们是首都经济贸易大学的郭凯歌博士生，深圳大学的罗琼和陈薇博士生，湘潭大学的李胜楠博士生，湖南工商大学的成凯、向宇腾、谢婷和陈欣如硕士生。

　　本书出版也得到了湖南省现代流通理论研究基地和湖南工商大学共享经济研究中心的资助，在此一并表示感谢！最后也感谢自己，这些年一直坚持电子商务的教学科研，其中许多辛苦仅有自我体会，在此引用苏东坡诗句以自白："人生如逆旅，我亦是行人"，以后的路，还需不断砥砺前行！

图书在版编目（CIP）数据

电商减贫机理及效应研究/唐红涛，张俊英著． --
北京：经济科学出版社，2021.12
国家社科基金后期资助项目
ISBN 978－7－5218－3217－4

Ⅰ.①电⋯　Ⅱ.①唐⋯②张⋯　Ⅲ.①电子商务－扶贫－研究－中国　Ⅳ.①F724.6②F126

中国版本图书馆 CIP 数据核字（2021）第 257834 号

责任编辑：周国强
责任校对：齐　杰
责任印制：张佳裕

电商减贫机理及效应研究

唐红涛　张俊英　著

经济科学出版社出版、发行　新华书店经销
社址：北京市海淀区阜成路甲 28 号　邮编：100142
总编部电话：010 - 88191217　发行部电话：010 - 88191522
网址：www.esp.com.cn
电子邮箱：esp@esp.com.cn
天猫网店：经济科学出版社旗舰店
网址：http：//jjkxcbs.tmall.com
固安华明印业有限公司印装
710×1000　16 开　17.5 印张　300000 字
2021 年 12 月第 1 版　2021 年 12 月第 1 次印刷
ISBN 978－7－5218－3217－4　定价：98.00 元
（图书出现印装问题，本社负责调换。电话：010－88191510）
（版权所有　侵权必究　打击盗版　举报热线：010－88191661
QQ：2242791300　营销中心电话：010－88191537
电子邮箱：dbts@esp.com.cn）